新兴之火

战略性新兴产业南方大调研

杨兴锋 王春芙 主编

南方日报出版社
NANFANG DAILY PRESS
中国·广州

图书在版编目（CIP）数据

新兴之火 ： 战略性新兴产业南方大调研 / 杨兴锋，王春芙主编. -- 广州 ： 南方日报出版社，2010.12
ISBN 978-7-80652-885-3

Ⅰ. ①新… Ⅱ. ①杨… ②王… Ⅲ. ①高技术产业－经济发展－广东省 Ⅳ. ①F279.244.4

中国版本图书馆 CIP 数据核字(2010)第 256179 号

新兴之火——战略性新兴产业南方大调研 杨兴锋 王春芙 主编

出版发行：南方日报出版社
地　　址：广州市广州大道中 289 号
电　　话：（020）83000502
经　　销：全国新华书店
印　　刷：广州市怡升印刷有限公司
开　　本：889mm×1194mm 1/16
印　　张：15.25
字　　数：200 千字
版　　次：2010 年 12 月第 1 版
印　　次：2010 年 12 月第 1 次印刷
定　　价：30.00 元

投稿热线：（020）83000503 读者热线：（020）83000502

网址：http://nf.nfdaily.cn/press/

产业转型的星星之火，眼见是可以成燎原之势的。因为产业进步的规律是不可以抗拒的。我省有500多个专业镇，有现代产业500强，有16个高新区，有34个产业转移园等等。希望各媒体深入基层、深入实际，为转型升级兴风造势、“吹氧助燃”，在推动广东的经济社会发展中建功立业。

——汪洋

《新兴之火》编委会

主　编　杨兴锋　王春芙

副主编　朱正红

编　委　王培楠　丘克军　黄常开　王垂林　陈广腾　孙爱群

《新兴之火》编辑小组

组　长　王垂林

副组长　胡　键　陈　志　周洪威

成　员　郭亦乐　陈祥雄　郎国华　段功伟　王进江　姚燕永
钟荣健　刘健东　田东江　张翼飞　赵　威

序

林　雄

当前，全球经济竞争格局正在发生深刻变革。美国、日本、欧洲等发达国家与地区纷纷加快推动新能源、生物等新兴产业快速发展。面对激烈的国际竞争压力，2010年9月国务院出台《关于加快培育和发展战略性新兴产业的决定》，明确指出："十二五"期间我国将重点培育和发展节能环保、新一代信息技术、生物、高端装备制造、新能源、新材料和新能源汽车等七大产业，并从我国科技、产业基础出发，确定了战略性新兴产业发展的重点方向、主要任务和扶持政策。

省委、省政府对发展战略性新兴产业早研究、早行动、早部署。目前，广东正在集中力量推进高端新型电子信息、新能源汽车、半导体照明等三大战略性新兴产业的培育与发展。2010年上半年，全省高新技术制造业增加值1771亿元，同比增长了21.2%，增速比全省工业增速高出3.3个百分点。特别是新显示、新光源、新能源、新通信及软件等"四新一软"产业发展迅猛。最近，省委、省政府决定，"十二五"期间，省财政将每年新增安排20亿元，五年投入100亿元支持11大战略性新兴产业。

在广东加快产业转型升级的关键时刻，省委对宣传舆论战线特别是新闻媒体推动发展战略性新兴产业提出了明确要求。中共中央政治局委员、省委书记汪洋作出重要批示。他指出，产业转型的星星之火，眼见是可以成燎原之势的。因为产业进步的规律是不可抗拒的。我省有500多个专业镇，有现代产业500强，有16个高新区，有34个产业转移园等等。希望各媒体深入基层、深入实际，为转型升级兴风造势、“吹氧助燃”，在推动广东的经济社会发展中建功立业。

省委的明确要求，吹响了广东媒体为经济转型升级兴风造势、“吹氧助燃”的号角。南方报业传媒集团行动迅速。集团党委决定从10月到12月，在南方日报编辑部开展为期三个月的战略性新兴产业主题学习调研活动。南方日报各主要采访部门各负责一个战略新兴产业，组织部门优秀党员记者组成调研组，进行调查研究、深入采访。随后，南方日报开辟“星星之火，可以燎原——战略性新兴产业南方大调研”专栏，抓住国内外聚焦广东的“亚运时间”，重磅推出大型深度系列报道，分析战略性新兴产业现状、查找制约发展因素，提出许多有针对性的合理化建议。在这个系列报道中，南方报人用饱蘸热情的笔挑亮了七大新产业的星星之火，这本《新兴之火》的书就是这些调研成果的汇编。南方报业为广东发展战略性新兴产业“吹氧助燃”的做法值得充分肯定，《新兴之火》是我省党员干部加深了解新兴产业发展的一本好书。

任何新生事物的发展、壮大都不可能一帆风顺，都要经历艰难曲折的考验。战略性新兴产业同样需要新闻媒体持之以恒地“吹氧助燃”。希望包括南方报业在内的全省媒体进一步增强贯彻落实科学发展观的自觉性和坚定性，大力宣传中央、省委关于加快经济发展方式转变的一系列决策部署，宣传各地各部门加快发展战略性新兴产业的新举措新进展，为广东当好推动科学发展、促进社会和谐的排头兵营造良好的社会环境和舆论氛围。

2010年12月22日

（作者为中共广东省委常委、宣传部长）

目　录

序 / 001

瞭　望 / 001

产业进步的客观规律不可抗拒 / 002
用科学的政绩评价体系保驾护航 / 008
让人才与市场成为创新链的“左膀右臂” / 014
着力推进重点领域和关键环节的制度改革 / 020

1 节能环保产业 / 027

【开篇语】绿·金 / 028
【绿中见金】“最绿摩天大楼”珠江城扛起节能大旗 / 029
【点绿成金】低碳时代“卖碳翁”改写工业产业链 / 036
【从绿到金】绿色革命风暴刮来机遇与隐忧 / 045

2 新一代信息技术产业 / 053

【开篇语】“云计算”的魔盒开启 / 054
【风“云”变幻】信息革命那朵“云” 撑起新产业一片天 / 055
【“云”想衣裳】用新信息技术包装“中国制造” / 062
【壮志凌“云”】广东电子信息梦抢占全球制高点 / 068

3 生物产业 / 075

【开篇语】生物化时代即将来临 / 076

【未来支柱】一段猪小肠"炼成"海普瑞传奇 / 077

【医药先锋】生物技术植入重要 香雪能否打破怪圈 / 085

【农业革命】克隆猪随时可以商业化 / 092

4 高端装备制造产业 / 101

【开篇语】"工业之母"向天空突围 / 102

【产业拼图】中航通飞点睛珠海航空拼图 / 103

【低空换挡】低空机遇扑面而来 广东能否再造神话 / 111

【飞的时代】明天，你可能要考一张飞机驾照 / 118

5 新能源产业 / 125

【开篇语】掌握清洁能源的国家将引领21世纪 / 126

【转型突围】新能源赛阳江抢跑 刀剪之都华丽蝶变 / 127

【双轮驱动】携制造力强势挺进 粤新能源马力十足 / 134

【产业之路】新能源不能再走低端路 / 140

6 新材料产业 / 147

【开篇语】"隐形衣"，中国造 / 148

【聚焦光启】"一群小孩"织出超材料"隐身衣" / 149

【权威解读】新材料源头创新需要更多"光启" / 157

【前景剖析】广东不能沦为新材料“代工厂” / 164

7 新能源汽车产业 / 171

【开篇语】全球汽车产业的新支点 / 172
【战略先锋】比亚迪电动车构筑绿色梦想 / 173
【战略决策】5年后产能有望突破60万辆 / 181
【战略前景】新能源汽车产业突围战从哪打响 / 188

8 文化创意产业 / 197

【开篇语】文化创意：21世纪的朝阳产业 / 198
【创意先锋】让你的电脑像你一样思考 / 199
【创意观察】广东创意路：不缺硬基础，惟少软实力 / 205
【创意突围】文化创意越界融合　吹氧助燃各行升级 / 211

综　述 / 219

机与谋：中国的机会，广东的选择 / 221
新与旧：要钻燧取火，更要推陈出新 / 225
扶与放：双手互动，决胜“下一个四万亿” / 229

后　记 / 233

瞭望

2010年10月到12月，《南方日报》编辑部开展为期三个月的战略性新兴产业主题学习调研。

在三个多月的调研中，记者深入基层，发现了一些颇具“星火”味道的企业及现象。为此，南方日报推出系列评论，为战略新兴产业“燎原”之势的到来“吹氧助燃”。

产业进步的客观规律不可抗拒

——论战略性新兴产业必将“星火燎原”

在今后相当长的时间内，战略性新兴产业都将是一个言及发展方式转变必会扑面而来的主题词。

发展战略性新兴产业，不仅是加快经济发展方式转变的重要内容，而且从某种程度上说，是我国立足当前渡难关、着眼长远上水平的重大战略选择。不久前出台的《国务院关于加快培育和发展战略性新兴产业的决定》，从我们的国情和科技、产业基础出发，确定了战略性新兴产业发展的重点方向、主要任务和扶持政策。《决定》明确指出：“十二五”期间我国将重点培育和发展节能环保、新一代信息技术、生物、高端装备制造、新能源、新材料和新能源汽车等七大产业，到2015年，战略性新兴产业增加值占国内生产总值的比重力争达到8%左右；到2020年，这一比重将力争达到15%左右；再经过10年左右的努力，战略性新兴产业的整体创新能力和产业发展水平达到世界先进水平，为经济社会可持续发展提供强有力的支撑。

但是毋庸讳言，在今天，战略性新兴产业还只是“星星之火”。然《书经》有云：“若火之燎于原，不可向迩。”这部据说由孔夫子编撰的史书已经认识到，不要小看一点点的火星，一旦蔓延开来，可以烧掉大片原野。后人更将这一认识浓缩为成语“星火燎原”，旨在阐明一个道理：开始时弱小的新生事物有着伟大的发展前途。以之来类比当下的战略性新兴产业，恰当不过。我们有理由坚信，作为新兴科技和新兴产业的一个深度结合，战略性新兴产业必将呈现燎原之势，推动新一轮的产业革命，从而在完成转变发展方式的历史使命之后，最终形成战略性支柱产业。

1

把“战略性”这个原本的军事术语移之于产业描述，意味着这产业所直接带来的，势必将是我国经济领域的一场深刻变革。

产业的转型升级成为必然，在于产业进步的客观规律不可抗拒。

战略性新兴产业包含着两个关键词，一个是“战略性”，一个是“新兴”。所谓“战略性”，泛指一定历史时期内重大的、带有全局性或决定全局的谋划。把这个原本的军事术语移之于产业描述，意味着这产业所直接带来的，势必将是我国经济领域的一场深刻变革；其所直接关系到的，将是我国改革开放和社会主义现代化建设的全局。而所谓“新兴”，则在于这产业大别于“传统”，令人有耳目一新甚至闻所未闻之感。事实正是如此。

从节能环保产业看，原来我们基本上没有当成产业的概念，乃至于“高能耗、高污染、高投入”成为引领经济腾飞的发展模式。而节能环保从大处看，关系到人类的未来，关系到经济发展的可持续性；从小处着眼，关系到我们每个人的日常生活。破解我们的经济发展困境，节能环保一马当先。正是因此，节能环保产业被放在了第一位，成为新兴产业的“领舞者”。据权威部门预计，到2015年，我国节能环保产业总产值将达5.3万亿元，相当于同期国内生产总值的10%左右，并将形成若干个年产值过百亿元的大型节能环保企业。

从新一代信息技术产业看，我国目前的信息化基本上达到了中等发达国家的水平，而未来，将以建设宽带、泛在、融合、安全的信息网络基础设施，推进“三网”融合，促进物联网、云计算的研发和示范应用为主线，增强集成电路、新型显示、高端软件等核心基础产业的发展能力，加速网络增值服务等新业态壮大发展。

从生物产业来看，生命科学和生物技术将从根本上影响21世纪的人类发展，对改变消耗自然资源的传统发展模式、构建绿色可再生产业体系、促进人类健康产生革命性影响。未来我国生物产业发展的重点集中在四大领域，即生物医药、生物农业、医疗器械以及生物工

战略性新兴产业包含着两个关键词，一个是“战略性”，一个是“新兴”。所谓“战略性”，泛指一定历史时期内重大的、带有全局性或决定全局的谋划。把这个原本的军事术语移之于产业描述，意味着这产业所直接带来的，势必将是我国经济领域的一场深刻变革；其所直接关系到的，将是我国改革开放和社会主义现代化建设的全局。而所谓“新兴”，则在于这产业大别于“传统”，令人有耳目一新甚至闻所未闻之感。

业。与此同时，加快海洋生物技术及产品的研发和产业化，等于点燃了中国经济的“蓝色引擎”，在本世纪第二个十年，有望成为国民经济新的增长点和亮点。

从高端装备制造产业来看，其发展决定了我国能否实现从制造大国向制造业强国的战略转型。国务院《决定》对高端装备制造的范畴作出了明确的界定：以干支线飞机和通用飞机为主的航空装备、卫星及其应用产业、高铁及城市轨道交通装备、海洋工程装备、智能制造装备。这是装备制造业的高端部分，具有技术密集、附加值高、成长空间大、带动作用强等突出特点。

新能源之“新”，在于它是除了煤、石油、天然气以及大中型水电等传统“旧”能源之外的各种能源形式，比如核能、太阳能、风力发电、生物质能，以及对洁净煤、智能电网、分布式能源、车用新能源等传统能源的升级，等等。解决能源危机、优化能源结构的根本出路，就是新能源技术的发展和产业化。根据新兴能源产业发展规划，预计到2020年，非化石能源占一次能源消费比重达到15%。未来十年我国对新能源的需求显然非常巨大。

新材料是指新出现或已在发展中的、具有传统材料所不具备的优异性能和特殊功能的材料。新材料产业在“七大”中似乎比较冷门，但却是战略性新兴产业发展的奠基石。某种程度上说，没有一系列核心新材料技术的突破，就谈不上其他领域的成就。公开资料显示，近10年来，世界新材料产业的产值以每年30%的速度增长。

随着新能源汽车进入“七大”名单，以电动汽车为主的节能与新能源汽车将加速驶入寻常百姓家。科技部部长万钢指出，2020年，中国新能源汽车产业化和市场规模达到世界第一，新能源汽车保有量将达到500万辆。

显而易见，相对弱小、正在处于起步阶段的七大新兴战略性产业，无不有着光明的发展前景。

2

新中国成立，我们完成了社会制度的转型；改革开放，我们实现了经济体制的转轨。今天，在科学发展观的指导下，我们选择了转变经济发展方式。转型、转轨、转变，每一次“转”，都意味着决定中国未来命运的重大

抉择。

翻开我们党领导中国革命和建设的伟大历史，不乏“星火燎原”成功运用的范例。

在井冈山斗争时期，党内一些同志对形势的认识曾经产生悲观思想，怀疑“红旗到底打得多久”。毛泽东同志对当时的各种力量——革命的和反革命的、主观的和客观的，对当时的各种矛盾——帝国主义和中国的、帝国主义之间的、各派反动统治者之间的、帝国主义和中国民族工业的、中国资产阶级和中国工人阶级之间的、地主和农民的，等等等等，进行了精辟分析，写下了不朽宏文《星星之火，可以燎原》。在指出中国革命的光明前景之时，毛泽东同志直接借用了“星火燎原”的典故，认为只要看一看当时社会各个阶层孕育着的革命力量，“就知道这个‘星星之火’，距‘燎原’的时期，毫无疑义地是不远了”。

以改革开放为标志的社会主义建设新时期，从小岗村18个农民包干到户的“指印”，到“经济特区”的横空出世；从广东一枝独秀、匹马领先，到全国万紫千红、万马奔腾。区区30年间，经济发展的星星之火即燎原全国。广东从一个边陲落后的农业省，一跃成为中国第一经济大省；国家的经济实力翻了几番，2010年第二季度经济总量更超越日本，成为世界第二经济大国。尤其重要的是，通过广东改革开放的星星之火，探索和积累了实现快速发展、走向富裕的成功经验，为我国实现从封闭半封闭到全方位开放进行了开拓性探索。与此同时，丰富了我们对改革开放和社会主义现代化建设规律的认识，坚定了全国各族人民坚持改革开放、走中国特色社会主义道路的信心，向世界展示了社会主义中国的勃勃生机和光明前景。

站在新的历史起点上谋发展，我们越来越深刻认识到传统发展模式的弊端：处于世界产业链的低端，虽然经济总量很大，但得到实际效益相对较少；忽视资源环境代价的粗放型发展模式不仅难以为继，而且难以适应未来低碳发展的趋势。鉴于这些认识，我们致力于加快经济发展方式转变，以期不断提高经济发展质量和效益，不断提高我国经济的国际竞争力和抗风险能力，使我国发展质量越来越高、发展

我们致力于加快经济发展方式转变，以期不断提高经济发展质量和效益，不断提高我国经济的国际竞争力和抗风险能力，使我国发展质量越来越高、发展空间越来越大、发展道路越走越宽。转变发展方式的切入点和突破口，就在于发展战略性新兴产业。现在，它的力量还比较弱小，但无论在客观上还是在主观上，战略性新兴产业都具备了发展的可能性以及发展的必然性，它的“燎原”一定会很快乃至迅猛。

空间越来越大、发展道路越走越宽。转变发展方式的切入点和突破口，就在于发展战略性新兴产业。现在，它的力量还比较弱小，但无论在客观上还是在主观上，战略性新兴产业都具备了发展的可能性以及发展的必然性，它的“燎原”一定会很快乃至迅猛。

新中国成立，我们完成了社会制度的转型；改革开放，我们实现了经济体制的转轨。今天，在科学发展观的指导下，我们选择了转变经济发展方式。转型、转轨、转变，每一次“转”，都意味着决定中国未来命运的重大抉择。

3

当年，毛泽东同志预见中国革命高潮就要到来时满怀激情地写道：“它是站在海岸遥望海中已经看得见桅杆尖头了的一只航船，它是立于高山之巅远看东方已见光芒四射喷薄欲出的一轮朝日，它是躁动于母腹中的快要成熟了的一个婴儿。”战略性新兴产业的现状，正可以借此来描述。

加快培育和发展战略性新兴产业是我国新时期经济社会发展的重大战略任务。

在广东，我们已经出炉了《广东省现代产业体系建设总体规划》，其中，以现代产业500强和战略性新兴产业为两大抓手构建现代产业体系。在战略性新兴产业方面，重点规划了电子信息、生命健康、新能源、新材料、节能环保等领域的产业布局，突出发展新电子、新能源汽车、新光源“三新”产业，形成3—5个产值超千亿元的战略性新兴产业集群。为此，“十二五”期间，省财政将每年拿出20个亿、5年投入100个亿支持战略性新兴产业发展，以百亿财政资金拉动千亿社会资金投入、打造万亿新兴产业规模。

宏伟蓝图绘就之后，干部就是决定的因素。战略性新兴产业毕竟是一个新生事物，产业“新”，包含的概念、知识也“新”，对全省各级干部的要求也“新”。如果我们领导干部不弥补知识上的“缺陷”，就会在思路和决策中出现“缺陷”；不补齐知识上的“短板”，就会在实践和工作中出现“短板”。我们必须看到，不少干部虽然在口头上接受转变发展方式这个趋势不可避免地就要到来，但是内心还在狐疑是否能够真的到来。尤其在渡过国际金融危机的难关后，个别地区推动发展转变的紧迫性在减弱，甚至出现了旧体制“复归”的苗头，“不愿转”、“不能转”、“不会转”的问题不同程度地存在。“传统”的那一套用起来驾轻就熟，产生了严重的依赖性以及严重的惰性，对“新兴”的、自己不熟悉的东西，敬而远之。因此，汪洋书记在全省大规模培训干部动员大会上一针见血地指出：“当务之急就是要搞好科学技术特别是新技术新产业基础知识的学习。特别要突出以下三个着力点：一是要通过学习新技术新产业基础知识，找准发展战略性新兴产业的突破口；二是要通过学习新技术新产业基础知识，提高干部招人引技和招商引资的本领；三是要通过学习新技术新产业基础知识，科学把握当代世界产业发展趋势，制定发展战略性新兴产业的规划。”干部的知识储备和知识运用，是“星火”能否“燎原”的充要条件。探索科学发展的新路，像原来那样仅仅凭借“一股劲”、“一股气”是远远不够的，还需要知识和智慧，需要更多的技术含量和知识含量，需要对发展方式是否科学有足够的辨别和判断能力。

当务之急就是要搞好科学技术特别是新技术新产业基础知识的学习。特别要突出以下三个着力点：一是要通过学习新技术新产业基础知识，找准发展战略性新兴产业的突破口；二是要通过学习新技术新产业基础知识，提高干部招人引技和招商引资的本领；三是要通过学习新技术新产业基础知识，科学把握当代世界产业发展趋势，制定发展战略性新兴产业的规划。

当年，毛泽东同志预见中国革命高潮就要到来时满怀激情地写道：“它是站在海岸遥望海中已经看得见桅杆尖头了的一只航船，它是立于高山之巅远看东方已见光芒四射喷薄欲出的一轮朝日，它是躁动于母腹中的快要成熟了的一个婴儿。”战略性新兴产业的现状，正可以借此来描述。当下，需要全省上下脚踏实地，鼓足干劲，在战略性新兴产业“燎原”之势到来之前，为之“拾柴”，为之“吹氧助燃”。

南方日报评论员

用科学的政绩评价体系保驾护航
——二论战略性新兴产业必将“星火燎原”

星星之火，可以燎原。

这是一句颇有战略性眼光的话。中央和广东省确定的战略性新兴产业，是一次对广东产业格局大变的部署，是希望战略性新兴产业的星星之火，可以点燃广东新经济的火把，掀起一场新的产业革命，推动中国经济跨步前行，并进而占领全球经济合作与竞争的桥头堡。

星星之火要想燎原，就必须建立一套适合战略性新兴产业发展的政绩评价体系、公共服务体系。

1

伴随着从传统发展模式向科学发展模式转型，广东政绩评价体系已经发生了一轮变化，不再唯GDP是从，不再盲目坚持发展超越一切。

没有一套符合战略性新兴产业的政绩评价体系，星星之火，难以燎原。

“十二五”规划建议提出，要培育发展战略性新兴产业。我国要在未来国际竞争中占据有利地位，必须加快培育发展战略性新兴产业，掌握关键核心技术及相关知识产权，增强自主发展能力。加快培育发展战略性新兴产业，就要强化科技创新，提升产业核心竞争力，着力增强自主创新能力。科技创新依靠什么来创新，自主创新能力怎么推动？这些方面不是靠玩弄名词就可以达至，必须建立相应的制度配套，才有可能为战略性新兴产业的发展打好基础，并清除前进道路上的障碍。

伴随着从传统发展模式向科学发展模式转型，广东政绩评价体系已经发生了一轮变化，不再唯GDP是从，不再盲目坚持发展超越一切。但是，不唯

GDP是从，不代表就彻底摒弃了GDP，就不要GDP了。做任何工作都不能因噎废食，GDP并非不重要，关键是要什么样的GDP。广东发展战略性新兴产业，能不能不要这个产业的GDP？显然不能，不仅不能，相反，我们还要大力发展战略性新兴产业GDP，还必须使这个GDP的比重逐年提升，从而使战略性新兴产业真正在广东立足，在全国争先，在世界争光。比如2009年广东省新材料产业规模3600亿元，年产值超亿元企业有300家，有自己的研发基地和科研机构，并具备了一大批龙头骨干企业，产业聚集态势正在形成。但是，这一规模只是起步，与庞大的全球市场和国内市场需求相比，这只是一些火苗，离燎原尚早。但如果我们能够在制度安排、政策倾斜上对包括新材料行业在内的几大战略性新兴产业予以配合，这些产业便能够更加容易和更加科学地燎原。

当前，全球经济竞争格局正在发生深刻变革，科技发展正孕育着新的革命性突破，世界主要国家纷纷加快部署，推动节能环保、新能源、信息、生物等新兴产业快速发展。如果我们在这场竞争中落后，将错失重大历史机遇，从而在未来相当长一段时间内被动。因此，我们必须抢抓这一波战略性新兴产业发展的重大机遇，加快培育和发展战略性新兴产业，在一个高起点上展开国际竞争。既然是高起点，就理应有适合战略性新兴产业发展规律的制度机制。但这种制度机制并不是先天性的，也不是先验性的，不可能现有的制度安排就一定完全适合不断变化和发展的经济状况，根据经济基础决定上层建筑的相关理论，应当在制度安排上作出新举措，制度创新了，自主创新才具备配套基础。

政绩评价体系不改革，别的政策出台再多，也难以形成有效的推动力，反而容易被旧的政绩评价体系拖后腿。

只要仔细研究便不难发现，我们仍然面临着企业技术创新能力不强，掌握的核心技术不多，有利于新技术新产品进入市场的政策法规体系不健全，支持创新创业的投融资和财税政策、体制机制不完善等突出问题。要解决这些问题，一个前提就是解决政绩评价体系的问题。政绩评价体系不改革，别的政策出台再多，也难以形成有效的推动力，反而容易被旧的政绩评价体系拖后腿。

2

不了解这一产业而盲目出政策，要么错过机遇，要么头脑发热，因此必须有一套科学、有效、有力的政绩考核方法，让官员不得不去学习什么叫战略性新兴产业。

政绩评价体系为何如此重要？因为这一体系牵一发而动全身。

在传统发展观时代，我们一直强调以经济建设为中心，形成了以GDP为考核核心的政绩评价体系，在这一核心的指挥下，各级官员往往以增加GDP为使命，以此来博取政绩。博政绩不是不好，而是应从现实出发，鼓励各级官员博政绩，博出了政绩，博出了成绩，博出了效果，是政府之功，是百姓之福，因此，首先要弄清楚的是我们需要什么样的政绩。

显而易见，在七大战略性新兴产业的新布局下，官员的政绩应当在一定程度上朝战略性新兴产业倾斜。但是战略性新兴产业是一个新生事物，对于不少科技工作者尚不能完全掌握，对于官员来说更是雾里看花，似是而非。不了解这一产业而盲目出政策，要么错过机遇，要么头脑发热，因此必须有一套科学、有效、有力的政绩考核方法。制定这样一套新的政绩考核办法，其目的在于形成倒逼效应，让官员不得不去学习什么叫战略性新兴产业，什么叫新一轮的产业革命，什么叫领军式人才，什么叫重大历史机遇。官员们如果不能够对战略性新兴产业作出一个全面和恰当的理解，指望他们花大力气引进人才、用好人才，恐怕不太现实。

引人才的战略性工作其实各地早就在做。但不少地方引人才困难，引来之后用人才更显窘迫。一些官员人走政息，引进的人才被悬隔，一些官员不懂装懂，科学家真正需要帮助的时候偏偏设置这个障碍那个障碍，他们不是以科技创新为中心，而是以权力为中心。在权力面前，没有科学家只有下级，其结果常常打击科技工作人员尤其是领军型科技人才的积极性、创造性，造成人才外流。虽然深圳等地突破常规引进了具备世界前沿水平的领军人才，但这种引进有时带有一定的偶然性，和主管官员的个人观点、行事作风等等有着不可切断的关联，可是，彼时之官员未必同于今日之官员，如果新上任的官员不懂战略性新兴产业，甚至目光短浅，认为战略性新兴产业在短期内难以出成绩，又将如何？

只有建立一套围绕和配合战略性新兴产业发展的新的政绩评价体系，官员才可能真正把这一产业当成“心头肉”，把心思放在为战略性新兴产业创造良好的发展环境上来。这一套政绩评价体系如何建立呢？应当既具备前沿眼光又具备国际眼光。从国际上来说，国际金融危机余悸尤在，发展战略性新兴产业以开辟一个新的经济时代，渐成国际共识。以欧美日为代表的先进科技经济体，一向以科技创新为经济发展的重要驱动力，在不少科研项目上领先世界，我们不得不承认，与他们相比，我们的战略性新兴产业尚不发达，尚不深入。但从前沿上来看，战略性新兴产业又是一个新生事物，对中国而言是新，对世界而言也是新的，既然都是新的，就要看谁布局得快，谁布局得深，谁的步伐协调，谁能够抓住机会实现跨越。

党的十七届五中全会明确给出未来战略性新兴产业发展的目标，即到2015年战略性新兴产业增加值占GDP的比重力争达到8%左右，到2020年将达到15%。此后再经过10年的努力，即到2030年战略性新兴产业的整体创新能力和产业发展水平将达到世界先进水平，为整个经济社会可持续发展提供强有力的支撑。这就是说，战略性新兴产业将成为中国新一轮经济增长的新发动机。而整个战略性新兴产业设定的发展时间跨度为20年，这也意味着新的政绩评价体系不是应急之举，而必须充分考虑20年的形势发展，从而有一个宏观上的把握。从与传统产业的对比来看，战略性新兴产业的设定目标是在未来20年其增长速度和扩展规模都要远远超过传统产业，但问题是，各地大行其是的招商引资通常是不论产业性质的，而主要看投资规模，可战略性新兴产业还是“星星之火”，自然在现阶段比不了早已燎原的传统产业，非但比不了，许多时候还需要政府给予更多的财政扶持、政策支持，怎么办？如果不将发展战略性新兴产业列为政绩考核的重要指标，恐怕对短期GDP的冲动将超过对产业革命的冲动。

广东日前出台的《实施〈珠江三角洲地区改革发展规划纲要（2008-2020年）〉实现“四年大发展”工作方案》，已明确将战略性新兴产业增加值占比纳入考核指标。只有使政绩评价体系围绕战略性新兴产业做文章，其他制度建设才可能顺畅，政策扶持、财政扶持才

制定这样一套新的政绩考核办法，其目的在于形成倒逼效应，让官员不得不去学习什么叫战略性新兴产业，什么叫新一轮的产业革命，什么叫领军式人才，什么叫重大历史机遇。官员们如果不能够对战略性新兴产业作出一个全面和恰当的理解，指望他们花大力气引进人才、用好人才，恐怕不太现实。

可能真正到位。

3

虽然应建立新的政绩观为战略性新兴产业保驾护航，也不能把传统产业抛弃，只讲战略，不讲传统。

政绩评价体系要转，人才引进模式、技术创新模式等等都要转。这一个转，不是单一的某个制度的转，而是整体发展思路的转。只有转好了，转快了，我们才能实现广东大变，从一个传统发展道路上的经济大省变为一个引领国家产业革命、参与国际规则制订和谈判的新兴科技经济体。

广东改革得早，开放得早，是一个市场经济相对发达的地方，这是广东在全国格局中发展战略性新兴产业的先发优势，但我们不能仅仅局限于国内竞争，还必须叫板国际。因为这一场大转变意味深远，在传统发展模式之后我们必须找到一个新的经济快速、健康增长的基础性产业。战略性新兴产业如果得以扎根，中国发展将获得极其厚重的驱动力；战略性新兴产业如果虚浮，传统发展模式依旧尾大不掉，那么此模式长期以来积累的弊病一旦全面爆发，社会就存在失控的风险。因此，战略性新兴产业应当站在高处攀高峰，而不能亦步亦趋，只懂模仿，不尚创新。

怎么创新？我们喊创新从20世纪80年代一直喊到今天，但自主创新能力与世界前沿相比，仍然落后甚远。这主要在于我们对知识产权的认识程度不够，对创新激励的措施不足。科技创新，往往投入时间长、投入资金大，但收效晚，结果很多人选择了短期见效快、投资回报率高的传统行业。广东确实已经成为全球重要的制造业基地，但是广东创造却难言大勇。如果我们总是把创新挂在嘴边，却对创新不实践、不支持、不保护，那么再过十年，面貌依旧。正如温家宝总理所言：“原始创新是一个国家竞争力的源泉。中国要抢占未来经济科技发展的制高点，就不能总是跟踪模仿别人，也不能坐等技术转移，必须依靠自己的力量拿出原创成果。”

广东省发展战略性新兴产业，具备市场优势、地域优势和人脉优势，现在也逐渐在积累人才优势。但一个产业要想迎风而起，扬帆远航，还必须具备制度优势。产业要创新，制度也要创新，否则，创新的产业没有创新的制度支撑，产业的创新就将沦为空谈。从政府方面来说，既要注意多为战略性新兴产业发展创造一个好环境，也要注意尽量避免用行政来干预产业竞争和发展，要更多地让市场发挥资源配置的基础性作用，同时，应避免一哄而起，跟风、盲目建设。目前，全国有多个省份把新能源等作为支柱产业，如果布局欠科学，在核心技术并未取得实质性突破的情况下，很容易造成“二杆子工程”、“半拉子工程”，表面上红红火火，实际上暗藏败机。

“原始创新是一个国家竞争力的源泉。中国要抢占未来经济科技发展的制高点，就不能总是跟踪模仿别人，也不能坐等技术转移，必须依靠自己的力量拿出原创成果。”

必须指出的是，虽然应建立新的政绩观为战略性新兴产业保驾护航，也不能把传统产业抛弃，只讲战略，不讲传统。传统还是要讲的，只不过需要转换讲法，对传统产业该肯定的肯定，该推动升级的推动升级，该推动淘汰的推动淘汰。我国毕竟还处于工业化中期阶段，传统产业体量大、贡献大，吸纳就业多，是社会的稳定器。因此，应当把握好如何发展战略性新兴产业和如何推动传统产业改革的度，让它们都能找到生存之道和提升之路。

广东是改革的前沿阵地，既应当把握新一轮全球技术革命发展脉搏，超前谋划由前沿科技带动的新兴产业，抢占关键技术制高点，展示科技经验，也应当率先改革，从政绩评价体系入手，解决新的经济发展形态下的上层建筑配套问题，形成制度经验，继续试水经济体制、政治体制和社会体制等多方面的综合改革。

南方日报评论员

让人才与市场成为创新链的“左膀右臂”

——三论战略性新兴产业必将“星火燎原”

战略性新兴产业是指在国民经济和社会发展的关键领域内，由于科学技术的重大突破性进展所形成的新兴产业。战略性新兴产业能否推进，核心就在于能否掌握核心技术，并且能否将这种技术推广到实际应用中。毋庸讳言，这两种能力都是我们当前经济模式的短板。过去30多年，我们的经济发展主要依靠基于廉价劳动力和资源过度开发的初级经济模式，导致企业创新能力偏弱，国家资本的投资效率不高，而民间资本缺少可持续性，整个市场形成了不鼓励科技创新，安于国际经济产业链低端，这种风气造就了大量以量取胜而非以质取胜的企业。

每一个市场主体都遵循着利益最大化原则，在风险和受益之间选择一个最佳平衡点。企业之所以不鼓励创新，是因为创新对他们来说没有好处，或者短期内看不到这个好处能够迅速实现的可能。对每个企业来说，他们并没有改变经济大环境的能力，但如果多数企业有这种倾向，经济就出了问题。这个时候，政府就必须发挥作用，通过调整政策改变经济方向。发展战略性新兴产业是经济转型的重要途径。然而，战略性新兴产业尚处于发展的初级阶段。我们一方面缺乏核心技术，缺乏掌握核心技术的人才，另一方面也缺乏将这种技术推广到实际应用中的能力。国内有创新能力的企业屈指可数，而目前的市场环境缺乏对技术创新的制度保障。但是，我们坚信，既然战略性新兴产业已产生了星星之火，只要给它以足够的呵护，给它以足够的氧气，它就足以充分燃烧，直至形成燎原之势。

我们所要思考的是：如何引进科研人才、引进人才之后如何创造一种制度和环境让他们取得突破性技术进展，取得技术突破之后又如何能让企业将其推广，让企业和社会都获得收益，最终让战略性新兴产业发展壮大，实现经济的转型升级。

1

人才之所以能够流动是因为有更好的科研条件和更好的发展前途，我们要吸引大量人才参与战略性新兴产业的建设，就必须营造这样的环境，吸引更多人才“孔雀东南飞”。

发展战略性新兴产业，需要大量人才。

战略性新兴产业是知识技术密集型产业，发展之，就要进行必要的科研人才储备。我省在吸引人才方面具有传统优势，30年前，一句“东西南北中，发财到广东”，折射出人才汇聚岭南大地的壮观图景。但是，30年后，汪洋书记尖锐地发问：当年深圳吸引人才“孔雀东南飞”，现在还有没有？“如果说过去30年的发展，傍‘资金大款’是实现快速增长的重要条件的话；今后30年的发展，我们必须靠傍‘科技大款’，来实现经济质的飞跃。”汪洋书记认为，搞自主创新，人才至关重要，建设创新型广东，最缺的就是一些“大家”，即高层次创新人才。近年来广东已经认识到了这一点，一直在加大吸引培养高层人才的力度，去年下半年以来加密了海外高层次人才引进的鼓点，其中以首次面向海内外引进首批创新科研团队、领军人才引起轰动。根据省委、省政府下发的《关于加快吸引培养高层次人才的意见》，引进国际一流水平、国内顶尖水平、国内先进水平的创新和科研团队，分别给予2000万至1亿元的巨额工作经费；引进两院院士和相同等级担任省级重大科技项目首席科学家、重大工程技术专家、管理专家，每人一次性提供500万专项工作经费和100万住房补贴。这样的人才引进力度和激励人才的优惠程度为近年来国内罕见，吸引了很多高科技人才到广东发展，要发展战略性新兴产业，我们就要继续加大人才引进的力度。

引进人才之后要面临的问题是，通过什么样的制度保障、什么样的管理模式让这些人才的才能发挥最大化。过去的原创性研发多数只是政府或者企业单干，政府无法洞察市场走向，企业对科研的偏好则较为功利，政府与企业对科研的开发无法形成一股合力。但是政府和企业在科研开发上也各有各的优势，政府能够支持一些具备成长性但

如何引进科研人才、引进人才之后如何创造一种制度和环境让他们取得突破性技术进展，取得技术突破之后又如何能让企业将其推广，让企业和社会都获得收益，最终让战略性新兴产业发展壮大，实现经济的转型升级。

一开始不具备市场价值的科研项目，企业则能够在科研成果转化为产品上提供更多的激励和资金支持，我们所要做的就是将二者的优势结合起来。目前国外的科研机构主要采用的是“民办官助”模式，科研机构是由政府、产业界和金融界共同支持的公益性、非营利性机构，采取理事会领导下的院长负责制，理事会由政府相关部门、团队、相关企业、投资机构等组成。通过这种模式，政府、企业、金融机构和科研团队四者的利益和诉求层层相关、互相影响和促进，改变了政府与企业在科研上各自单干的局面。这种模式发展到极致就是一直为人津津乐道的“硅谷模式”。

在全球经济格局中，发达国家不仅占据着产业链的上游，更占据着科技创新链条的上游。正是因为他们在科技创新链条上的垄断，才有了在产业链上游的强势。因为意识到科技创新对经济发展的重要性，对科技创新链条的保护甚至已经成为发达国家的国家战略，他们通过种种手段保护科研人才和科研成果不外流。作为后发国家，我们要发展战略性新兴产业首先就要突破发达国家的人才封锁，人才之所以能够流动是因为有更好的科研条件和更好的发展前途，我们要吸引大量人才参与战略性新兴产业的建设，就必须营造这样的环境，吸引更多人才“孔雀东南飞”。

2

为什么我国企业技术创新一直相对滞后，根本上是因为我们没有形成一个完整的自主创新链。

发展战略性新兴产业，需要培育完善的自主创新链。

为什么我国企业技术创新一直相对滞后，根本上是因为我们没有形成一个完整的自主创新链。在发达国家，专利产生时，科研人员会拿到一笔“天使基金”，成果开始应用时，风险投资就会进来了，再做大一点，形成产业，创业资本又会流入，之后走上上市之路，融到更多资本，产品就会不断升级换代。这样就形成一个相对完善的创新链条，在这个链条中，科研人员、企业都获得了回报，当企业通过创新获利之后就会拿出更多的资金鼓励创新，这个链条就可以不断循环。

在我国，创新链之所以难以形成，主要在于链条太长，以至于任何环节脱节都会导致整个链条的断裂。一方面企业没有耐心培育和发现创新产品，另一方面，具有良好技术和理论知识的科技人员没有足够的创新动力，政府的投资除了在类似于航天技术等领域有持续性之外，在一般领域也难以持续。在国内，很多人打着风险投资、资本投资的旗号，做的事情却是等企业快上市了才投资，希望一下子赚大钱。政府的科研部门对自主创新的前期做了一些支持，但也只是杯水车薪。说到底，在整个创新链中，资金链最为重要，创新进行不下去很多时候主要是因为资金链发生断裂。目前我国的科技研发，主要还是沿袭计划经济时代以国家为主的投资体制，这个投资体制实际上是一个单向体制，资金扔下去似乎就完事，而不考虑投资的回报，这样的投资体制除了会产生科研腐败、培养效率低下的科研机构之外，最大的弊病就是无法形成从投资到受益，将受益再投资的创新链循环。

我们可以大致描述一个理想的创新链是如何运转的：首先，科研团队与相关企业、投资机构联合成立科研成果产业化平台公司；其次，通过科研机构授权，平台公司将科研机构取得的成果，以技术许可或技术入股、技术合作等方式，在专门的项目公司进行产业化。最后，平台公司将科研成功产业化中取得的收益按一定比例返回科研机构，以支持其科研和日常运作。这个过程中，政府的职责是什么呢？政府并不直接干预科研机构的具体运作，但是通过理事会对科研机构的重大事项发表意见，并通过前期建设资助和项目资助对科研机构给予支持。政府不谋求在具体项目上获得直接收益，而是希望通过形成新的产业和经济增长点，在研究和产业化的大循环中获得增量性的财税利益。

需要注意的是，之所以理想状态的创新链能够完成良性循环，主要是因为每一个环节都是由公司负责而不能由政府负责，当把自主创新环节拆开时，从研发到市场开拓都形成了产业，自主创新本身就变成了一个服务业，而政府的职能完全独立是一种“公共服务”。说到底，完善自主创新链条就是要将整个链条都市场化，通过走市场的道路反而能够让科研本身的价值显示出来。战略性新兴产业目前在世界经济中所占的比重还不大，但是战略性新兴产业是今后发展的方向，

说到底，完善自主创新链条就是要将整个链条都市场化，通过走市场的道路反而能够让科研本身的价值显示出来。

在某些行业如新材料、新能源汽车等领域，我国与发达国家虽然也有差距，但是比起传统行业相对较小，我们应当把握这个机会尽快完善战略性新兴产业的自主创新链条。

3

只有市场才能让人才、资本各归其位、各尽其能，只有市场才能够让自主创新链条完成良性循环，只有市场才能将政府、企业、人才三大主体串联起来，释放巨大的能量。

发展战略性新兴产业，需要释放市场的力量。

无论是引进人才还是完善自主创新链条，我们都在其中看到市场的力量。将人才交给市场，将科研成果交给市场，市场就能够让他们的价值发挥到最大。只有市场才能让人才、资本各归其位、各尽其能，只有市场才能够让自主创新链条完成良性循环，只有市场制度才能将政府、企业、科研人才和机构三大主体串联起来，释放巨大的能量。说到底，战略性新兴产业应当发挥市场的主导力量。

首先，政府应该走出在科研研究上的计划经济模式。在市场制度的定位下，政府应当是战略性新兴产业的引导者和保护者的角色，他们主要负责从政策层面激励，既可以激励科研人才和科研机构，也可以激励积极推进战略性新兴产业的企业。但是政府不可以越俎代庖，代替企业的职能。如在引进战略性新兴产业人才和项目的时候，不能由政府一手包办，也不能完全由政府买单，毕竟战略性新兴产业要形成产业化必须走向市场，只有企业才是市场的敏锐感觉者，只有企业才最了解市场指挥棒的指向。因此，在市场经济体制下，科技研发投资应以企业为主，政府为辅。美欧发达国家和新兴工业国家的企业研发投资占国家研发总投资的70%左右，而我国的科研研发投资中国家投入的研发经费约占58%，地方政府投入的占10%，这种以中央和地方政府为主的科技研发投资体制，一定程度上助长了企业在技术创新问题上“等、靠、要”思想。

其次，我们要发挥金融对战略性新兴产业的引导支持作用。金融是现代市场经济的核心，前面说过，资金链条顺畅才能保证创新链的完整，良好的金融制度是资金链顺畅的重要保障。我国目前80%中小企业的资本都是自有资本，要更好地支持企业创新发展新兴产业，就要对战略性新兴企业发展提供有效的金融支持，优化信贷管理制度和业务流程，加大配套金融服务和支持，促进和推动战略性新兴产业的技术集成、产业集群、要素集约。需要设立战略性新兴产业发展专项资金，大幅增加财政投入。我们高兴地看到，我省已经制订了《广东省战略性新兴产业发展专项资金（省财政安排）竞争性分配评审办法》。我们还要积极开展知识产权质押融资、产业链融资等信贷方式创新，加大力度支持战略性新兴产业发展，加快完善创业板、场外证券交易在内的资本市场，扩大政府新兴产业创业投资资金规模，建立政府创业投资引导基金，进一步扶持和引导发展创业投资。

总之，战略性新兴产业的发展离不开人才与市场，只有明确人才的主体作用，发挥市场的主导作用，战略性新兴产业才能够蓬勃发展，从星星之火发展成燎原之火。

南方日报评论员

只有市场才能让人才、资本各归其位、各尽其能，只有市场才能够让自主创新链条完成良性循环，只有市场制度才能将政府、企业、科研人才和机构三大主体串联起来，释放巨大的能量。说到底，战略性新兴产业应当发挥市场的主导力量。

着力推进重点领域和关键环节的制度改革

——四论战略性新兴产业必将“星火燎原”

历时多月，数易其稿的《广东省现代产业体系建设总体规划》，把现代产业500强和战略性新兴产业作为建立现代产业体系的两大抓手。这意味着，发展战略性新兴产业，这个被称作“下一个四万亿”投资刺激计划，已经不是认识层面的问题，而是如何在规划路线下去培育和发展的问题，如何充分发挥政府对培育和发展战略性新兴产业的突出作用与影响。

出于对“战略性”和“新兴”两大基本属性的考虑，必然要求政府在战略性新兴产业发展中有所作为。从已有的国际经验看，政府对战略性新兴产业的推动作用非常之大。为，且大有所为，意味着必须规划先行，以防止传统思维中的一哄而上、盲目冲动，结果造成重复建设和产能过剩。正是在这样的背景下，《国务院关于加快培育和发展战略性新兴产业的决定》与《广东省现代产业体系建设总体规划》如期而至。具有前瞻意义的规划在准确把握世界战略性新兴产业发展趋势的基础上，尊重产业发展的客观规律，综合考虑自身的资源特征、产业特征、区域特征，明确战略定位，必能使产业转型的星星之火，燎原岭南大地。

1

大兴学习之风，是广东蓄势待发、酝酿谋划的起始阶段，也是星火得以燎原的基础阶段。

战略性新兴产业得以星火燎原，首先必须是也必然是人的问题。

干部知识不转型，经济转型难突破。我们已经形成的共识是，转变发展方式首先要转变干部的思维方式，从转变头脑开始，头脑指挥手脚，思维决定行动。可以说，提高党员干部的知识水平，促进党员干部知识结构的转型升级，是转变经济发展方式的前提条件。2010年5月20日，我省加快转变经济发展方式专题研讨班正式结束，近3000名厅处级干部历时一个多月，完成了经济转型期一次重要的“充电”。而与此同时，一场更大规模的干部“知识更新”在全省启动。这场由省委发起、贯穿全省上下的“大培训”指向明确——要让广东干部从发展“三来一补”的行家里手，变成发展现代产业的行家里手。通过学习新技术新产业基础知识，找准发展战略性新兴产业的突破口，提高干部招人引技和招商引资的本领。

面对知识的恐慌，我们只能用知识补救。如今世界主要发达国家和经济体纷纷加大了对科技创新的投入、加快了对新兴技术和产业发展的布局，力争通过发展战略性新兴产业创造新的经济增长点，抢占新一轮国际竞争的战略制高点。比如，美国投入到替代能源、电动汽车等的研究和推广费用达到700多亿美元；欧盟则强调“绿化”的创新和投资，加速向低碳经济转型；日本将大幅提高新能源研发和利用的预算，由原先的882亿日元增加到1156亿日元。在你争我夺、暗流涌动、一浪高于一浪的抢占潮中，一些发达国家屡屡在碳排放问题上大做文章，意图把碳排放问题作为制约新兴工业化国家和地区发展的手段。这一切，宣告一个以战略性新兴产业为起点的世界已经开启，我们如果仍醉心于传统发展模式，对现代产业知识知之甚少；如果只关注自己门前的一亩三分地，缺乏世界眼光和国际战略思维；如果只为了政绩而发展，没有科学发展的远见，无疑，难以胜任转变经济发展方式的先行任务。

促进知识结构转型升级，比以往任何时候都更加迫切地摆在广东面前。日前，广东率先推出了9本“口袋书”，助力干部知识转型，旨在使他们不做“空头政治家”。诚如汪洋书记所言，选择学习就选择了进步，放弃学习就放弃了明天。干部大培训，不仅仅是一次知识更新，更是一次科学发展理念的再武装和科学发展能力的大提升。每一位领导干部都要有强烈的使命感、责任感和紧迫感，以正在做的事为中心，从最急需的知识学起，缺什么补什么，努力实现知识结构转型升级，如此才能在工作中得心应手，不至于被动挨打，被知识拖着走、赶着走。不仅要学，还要主动学，积极以知识弥补自己的“缺

转变发展方式首先要转变干部的思维方式，从转变头脑开始，头脑指挥手脚，思维决定行动。可以说，提高党员干部的知识水平，促进党员干部知识结构的转型升级，是转变经济发展方式的前提条件。

陷”与“短板”，以新的理念、水平、路径，为广东科学发展注入新动力。

广东改革开放的实践，特别是党的十七大以来应对国际金融危机的实践也雄辩地证明：解放思想，善于学习，以科学的理论武装头脑，指导实践，是广东能够化危为机、战胜困难、不断前进的制胜法宝。大兴学习之风，是广东蓄势待发、酝酿谋划的起始阶段，也是星火得以燎原的基础阶段。

2

政府在推动战略性新兴产业发展时，必须明确自身的定位，才能有效地促进产业升级转型、构建广东现代化体系。通过建立完善的机制来发挥政府的重要作用，是广东谋划变革、破茧成蝶的必经之路。

战略性新兴产业得以星火燎原，离不开政府强有力的政策支持。

战略性新兴产业的培育和发展是一个长期、持续的过程，由于技术方向选择难度大、投资回收期长、风险相对较高，一般企业都不敢贸然对新兴产业进行投入。在此情况下，政府必须扮演先行者的角色，拿出一定的财政资金进行前期培育，进而推动社会资本特别是风险资本进入，形成多渠道、系统性的财税、投融资体系。针对产业的具体特征，制定流转税、所得税、消费税、营业税等支持政策，形成普惠性激励社会资源发展战略性新兴产业的政策手段。针对当前政府资金使用分散、重点领域投入强度不足、缺乏稳定投入支持机制等问题，《决定》已提出切实加大财政投入力度，发挥中央财政资金引导和调动社会投资积极性的作用。通过财税杠杆把每一分钱都用在刀刃上，不挪作他用，也不盲目发展，既能保护好、发挥好和引导好发展战略性新兴产业的积极性，也能避免盲目低水平投资建设等问题。

发展战略性新兴产业需要建立公平竞争的市场环境以及严格的市场准入条件。当前，国有企业在人才、技术方面具有优势，应成为战略性新兴产业发展的主体，但这并不意味着国有企业占有垄断地位。2010年5月7日，国务院发布的《关于鼓励和引导民间投资健康发展的若干意见》明确指出，鼓励和引导民营企业发展战略性新兴产业。对这些不同类型的投资主体，政府应同等对待，使它们在同一个平台上充分竞争；对于不同利益集团的矛盾与摩擦，政府需要做好仲裁者的角色，完善协调机制，理顺部门、地区、行业之间的关系；而在市场容量有限的前提下，更要设立严格的市场准入条件，防止企业一哄而上，不仅资金被分散利用，不利于产业整体水平的提升，还有可能在新兴产业领域里出现新一轮产能过剩。不偏帮，不分厚薄，不头脑发热，通过完善市场机制培育良好市场环境，政府真正退出“运动员”的角色，才能最终促进产业顺利升级转型。

这些年来，知识产权屡屡成为“中国制造”、“广东制造”的软肋，“中国制造”依靠低成本策略迅速占领国际市场，使中国成为全球最大的制造基地之一。但同时，这种低成本也成为“中国制造”被人诟病的主要原因：基本不具备自主知识产权，很多产品甚至在无偿使用着别人的专利技术。面对日益庞大的国际市场，跨国公司往往先“纵容”国内企业侵占他们的专利技术，等到国内企业把市场做大，便纷纷向“中国制造”亮出知识产权保护这柄利刃。当各国都祭出知识产权大旗作为市场争夺战的利器时，更是凸显国内培育保护知识产权（包括新技术、新产品）法律环境毋庸置疑的重要性与紧迫性。

政府在推动战略性新兴产业发展时，必须明确自身的定位，才能有效地促进产业升级转型、构建广东现代化体系。通过建立完善的机制来发挥政府的重要作用，是广东谋划变革、破茧成蝶的必经之路。

3

通过创新与改革，可以更快地实现职能转变、改进观念以及体制机制和管理服务方式的再设计与再建造，是广东推陈出新、革故鼎新的攻坚阶段，必将以破竹之势对原野残存的、不适应新生产力的旧根基摧枯拉朽。

战略性新兴产业得以星火燎原，必须着力推进重点领域和关键环节的制度改革。

墨守成规、因循守旧，没有出路。当今世界的国家竞争越来越表

政府在推动战略性新兴产业发展时，必须明确自身的定位，才能有效地促进产业升级转型、构建广东现代化体系。通过建立完善的机制来发挥政府的重要作用，是广东谋划变革、破茧成蝶的必经之路。

现为科学技术制高点的竞争，新兴产业的发展水平客观反映了一国的国际竞争地位。全球金融危机既是挑战也是机会，因为历史上每一次金融危机都催生了新兴产业。当前广东经济正处于结构调整和发展方式转变的深刻巨变之中，必然会存在某些政策或体制机制因素构成对战略性新兴产业发展的阻碍与影响。然而，旧格局不破，新格局就始终停滞不前；旧利益不除，我们就不可能抢占新利益的制高点。这要求政府部门必须适时采取有效措施进行体制创新和制度创新，着力解决受旧制度所限“不能转”的困惑。30年前，我们搞改革开放、发展市场经济，凭的是“一股劲”、“一股气”，闯禁区、涉盲区、攻难区，终于“杀出一条血路”。现在我们探索科学发展的新路，是一场新的革命，同样要求我们勇于变革、勇于创新、迎难而上，不为任何风险所惧，不被任何干扰所惑。

产学研合作是实现科技成果转化的重要手段，是发展战略性新兴产业的基础、动力和保障。但平心而论，高科技成果的产品化是个世界难题，产业化更是难上加难。由于战略性新兴产业领域的新技术、新产品在市场导入期往往存在种种障碍。据有关方面统计，我国科技成果转化率平均仅为20%，发达国家为60%-80%；真正实现产业化的科技成果不足5%，发达国家为20%-30%；技术进步对经济增长的贡献率只有29%，发达国家为75%以上。这就需要政府创新现有市场“孵化”体制，推动应用示范、制定标准和建设关联基础设施等，积极引导消费，打造战略性新兴产业的“经济生态系统”。我们有资金，有技术，有市场，但无疑我们还需要一条通道把资本与产业的创新衔接，把产业技术转化为新生产能力。这也正是转变经济发展方式的题中应有之义。一个产业的发展是个环环相扣的过程，政府不仅要运用系统工程的方法协调落实每个环节的衔接问题，还要消除信息鸿沟，主导统筹调动各方力量。只有形成完整产业链并集聚集群后，市场竞争机制才能实现资源的最佳配置。

战略性新兴产业能否在广东落地开花、蓬勃发展关键是是否有适宜的土壤和环境，并不是某一项因素孤立存在或者人为臆断“大干快上”所能主宰的。与30年前不同的是，今日我们探索科学发展的新路，光有勇气还不够，需要更多的技术含量和知识含量，需要对发展方式是否科学有足够的辨别和判断能力，更需要把创新与变革精神作为始终牢记的突破口。创新是现代政府增强自身生命力的特性、过程和方法，从这个意义上说，发展促进转型，转型促进发展，政府部门必须走出一条发展与转型的新路。

通过创新与改革，可以更快地实现职能转变、改进观念以及体制机制和管理服务方式的再设计与再建造，是广东推陈出新、革故鼎新的攻坚阶段，必将以破竹之势对原野残存的、不适应新生产力的旧根基摧枯拉朽。历史上，我国曾数次与科技革命和工业革命失之交臂。在这新一轮的竞争中我们必须迎头赶上，赢得先机，抓住此次产业和科技变革的机遇，在有基础、有条件的领域率先突破，抢占未来竞争的战略制高点，支撑和引领经济社会走上创新驱动、内生增长的发展轨道。

战略性新兴产业的星星之火，必将自此开始燎原!

南方日报评论员

与30年前不同的是，今日我们探索科学发展的新路，光有勇气还不够，需要更多的技术含量和知识含量，需要对发展方式是否科学有足够的辨别和判断能力，更需要把创新与变革精神作为始终牢记的突破口。

1 节能环保产业

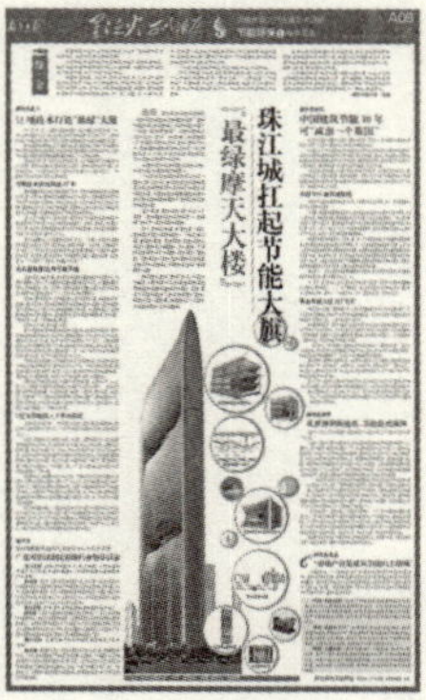

珠江城扛起节能大旗
最绿摩天大楼

低碳时代“卖碳翁”
改写工业产业链

绿色革命风暴
刮来机遇与隐忧

重点开发推广高效节能技术装备及产品，实现重点领域关键技术突破，带动能效整体水平的提高。加快资源循环利用关键共性技术研发和产业化示范，提高资源综合利用水平和再制造产业化水平。示范推广先进环保技术装备及产品，提升污染防治水平。推进市场化节能环保服务体系建设。加快建立以先进技术为支撑的废旧商品回收利用体系，积极推进煤炭清洁利用、海水综合利用。

——《国务院关于加快培育和发展战略性新兴产业的决定》

开篇语

绿·金

在国家确定的七大战略性新兴产业中，节能环保产业位居首位，这其中有着怎样的深意?

为了调查节能环保产业在国内和珠三角的发展情况，南方日报的采编调研团队深入政企业界，试图呈现节能环保产业在中国、在广东的“首位”意义。

从国家发改委、工信部，到省相关厅局，从国外节能环保行业的先锋人物，到中国社科院、中国科学院广州能源所等行业领军人物，业内人士带给我们全省、全国乃至全球绿色发展不可阻挡的观察坐标。而广州、东莞、中山、佛山、深圳、河源等一线企业的实践案例和一批节能环保积极实践者，让我们多方面了解了产业现状、产业发展中碰到的难关和他们对产业发展前景的分析。

一个有关绿与金的辩证思考，跳跃而出，日渐清晰。

为了向读者呈现更多更清晰的现实，我们对产业作出了力所能及的深度思考。“绿中见金”，“点绿成金”，“从绿到金”，节能环保产业这一组三篇报道，选取了从个案到行业，再到全景调查的表述方式，从此刻开始将连续呈现给读者。

世界正处于低碳绿色革命的前沿，珠三角因是世界经济最为活跃地带而先行一步，在这个宏大厚重绿色产业革命的历史帷幕全面拉开前，我们期望为大家提前掀开一角，窥探“绿·金”幕后精彩的未来。

绿|中|见|金

“最绿摩天大楼”珠江城扛起节能大旗

近日，正在为新房选购空调的广州市民张先生毫不犹豫地选择了变频节能空调。他在销售人员的帮助下算了一笔账：某品牌直频1.5匹空调售价1900多元，而另一台同样3级节能的1.5匹变频空调为2900多元，差价1002元。但前者的耗电量为每小时0.6度，而后者为0.3度，3年之内就可以把这1000块钱从电费中省出来。

如果说张先生算的是自家的小账，放之全国，这笔账大得惊人。

一位来自住建部的官员算了这样一笔账：到2020年，全社会住宅的总能耗将力争达到节能65%的目标。如果上述目标达成，中国建筑总能耗降低所减少的二氧化碳排放量相当于英国二氧化碳排放的总量。

星火燎原、聚沙成塔。要“减出一个英国”，既有赖全社会的共同努力，也需要“领头羊”式的实践和探索。

在广州珠江新城，有一座扛起建筑节能大旗的建筑——珠江城大厦。若与迪拜塔、兴建中的上海中心等摩天大楼相比，309米高、71层的它显得有点不太起眼。但它却以“零能耗”为最高设计目标，实际运营中也将减少逾60%的能耗，并被誉为全球“最绿摩天大楼”。

珠江城大厦的“最绿”意义，不仅在于建筑本身节能60%的新基准能促进节能技术在新老建筑中的推广应用，更在于在建筑业这个最古老传统产业中，即将引发一场变革，并催生出一个庞大产业链条和巨大市场蛋糕。

绿色星火

11项技术打造“最绿”大厦

10月28日，当我们走进珠江城大厦，这里仍是一个热火朝天的大

延伸阅读

发改委会同环保部等部门编制的《节能环保产业发展规划》中把高效节能技术和装备、高效节能产品、节能服务产业、先进环保技术和装备、环保产品与环保服务六大领域列为重点支持对象,在财政、税收、金融等方面提供政策支持。

具体而言,在节能产业方面,一是发展高效节能技术和装备,包括锅炉窑炉、电机及拖动设备、余热余压利用装备、节能监测技术和装备,重点示范推广稀土永磁无铁芯电机、基于吸收式换热的新型热电联产集中供热技术等;二是发展高效节能产品,包括家用和商用电器、照明产品、建材产品和汽车等,重点研发和示范具有自主智能财产权的新型节能汽车及配套系统,重点推广能效等级为1、2级的高效节能产品；三是发展节能服务产业,推动节能服务公司为用能单位提供节能诊断、设计、融资、改造、运行等“一条龙”服务,以节能效益分享方式回收投资的市场化节能服务模式。

工地。这座全球“最绿摩天大楼”于上半年封顶，目前正在进行外立面玻璃幕墙和内部设施的安装。

乘坐高速电梯直上大厦第66层，参加第六届广东建筑师设计师论坛的与会者正在此参观，他们脸上浮现的好奇、兴奋与大厦外紧张安装玻璃幕墙的建筑工人相映成趣。

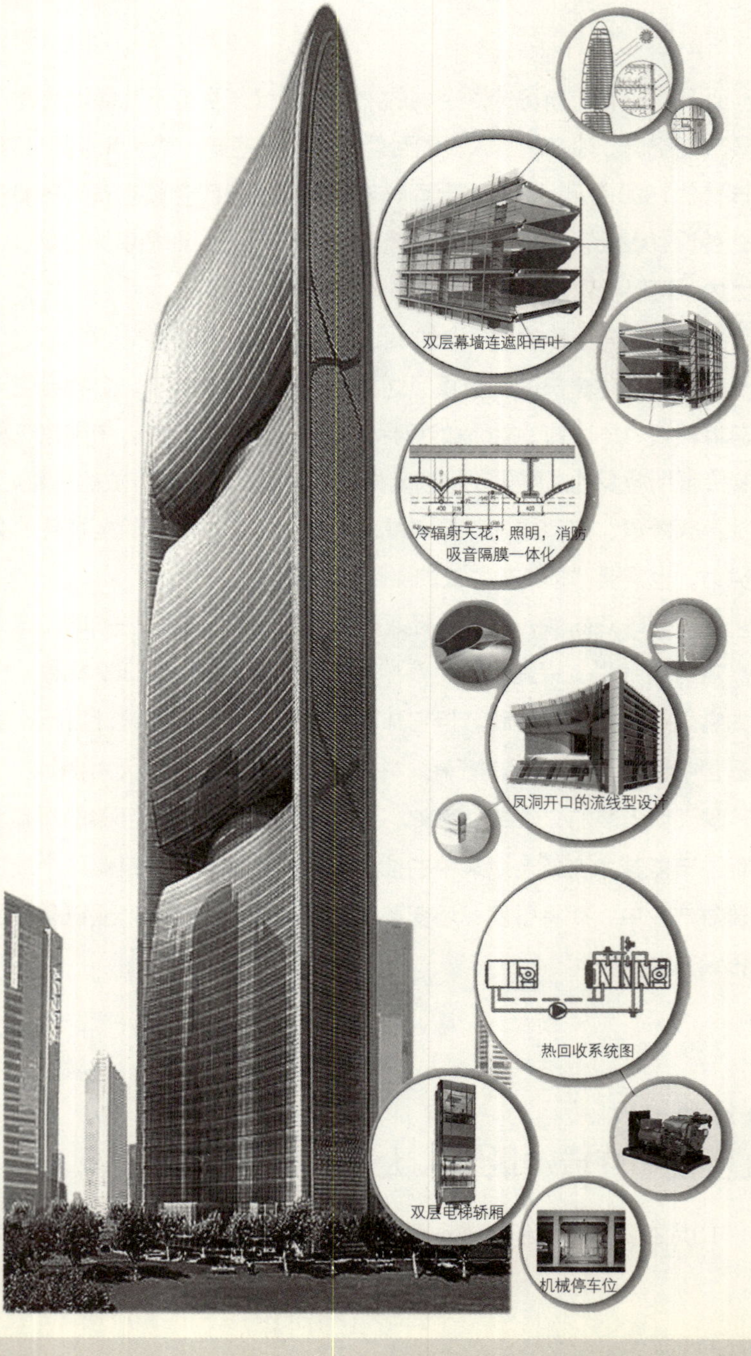

这座应用11项先进节能技术，以“零能耗”为最高设计目标，实际运营中也将减少超过60%能耗的大厦，不仅树立起一个绿色标杆，也为所有摩天大楼设定了一个新的“自给自足”的全球基准。

节能技术领先同类20年

重翻珠江城大厦2005年8月发布的建筑设计竞赛公告，在全球58家报名参赛的设计公司中，入围最终评审环节的3个优胜方案——株式会社日本设计的“风中之帆”方案、美国SOM公司的“零能耗”方案和台湾大原设计事务所的“生命建筑”方案都包含节能环保的理念。

在三个方案中，SOM的“零耗能”方案更是把建筑节能发挥到了极致。设计者提出的减少、回收、吸收、发电四个大类18项可持续性技术环保节能措施，领先同类建筑可达10年甚至20年之久。

珠江城置业公司最终选择了这一方案。方案提出的18项技术经过可行性论证，最终保留了11项，大厦的中方设计、广州市设计院建筑师黄惠菁感慨：“反复研究和论证后，筛选出真正适合广州和珠江城大厦的技术。这些技术一一得到了落实，丝毫不作假。”

风机发电首次用于摩天楼

走近珠江城大厦，首先会被它独特的外形吸引。与珠江新城CBD内多数坐北朝南的建筑不同，大厦朝向设计为南偏东13°。此外，曲线形的大厦立面在设备层24层和50层各设计了一对风洞，格外醒目。

SOM管理合伙人理查德先生告诉记者，简单的13°调整，就可以使大楼获得更多的风能和太阳能。而风洞的设计则卸去了风力对建筑的横向冲击，从而降低了对钢材和混凝土的需求。黄惠菁关于风洞的解释更为形象：“就好比人拎了两桶水，更稳。”

风洞之中更是内有玄机。4台风涡轮发电机被安装在这里。这是风涡轮发电机在超高层建筑的首次应用。根据测算，4台发电机年发电量约为20多万度，每年可节约电费约17万元。大厦在顶部及东西两侧安装了大量太阳能光伏电板。平均来看，这些光伏电板每天至少能发电3.5小时，每年的发电量将达到25万度，可节约电费近20万元。

延伸阅读

在环保产业方面，一是发展先进环保技术和装备，包括污水、垃圾处理，脱硫脱硝，高浓度有机废水治理，土壤修复，监测设备等，重点攻克膜生物反应器、反硝化除磷、湖泊蓝藻治理和污泥无害化处理技术装备等；二是发展环保产品，包括环保材料、环保药剂，重点研发和产业化示范膜材料、高性能防渗材料、脱硝催化剂、固废处理固化剂和稳定剂、持久性有机污染物替代产品等；三是发展环保服务，建立以资金融通和投入、工程设计和建设、设施运营和维护、技术咨询和人才培训等为主要内容的环保产业服务体系，加大污染治理设施特许经营实施力度。

在资源循环利用产业方面，重点发展共伴生矿产资源、大宗工业固体废物综合利用，汽车零部件及机电产品再制造，再生资源回收利用，餐厨废弃物、建筑废弃物、道路沥青和农林废弃物资源化利用，重点解决共性关键技术的示范推广。

节能效应的最大贡献则来自空调系统。系统供应商介绍，这种冷辐射空调系统可以产生一种奇异的效果：室内温度设定在28℃就可以让人感受到26℃的体感温度，就是这2℃的温差，就可以节省空调25%的能耗。

类似的节能技术在大厦中俯拾皆是。从里到外，从上到下，只要有节能专家带路，你就可以在这里一一找到双层内呼吸式幕墙、日光控制、地板下通风、热回收、水回收、双轿厢下行发电电梯等等“新鲜玩意”。理查德表示，尽管这些技术在其他摩天大楼中曾经有过个别应用，但珠江城大厦是一个集大成者。

2亿元节能投入8年内收回

先驱者在获得一片赞赏之余也往往遭受着质疑，珠江城大厦同样不例外。一些节能技术的应用成本就是焦点之一。

以太阳能光伏电板为例，中国工程院院士江亿就曾质疑其成本不菲、发电效率又不高。而从珠江城大厦的应用来看，每年发电25万度、节约电费约20万元与1600多万元的成本相比或许的确有些得不偿失。但黄惠菁解释道，像光伏发电、风力发电与建筑的一体化，更重要的是一种示范效应。一旦推广进入产业化链条，这些成本自然也就会大大降低。

而据珠江城置业公司介绍，大厦所应用的节能技术成本大约占总投资的8%，约2亿元。但大厦建成后，每年可减少二氧化碳排放3000吨，与非节能建筑相比节能超过60%，比常规节能建筑也要节能30.4%。通过降耗和租金收入的增加，这笔额外的节能支出在8—10年内就可以收回。

更为重要的是，一些过去在摩天大楼中从来没有应用过的节能手段，由于珠江城大厦“首吃螃蟹”式的实践，目前开始推广应用。采访中，珠江城置业公司租赁部刘总监有些自豪地告诉记者，“像目前规划中的中国第一高楼——上海中心，就计划采用双层幕墙和风涡轮发电技术”。

绿色商机

中国建筑节能10年　可“减出一个英国”

在珠江城大厦采访时，我们发现，尽管4个风洞中的风涡轮发电机已经安装完成，却仍未露出真容。

这是由于风涡轮发电机的芬兰供应商要求在拆掉包装时安排法国探索频道的记者现场采访拍摄。显然，风涡轮发电机在超高层建筑的首次应用背后，敏锐的风机商看到了未来巨大的商机，邀请媒体采访的宣传意味不言而喻。

刘总监还透露，这家风机商甚至提议，由他们出技术，珠江城置业公司出资金，共同组建一家公司开发中国市场。中国建筑业的新变革将带来崭新市场和赢利蛋糕，已经吸引了国外厂商前来抢占先机。

中国95%建筑高能耗

建筑节能的蛋糕有多大，谁都无法预测。但一组数据或可说明问题。目前，我国建筑能耗所占全国总能耗的比例约为30%，加上建造本身的能耗，建筑能耗几乎占到总能耗的一半。住建部统计数字显示，我国每年城乡建设新建房屋建筑面积近20亿平方米，其中80%以上为高能耗建筑；既有建筑已超过400亿平方米，95%以上是高能耗建筑。

据美国麦肯锡估计，未来20年，中国将新建5万座超高层建筑。按照住建部的规划，到2010年，全国新建建筑将力争1/3以上达到绿色建筑和节能建筑标准，全国城镇建筑的总能耗要实现节能50%；到2020年，全社会住宅的总能耗要达到节能65%的目标。如果上述目标达成，中国建筑总能耗降低所减少的二氧化碳排放量就相当于英国二氧化碳排放的总量。

换言之，无论是新建建筑的节能技术应用还是现有建筑的节能改造，需求都无比巨大。

对于广东来说，这片尚待开发的“蓝海”同样有着无限魅力。据业界预估，“十二五”期间广东太阳能光伏电池年产量将达3000MW，2012—2013年，年产值将达到1000亿元。

粤2009年投入仅263万元

珠江城大厦“最绿摩天大楼”的耀眼光环，却掩盖不了目前国内建筑节能产业所面临的尴尬。11项先进节能技术所涉及的节能产品，大多数来自进口。

网友数星星

房地产市场应该是建筑节能的主战场。由于缺乏激励性政策和行业标准，99%的房地产企业没有动力去做节能型建筑。即便是达到住建部规定的最起码的节能型建筑标准，也有很多节能设计方案在施工阶段消失。

——网友“房典法师”

如果每个购房者在选择时，会问清楚的建筑节能的细节，要求房地产商把建筑节能做到位，市场上的信号会清晰，房地产商肯定会不亦乐乎地做低碳建筑。当这成为主流时，低碳地产的普及就会不远了。

——网友“吴昌华TCG”

建筑节能离不开新技术、新产品、新材料，各种节能产品越来越受到重视和追捧，市场也越来越红火。但我们在打造节能建筑的时候，也不能过于依赖这些产品，从而忽视了对传统的、简单的、低成本的节能方法的使用。

——网友“大唐风格”

黄惠菁坦言，国内建材企业对研发的投入捉襟见肘，因此在节能产品招标时，往往难以与国外竞争。华南理工大学建筑学院建筑系副主任肖毅强更直指，在建筑节能上，中国连战后欧洲、日本的水平都达不到。

采访中，保利地产副总经理余英的一番话点出了其中的症结。对于新兴的建筑节能产业，企业研发投入存在风险。在缺乏扶持的情况下，企业大多是被动式接受。

据了解，国家财政早在2007年就设立了建筑节能专项资金，2007年、2008年、2009年、2010年分别安排了12亿元、16亿元、38.6亿元和40亿元，但这样的投入对于庞大的产业来说还是杯水车薪。

在广东，政府对建筑节能所应发挥的引导作用更是有待点火助燃。来自省住建厅的数据显示，2009年我省在建筑节能方面的投入仅263万元。广东省住建厅有关负责人表示，广东在建筑节能方面的财政投入与作为经济大省的地位极不相称。

绿色燎原

从世博到新建筑　节能蔚然成风

如今，不少传统和新兴的建筑节能技术已开始在全球推广应用。

本届上海世博会就成为了各国展现建筑节能技术的一大舞台。在“城市最佳实践区”内，伦敦零碳馆出尽风头。两栋总面积达2500平方米的连体建筑，竟然本身不产生二氧化碳排放。通过太阳能发电板等技术，零碳馆冬暖夏凉，恒温恒湿，供暖、照明等所需能源全部自给自足。坐落于上海世博园浦西展区E区的“沪上生态家”，太阳能光伏电池、风力垂直发电装置得到应用，在室内骑单车锻炼的动能也可转化为电能。

不仅仅是处于试验阶段的建筑，现实生活中的实践者也层出不穷。除了即将落成的珠江城大厦，巴斯夫在欧洲和上海都曾将老建筑改造成“节能屋”，建筑能耗几乎减半；北京西门子中国总部大楼2008年投入使用后，建筑能耗和水耗比同类建筑低约30%；华南第一高楼广州西塔应用了LED外部照明，大大降低了能耗……

尤为值得一提的是，目前全国唯一一个所有新建建筑都百分之百符合建筑节能标准的城市——深圳——的绿色建筑，已经发展到由单体建筑向光明、坪山两个新区全区域延伸；由中高档商品住房向普通保障性住房延伸；由绿色建筑向绿色校园、绿色社区、绿色机关、绿色企业、绿色医院延伸。

随着传统建筑节能技术的焕发新生，新技术的不断创新发明，绿色建筑、建筑节能势必蔚然成风。

对话

发改委能源环境与气候变化中心主任徐华清：

广东可尝试制定低碳行业指导目录

南方日报：在珠江城建设中，我们看到，大部分建筑节能产品和技术还要依赖进口，如何加快推进低碳绿色产业发展？

徐华清：经济方面应以低碳产业为主导，社会层面应以低碳建设为蓝图，建筑节能则要以绿色零碳为标准，此外，还要推进低碳文化、低碳制度等的建设。目前，国内部分省市准备将低碳目标分解到行业，并制定低碳行业的指导目录，这个广东也可以进行尝试。

南方日报：中国为什么要发展低碳绿色环保产业？

徐华清：目前中国碳排放量世界第一，而且排放量的增速很快，按目前趋势来看，未来排放空间具有刚性需求的意义。如果欧美等地对中国出口产品征收碳关税，中国出口的税率要提高10.5%，而中国的大国责任，以及处于发展中国家的国情也要求我们发展低碳绿色产业。

南方日报：发展低碳产业会对既有发展模式产生冲击吗？

徐华清：低碳作为一种协调经济社会发展、保障能源安全，以及控制温室气体排放的基本途径，中国既可将低碳作为加快转变经济发展方式，也可把它当成有效控制温室气体排放的途径，这是一项“双赢之策”。在一定程度上，对低碳发展模式的探索，就是探索未来中国发展的可能道路。

统筹　郭亦乐　陈韩晖

撰文　卢　轶　彭国华

调研感言

最早接触到珠江城大厦还是在年初。有时乘车经过，看到大楼立面上还留着4个硕大的窟窿，心想这大概是设计师的“标新立异”之作吧。因而当第一次采访大厦的设计方SOM公司时，我还挺有些不当回事的。可专访进行得越深入，我就越为自己的“以貌取楼”而大感惭愧。原来大厦内部竟然蕴藏着十多项国际上最先进的节能技术，建成后将成为“全球最绿摩天楼”！

年末，经济新闻中心接到“星星之火　可以燎原”节能环保系列的报道任务，珠江城大厦一下子蹦进了我的脑子，随着报道小组对这颗“星星”的深入了解，节能环保这个宏大而抽象的概念也找到了非常形象又有说服力的载体。

经历过这次采访之后，我对建筑节能的道道已能看出十之八九，我也越益体会到生活中无处不在的节能环保的巨大魅力。

——卢轶

点|绿|成|金

低碳时代“卖碳翁”改写工业产业链

白居易笔下的卖炭翁一副“满面尘灰烟火色，两鬓苍苍十指黑”的形象；低碳新时代的“卖碳翁”，已活脱脱成为西装革履的新兴产业代言人。

前不久，陈赵杰在广州与河源之间往来频繁。这位广州东润发环境资源公司总经理虽然年轻，但在碳交易和碳排放管理领域却经验老到。

2009年底，广东国华8.1兆瓦光伏发电项目在河源市东源县开工，这个总投资2.6亿元项目建成后，每年将向河源电网提供803万千瓦的清洁能源。2010年，广东国华新能源公司与广州东润发公司在“碳交易”合作上一拍即

合，国华新能源董事会委托东润发公司对光伏发电项目进行评估、计算与管理。

太阳能发电几乎是零排放，而目前电网公司每度电的碳排放约0.9千克，这一项目存在很大的减排空间。陈赵杰算盘子一敲，算出了国华新能源公司风电项目的减排额数据。他打算将这一数据向发改委提出申请，并将于2011年提交给联合国注册，一旦完成注册，国华新能源公司的碳减排额度就可以挂牌交易了。

据统计，2009年，全球碳交易额达1440亿美元。事实上，在全球进入低碳发展的时代，像这类“卖碳翁”般的公司具有巨大的市场。

当大洋彼岸的美国总统奥巴马上任伊始即向全世界宣布推行绿色新政时，“低碳”二字也渐渐成为广东珠三角做鞋老板的口头禅。

20世纪末期以来，尤其是后金融危机时代，就像工业革命的出现一样，以世界节能环保产业为首的绿色低碳浪潮如同高速列车一样呼啸着扑面袭来。来势之猛，让人始料未及。

据统计，全球环保产业的市场规模已从1992年的2500亿美元增至2009年的6000亿美元，年均增长率8%，远远超过全球经济增长率，成为各个国家重视的朝阳产业。国内统计数据则预测，未来几年，中国广义的节能环保产业蛋糕以万亿元计。

全球经济的“救世主”

以节能环保产业、新能源等为主体的低碳浪潮，正是挽救摇摇欲坠的世界经济的新动力源，绝处逢生的突破口

前不久，摄影师尼克拍到的一组照片震撼着人们心扉：由过度工业化引发温室效应导致的全球气候变暖，令地球南北两极曾经终年不化的冰山逐渐消融、塌陷，饥饿至极的北极熊无奈到草原觅食。

如果说，过去几年，全球气候变暖等环境变迁压力在全球启蒙了一场节能环保运动；那么2008年爆发百年一遇的全球金融危机，则迅速地把节能环保产业推上世界经济“救世主”的地位。

“二战后，重化工业是拉动全球经济发展的发动机，而随着这一

专家观点

“二战后，重化工业是拉动全球经济发展的发动机，而随着这一产业的过剩，经济明显乏力才产生了金融泡沫。一天没有找到新的动力源，我们的危机就远没有结束!”

——广东省社科院教授丁力

等到人家进入你的市场，把所有的标准都制定完了，所有的份额都瓜分干净了，我们还有多少发展余地呢？

节能环保产业有没有负效应？当然有!

——中科院广州分院、广东科学院院长陈勇

产业的过剩，经济明显乏力才产生了金融泡沫。一天没有找到新的动力源，我们的危机就远没有结束!”广东省社科院教授丁力一针见血地指出。

何以拯救危机中的世界经济从泥潭中走向复苏？答案是新兴产业，以节能环保产业、新能源等为主体的低碳浪潮，正是挽救摇摇欲坠的世界经济的新动力源，绝处逢生的突破口。

曾经依靠铺就“信息高速公路”摆脱滞涨的美国，早已洞悉绿色经济的背后商机。美国总统奥巴马公开声称：“领导世界创造新的清洁能源的国家，将是在21世纪引领世界经济发展的国家。”

欧洲也不甘落后，据英国环境工业协会（EIC）的数据，英国在环境技术领域有各类企业1.7万家，就业人数40万人，年营业额250亿英镑。

2009年12月，一场举世瞩目的哥本哈根大会，更使低碳之火越烧越旺。

内外资抢食节能“蛋糕”

中华电力仅反映了外资抢食中国节能环保产业的冰山一角，来自欧美的众多外资、合资企业早已在国内节能市场上跑马圈地

沃尔玛的供应商——东莞柏杰灯饰公司在多年来延续传统的生产方式后，去年终于作出了一项大胆的改变：他巨资请来节能公司为其公司的设备和生产流程作了一次详尽的节能“体检”和节能改造，结果每件产品的平均能耗减少了23%，一年省下了约50万元的电费，投资本金一年回本。

吃下东莞柏杰灯饰这笔节能改造生意的是香港的中华电力公司。受到国内外节能服务的巨大诱惑，中华电力已从过去一个单纯的电力供应商，摇身变为电力供应商和节能服务商的双重身份。从中华电力公司2008年在深圳设立专职节能服务的中电节能公司短短的两年时间内，已有300多家内地中小企业接下了中电节能抛出的橄榄枝。

中华电力的内地布局仅仅反映了外资抢食中国内地节能环保产业的冰山一角。实际上，来自欧美各国的众多外资、合资企业早已在国内节能市场上跑马圈地。

先知先觉者如西门子，其环保节能方面已形成完整的产业链，囊括了石油、煤炭的采集和开发、风电、火电、太阳能技术等上下游的各个产业链条。ABB、阿海珐、GE等国际巨头亦不例外。

回看国内，一批善于捕捉商机的敏感企业也着力布局市场，小试牛刀。

国内建筑陶瓷成套机电装备的老大科达机电，正是瞅准这一时机，毅然进军清洁燃煤气化系统，在行业内掀起了一场“燃料革命”。

从电力设备商起家的广东智光电气，自2006年进军合同能源管理市场4年来，干得风风火火，眼下业绩已做到2亿多元。

节能产业空间“无限大”

中国具备节能潜力6亿吨标煤，以每亿吨标煤2000元—3000元算，节能产业空间达到1.2万亿元到1.8万亿元

目前舒舒服服过日子的企业，再过两年也许就是另一番感受了：以航空业为例，2012年1月1日起，所有在欧盟境内的航班全程排放二氧化碳都将纳入EU-ETS（欧盟排放交易体系），这意味着，像国航、南航、东航等公司将为超限部分高额埋单。

广州东润发环境资源公司董事总经理陈赵杰表示，如果说碳关税是悬在中国外贸型企业头上的达摩克利斯之剑，那么EU-ETS则是勒在中国航空企业的脖子上的井绳，其他行业很快也将步其后尘。

事实上，一些跨国公司已经开始在碳标签上设立门槛，并直接影响中国中小企业供应商。从2008年起，富士康分批要求其供应商完成企业温室气体排放清单（即进行碳盘查），2010年8月，《沃尔玛供应商温室气体革新计划：指南文件》出台，也给中国供应商们敲响警钟。

节能减碳的要求，几乎嵌入到每一个产业中，不惟新兴产业，传统产业的节能改造更迫切；不惟破解国外技术壁垒，增加企业自身效益更实在。

中国的节能环保产业空间有多大？在国家发改委能源研究所副所长戴彦德看来是无限大，“节能潜力将随着技术的提高不断增大”。在他的算盘子里，中国具备节能潜力6亿吨标煤，以每亿吨标煤2000—3000元计算，节能产业空间达到1.2万亿元到1.8万亿元。

网友数星星

当下，国内碳交易试点成为热点。任何市场机制的建立、即便是试点，也必须遵循市场内在规律。碳市场试点不能规模太大，太大易失控。但也不能太小，太小不能形成流动、透明的碳价格信号。

——网友“黄杰夫”

我们还需要大量“推广低碳技术”的各项“政策工具”，比如碳交易、低碳技术转让、低碳投资、技术创新激励措施、税收优惠等。只有建立足够的、具有针对性的“低碳制度”，才能使“低碳理念”与“低碳行为”使之进入千家万户。

——网友“邵阳文青”

如果楼盘真能做到“生物低碳”，其节能环保效果肯定不差。但那些楼栋之间距离过近、空地大面积水泥硬化的楼盘，可能难以做到真正的“生物低碳”。

——网友“小虎队”

根据即将出台的《节能环保产业发展规划》，到2015年，狭义的全国环保产业的产值将达到9000亿元，年均增长15%。而由中国工程院和国家环保总局牵头的《中国环境宏观战略研究》更提出，广义上的节能环保产值，到“十二五”末期将达到2万亿元。

产业路径

路径一　传统产业改造释放巨大空间

每天“吃”掉600吨污泥，“吐”出能赚钱的水泥。污水处理厂生成的污泥被高温挤压水分后，被加工成水泥成品销售。水泥厂通过技术创新，使污泥变“废”为“金”，不但催生了一条循环经济的产业链，而且还给广州人更光鲜清洁的环境。

节能环保产业从哪里开始？存量众多的传统产业节能改造将释放出巨大的产业空间。中德合资的国内单机规模最大的广州越堡水泥厂，就是这样一个大胆践行节能环保的传统产业代表。

随着广东经济的快速发展、城镇化的不断扩大，垃圾围城、污水污泥围城成了城市面临的一个极大困局。如何处置污水污泥？有关政府部门费尽思量。

去年，耗资7000万元，引入了6个干燥器，由天津水泥设计院设计的国内数一数二的污泥处理项目在广州越堡水泥厂竣工投产。一年多来，水泥厂已经新增了10万吨产量，而且节约超过一万吨的煤。

在诸如印染纺织、陶瓷、水泥等传统意义上的高污染行业，广东近年来也掀起了规模庞大的升级改造浪潮，设立严格的绿色壁垒，大幅减少污染排放，而一批无法达标的企业已被加速淘汰。

在此浪潮中，由传统产业改造引发的巨大节能环保产业，正生动地阐释着从“绿”到“金”这一主题。

路径二　新兴节能服务撬动千亿市场

在传统行业节能改造之外，逐渐打开的节能环保产业空间催生出合同能源管理和碳交易等多种新业态，快速成长为新一轮浪潮，加速当地产业转型升级的进程。

广州智光电气正是在新兴节能服务业态中吃上“头啖汤”的佼佼者。

4年前，国外盛行的“能效电厂”走进广东，该项目用亚行1亿美元贷款完成，还带动了3亿元人民币的配套资金，预期每年可节约电量8.1亿千瓦时，每年可节约标准煤26.8万吨，减少排放二氧化碳64.2万吨。

参与这一虚拟电厂项目的广州智光公司采用合同能源管理模式为其他耗电大户提供节能服务。

智光电气所实践的合同能源管理（EMC）机制是目前国际普遍盛行的、运用市场手段促进节能减排的机制。比如一家工业企业每年电费为1000万元，节能服务公司通过汰旧换新、监控能耗、改进工艺等措施，企业电费只用了700万元。节省的300万元则按事先议定的分成比例，在工业企业和节能服务公司中分配。

随着国家发改委等四部门联合发布《关于加快推行合同能源管理促进节能服务产业发展的意见》（下称《意见》），向合同能源管理、碳交易这样规模达到数千亿的节能服务市场正初露峥嵘。

申银万国发布的报告给节能服务业展开了一幅美好蓝图：2010年节能服务产业产值有望达到800亿元，增速有望保持30%—40%，未来行业市场容量有望高达4000亿元。

广东实践

“工业先锋”变身“低碳试点”

在民间市场开始对低碳市场蠢蠢欲动时，政府及机构层面也开始厚积薄发。广东这个昔日“工业先锋”，今日已变身国家首批低碳试点省份。

听到这个消息，英国驻广州总领事馆首席气候变化与能源领事韩天恩欣喜异常，他在接受本报专访时表示，虽没想到两年前开始的

“广东低碳经济路线图”项目能有这么好的前景，但“能成为广东低碳试点的一股推动力量也十分高兴”。

据了解，肇始于2008年“广东低碳经济路线图”，目前已过去一年半的时间，项目将于2011年3月完成。

对于“低碳经济路线图”的出台，中科院广州能源所副所长赵黛青也有发言权，她告诉记者，2007年，英国驻广州总领事馆邀请广州能源所参加一个论坛，这时才开始关注“低碳”。一年后，英国驻广州总领事、美国气候组织，以及中科院广州能源所三股力量合一，开始“问道”广东低碳经济发展之路。

赵黛青表示，低碳路线图对广东产业的能源消耗现状做了细致分析，同时针对能源需求、技术水平做了深入调查，并根据调查与分析“对症下药”式地节能降耗。

2010年10月上旬，深圳排放权交易所正式揭牌，深圳排放权交易所总裁张伟良表示，这标志着碳交易商与排放权交易平台的互动进入实质性阶段。

排交所有关负责人表示，排交所将针对深圳市排污许可证配额交易、CDM（清洁发展机制）、CER（核证减排）、VER（自愿减排）以及其他温室气体排放交易提供各种服务，全新的交易模式将破解节能减排的制度性难题。

广东低碳之路逐渐驶上正轨。采访中，韩天恩与赵黛青呼吁：广东应建立一套通行的计算或衡量“碳”的标准，如果标准不统一，未来中小企业的产品出口可能面临制约。

专家诊台

如何从“看上去很美”到“做起来很顺”

节能环保产业听上去很好，看上去很美，可是对于投身其中的企业和企业家而言，但却并非全是香饽饽。作为方兴未艾的新兴产业，节能环保产业以及其衍生的新业态不可避免遭遇成长的烦恼。

近期，东莞太平镇一位民营企业家向本报报料，投资了几千万元的一家研发汽车尾气零排放的企业，在国庆节过后突然将员工和设备从厂房撤走，不告而别。且不论案例孰是孰非，它揭示的正是节能产品在产业化过程中碰到的风险与矛盾。

节能技术如何实现产业化？在合作中利益如何分配，如何规避投资风险？节能服务业遭遇的资金问题、技术问题、诚信问题如何解决？这些问题一天不解决，节能环保产业就难以健康发展。

问题1：产业发展关键何在？

诊断：核心技术是关键

“在一次调研的过程中，我发现广东城市垃圾的中转、压榨、脱水、分离过程中使用的机器，都不是自己的，都是国外的，还有浙江的!”中科院广州分院、广东科学院院长陈勇颇为感慨，作为全国最发达的城市群之一，却没有培育出一个像样的城市垃圾处理产业链。“广东是全国的机械装备制造大省，完全有条件发展节能环保装备制造产业!有需求，有市场，为什么不抓紧时间培育呢？”

陈勇坦言，我们自己手中的技术、装备大多还停留在20世纪七八十年代，真正先进的技术在哪里？在国际大公司手中。“以水处理为例，我国大部分地区的业务都被国际水务公司包办了。这些专业公司的产品研发方向都直接瞄准了中国市场。”

陈勇说，“等到人家进入你的市场，把所有的标准都制定完了，所有的份额都瓜分干净了，我们还有多少发展余地呢？引进国外技术是产业发展的必由之路，但如果一味地依赖，只会削弱我们自己的发展能力!”

问题2：资金诚信难题何解？

诊断：新机制体制亟待理顺

“合同能源管理常常碰到资金问题，诚信问题，谁来担保的问题。”中科院广州能源研究所副所长、能源战略研究中心主任赵黛青说，对此亟待有关政府部门出台相关规定，理顺机制体制，对合同能源管理的行业健康发展有好处。与此相关的是建立科学的节能监测体系，建立第三方认证评估机构，避免合作双方因标准不一引发矛盾而扯皮。

调研感言

从接到新产业报道之节能环保产业专题以来，最能概括当时工作状态的词是“紧张”。节能环保产业专题在本次系列报道中计划最先推出的稿件，要在短短的时间内深入了解种类庞杂的节能环保行业，并对它进行条分缕析，如何选取巧妙的报道角度，是令报道小组头痛的事。

最难忘的一次采访是在广州花都的越堡水泥。这是一个国内水泥行业做循环经济的代表企业，它在生产水泥的同时，进行技术改造，将水泥生产过程中的余热利用起来，做到真正的资源无害无毒全部清洁利用。为了摸清楚这些臭气冲天的污泥是怎样变成水泥的原材料和无毒气体，越堡水泥的生产经理兴致勃勃地拉着我进入生产设施中心的污泥临时保存库，打开库门，一股恶臭冲天而出……这是不是就叫传说中的“化腐朽为神奇”？

——苏稻香

解决了企业端的问题，还得关注研发端的难题。赵黛青表示，目前国内节能环保产业普遍存在研发资金捉襟见肘的尴尬，“节能技术产业化需要大量的资金，如何保证节能技术产业化投入真正的应用，需要政府大力支持”。

问题3：盲目崇拜如何避免？

诊断：警惕产业中的负效应

节能环保产业是朝阳产业，但也不能盲目崇拜，要警惕产业中的负效应。陈勇直言：“节能环保产业有没有负效应？当然有！以电动汽车为例，核心部件电池是有使用寿命的，如果大量电池弃之不顾，或者说没有得到妥善处理，结果不就是另一场大规模的污染吗？”

“在解决问题的过程中，我们会惊喜地发现另一个产业机会被催生出来了。”陈勇说，“政府意识到主动发展的必要性了，就会鼓励企业大力推进创新，掌握核心技术；企业意识到行业的发展前景了，自然会主动寻找机遇，填补行业空白，在解决负效应的同时，进一步延伸产业链，这才能形成一个行业发展的良性循环。”

统筹　郭亦乐　陈韩晖
撰文　苏稻香　彭国华
　　　景小华　钟　啸
摄影　吴伟洪

从|绿|到|金

绿色革命风暴刮来机遇与隐忧

——经济转型社会中节能环保产业的观察与思考

对于广东，更需要思考的是：未来的节能服务业的主要企业形态是什么？广东能否成为合同能源管理的产业之都？能否成为中国乃至世界最重要的碳汇交易中心？如何让珠三角成为节能环保产业的核心？

节能环保谁都知道，可节能环保产业的边界是什么？

2010年11月2日，在南方日报等主办的高规格低碳论坛上，这个话题引起了发改委能源环境与气候变化中心、美国气候战略中心、中国社科院城市发展与环境研究所、广东省社科院的专家学者们极大的兴趣。

大家的发言都围绕如何建设低碳节能的社会展开，围绕着政府如何控制碳排放如何推进低碳实践进行，但却没有人告诉听众，一个建筑考虑并实施了节能设计，那它是不是就脱离于传统建筑行业进入节能环保产业范畴了。认识的不清晰必然会带来发展和扶持的不清晰。

发改委能源环境与气候变化中心主任徐华清在低碳论坛就提出，广东的探索除了在制订适合本地的控制温室气体排放的规范文件上进行大胆尝试，还可以探索建立低碳行业指导目录，以便于给节能环保产业以清晰的指导。

实际上，在我们对节能环保产业为期一个月的调查当中，印象最深的同样不是单个企业的个案，也不是一些设计精巧的节能减排实践，而是在整个社会体系中对节能环保产业的认识不清。面对错综复杂的节能环保产业，我们试图通过深度调查后的观察、梳理和思考，尽可能的为大家勾勒出一幅清晰的节能环保企业的发展图谱。

历经了太多人生风雨的“乌苏娜”在《百年孤独》的后半段中感慨“日子越来越快了”，这在极端天气频频出现，全球气候变化对人类生存和发展带来严峻挑战中，得到了惊人的验证。

以蒸汽机为标志的工业社会历经200多年的发展之后，已经遇到了化石能源、资源、水、土地以及生态环境、生活方式等诸多问题的挑

战和瓶颈。

日子真的好像越来越快了，事情一桩接一桩的发生，应对的时间总是显得急促而紧迫。在内部调整和外部环境的互动中，冲破封锁和避开陷阱成为至关重要的发展密码，而转变经济发展方式和推动战略性新兴产业的发展则承载了其中太多的希望。因这带来的新产业革命似乎山雨欲来，暗暗积蓄着摧枯拉朽的力量，世界就好像在终极风暴来临前的“马孔多”。

而珠三角则因承载“科学发展，先行先试”这一新一轮的改革探路重任，或将成为这场席卷中国乃至世界低碳绿色革命的风暴中心。

思维

不关乎技术更多的是一种思维解决方案

正如中科院广东分院院长陈勇所言，低碳经济具有三大特征，一是规律特征，低碳经济是人类社会发展历史阶段的必然选择和客观要求。二是约束特征，无论是自愿还是不自愿，是主动还是被动，在今后的发展中都必须要受到低碳指标和规则的约束。三是革命特征，将会有新的突破和变化。

“广东制造”实力雄厚，同样各个产业集群几乎毫无例外地面临着一系列无可避免的由环境带来的新问题，像所有变革一样，这一新的绿色浪潮会带来前所未有的挑战，也带来前所未有的机遇。

在资源环境的硬约束中，传统的高投入、高能耗、高消耗的发展方式已经难以为继，广东率先走上科学发展转变发展方式之路。一系列高新产业都以各种不同的形态呈现，一系列传统产业都出现了内在改造动力并且开始了节能环保改造尝试。以世界首座综合利用各种自然能源实现“零能耗”的珠江城为代表的低碳实践，昭示了一场低碳革命从企业个案到行业改造乃至社会生活的无孔不入。

从经济发展的角度分析，产业低碳节能环保理念并不新鲜，只不过是在产业方面提出了整体发展，提出了人和资源之间的互动。但建立节能社会关键是观念的改变。在某种程度上节能环保不关乎技术问题，更多呈现出一种思维解决方案。

尽管是思维先行，技术仍然能够在后期取得合理的解决方案，来弥补前期建设在节能环保方面考虑的不足。一个遮阳篷可能能让西晒的房子平均温度下降1-2℃左右，但如果用太阳能电池板遮挡夕晒的窗户，不但让室内温度下降4-5℃，而且发出的电还可以用来推动空调降低室内的温度。这就是科学技术的力量，它基本能解决节能低碳环保的问题，而节能环保的根子仍然要从理念和思维上解决。

低碳节能环保的理念早在20世纪70年代后期，就开始在世界各国生根发芽，但思维传播的速度很快，现实却难以跟上步伐。

记者在采访中了解到，节能建筑设计市场几乎被国外设计公司所垄断，建筑节能产品供应国内企业研发投入少，财政支持少，不少产品依赖国外进口。珠江城在建筑过程中，节能材料、设备的落实和采购曾是很头痛的一个问题，整个建筑中使用的节能材料和产品进口占了绝大多数。

网友数星星

不浪费就是低碳，俺家早就低碳理念了，用电脑随时用随时关，人在那屋灯在那屋，其他屋不浪费电。看电视随看随关。洗脸洗衣服的水洗地冲厕所，然后流进沼气池转化成肥料。洗菜洗锅的水和剩饭剩菜喂猪喂狗转化成肥料。种作物秆粉碎在田里转化成肥料。出门嘛目前俺没车只好公交车了。

——“网友“灭绝腐败”

我家乡内蒙古有好多的风，欢迎也来开发。可去年有报道，说风电场都是开半天，停半天，造成巨大的经济损失和能源浪费。在继续开发的过程中，还是慎重些好。

——网友‘风信有约”

产业

节能环保成各国未来数十年的角力场

和所有新生事物一样，新兴的产业思维和苗头在传统产业内诞生孕育，并逐渐形成了遍地星火的模样，而产业和新业态也在这遍野的星火中眉目初显。从世界到中国，在各种远见之士的鼓吹和推动下，与节能低碳环保相关的技术和产业，已经走到了从量变到质变的一个关键时期。作为标志的自然是各个国家政府纷纷将其列入产业规划，给予扶持和政策优惠，大力推进和发展。

在国家层面上，未来数十年世界各国的角力场就在节能低碳环保相关的产业上，谁在这个产业上领先，谁就能争取到更多的发展权。正是因为这种原因，美国、欧盟、日本纷纷出台了相关的政策鼓励措施。而毫无疑问，中国同样也希望抓住这次机会。

在国务院最新审议并原则通过《国务院关于加快培育和发展战略性新兴产业的决定》中，节能环保产业就位列七大战略性新兴产业之首。有统计数据显示，2008年中国节能环保产业总产值已达到1.41万亿元，占整个GDP的4.7%，拉动就业2500万人，而据测算，2015年中国节能环保产业产值可达2万亿元。

其实，早在七大战略性新兴产业提出之前，节能和环保已经成为政府考核各省市的强制性指标。发展GDP不能不计能源资源成本，不能以牺牲环境为代价，早已成为共识。早在“十一五”规划出台的时候，单位能耗和GDP就被强制挂钩，并与各省政府首脑的业绩相关联，为此各省政府首脑纷纷向中央承诺了“十一五”必须完成的节能减排目标。2010年是“十一五”最后一年，进入6月后节能减排的压力骤然加大。

政府强制性指标的实施，让粗放经营的企业在运营中受到了很大的压力，这使得企业不得不认真的考虑节能减排改造问题，因此也造成了一个广阔的市场空间，一系列为传统企业做节能服务的企业应运而生，并且形成了庞大的市场，形成了节能环保产业最核心的新兴骨干力量。

企业

全新的环境正在形成，生存还是死亡？

一方面是传统高能耗产业因强制性节能减排指标的实施而面临的停产限产，另一方面是全新节能环保产业所受到的资金、税收、会计、金融方面的扶持，企业生存环境就在全世界环保节能理念中悄然出现全新变化。如今大企业、跨国企业在环保节能方面，也经常有临渊履薄的感觉，没有抢先思维的企业，或许在一夜之后突然死亡，而且死得不明不白。

20世纪80年代，世界化工龙头老大美国联合碳化公司，未足够重视环保问题和潜在的环境灾难。1984年，印度博帕尔美国联合碳化物公司农药厂发生化工原料泄漏，在短短数日毒气泄漏造成博帕尔市3000多人丧生，12.5万人不同程度地遭到毒害。博帕尔事件是人类史上最大的生态灾难之一，直接导致了联合碳化公司分崩离析。

但即便是给予了足够的重视，企业也未必能在这个全新环境中安全生存。

英国石油公司BP是最早认识到节能环保对企业重要性的为数不多的公司之一，其在2000年开始实施的一项“找碳计划”的节能措施曾为公司树立良好的节能环保企业形象。但墨西哥湾原油泄漏事件让这一切都变得徒然无功。

并不是没有出现突发公共安全事件或突发环境事件的企业在新的环境下就没有压力，能够独善其身。在全世界气候压力导致的节能减排的浪潮下，政府刚性节能减排的指标对企业的影响越来越大。尽管2009年哥本哈根气候峰会没能在各国间形成一个强制性的措施，但越来越多有远见的政治家已经明白，从高能耗到低碳节能产业转化的时间已经不多了。

在我国，实际上关停高能耗的生产线数年前已经开始实施。为了“十一五”节能减排约束性指标的完成，在过去5年内国内在电力工业上实施了“上大压小”，一系列的中小火电厂被相继关停。而在钢铁行业，遇到的情况有过之而无不及，除了“上大压小”的措施外，“扶优汰后”的工作进行的有声有色，一系列技术落后能耗偏大环保

网友数星星

现在各领域都把节能减排作为一个重要的概念在炒作，更有很多人都期望有一种高新技术能够发挥很大的作用，须不知量体裁衣的架构体系，充分发挥已有投资就是非常好的节能减排。

——网友“过河卒子”

因为参加了“气候之旅”，深入到气候贫困地区去了解，所以对环保有了更深更新的认识。要是“碳交易”遍地开花，不知道给珠三角带来怎样的变化呢。

——网友“阿智的一些事一些情”

难过关的高炉在使用寿命终结前相继被关停。

生存和死亡的压力在低碳节能环保的要求下无处不在，越来越多的企业开始了积极的产业尝试。

机遇

能否借机突破是下一轮领先的关键

低碳节能环保产业为代表的新兴产业，给了中国在世界各国中一个产业平等竞争、经济和平崛起的机会，也给了珠三角一个在未来30年乃至更长远时间内继续领先国内经济发展的机会。其关键，是如何让低碳节能环保产业做到区域领先，并且形成国内产业核心。

尽管目前广东“十一五”相关的数据还没有出台，但“十五”的数据能管窥广东环保产业发展的情况。数据显示，经过“十五”的快速发展，广东省环保产业已发展成为门类比较齐全、技术水平比较强并具备一定规模的新兴产业，年均增长率达到30.47%，大大超过同期全省工业经济增长速度，年收入总额全国排名第三。

如今中国的珠三角和长三角与节能低碳环保相关的产业已经星火遍地，只等环境成熟便可发生燎原之势。但广东目前仍未能够真正跳出来看产业，未能直接看到产业链的高端和未来的发展趋势。

垃圾处理产业固然重要，节能产品的制造固然重要，但对于广东，更需要思考的是：未来的节能服务业的主要企业形态是什么？广东能否成为合同能源管理的产业之都？广东能否成为中国乃至世界最重要的碳汇交易中心？未来的节能环保制造业主要形态是什么？广东能否成为中国节能环保装备中心？广东需要为这些产业的发展提供怎样的环境？广东如何做才能吸引世界一流的企业来珠三角发展节能环保服务业，才能让珠三角成为节能环保产业的核心？

解决好这些问题，就不仅仅是解决了珠三角未来30年的发展推动问题；没解决这些问题，珠三角转型升级的步伐就会被迟滞。但如何解决这些问题，出台怎样的具体措施，仍然是令广东头痛的一个难题。此外，在全国整体转变经济发展方式的背景下，各个省份都在发展新兴产业，也要求广东如果想抢占新兴产业的未来的产业区域核心位置，就必须比别的省份“跑得更快”。

记者了解到，目前我国已经有20多个省市公布了战略性新兴产业发展的重点，但是彼此之间存在明显的产业趋同现象。全国29个省市出台的针对战略性新兴产业规划当中，其中有16个省市提出设立财政专项，21个省市提出加大税制的支持，23个省市提出建立多层次的投融资体系，21个省市提出要设立重大项目和示范工程。

如此雷同的发展计划和发展促进措施，就逼迫着广东必须思考差异化的扶持策略，争取给企业提供更多的发展空间，提供更多的服务，并且有选择有重点的发展其中几个新兴战略性产业重点发展。

而这些都给政府高层提出了更高的要求。让决策者需要更为开放的观念，需要更为宏大的视野。

2010年11月2日，广东正式启动国家低碳省试点，这是2010年8月国家正式公布包括广东在内的首批国家低碳省区和低碳城市试点名单以来广东的具体实施。广东首次发布了开展低碳省试点的工作思路，明确了低碳试点围绕四个阶段“开展五个探索、完善六项保障措施，做好七项基础性工作、部署好30项工作行动”的发展路径。

隐忧

要有远见不能人云亦云被带入歧途

绿色节能环保产业的发展态势，需要我们以更为长远的眼光去考虑持续发展和相关的问题，也需要对国际的产业走向保持一分警惕。

2009年12月在哥本哈根举行的世界气候大会，低碳环保成为发达国家遏制新兴国家发展机会的借口，发达国家将200多年高污染高碳排放造成的气候问题交给世界各国，要求各个经济体共担责任，自然激起了不少反弹。

中国有中国的特色和情况，如果只听国际上人云亦云的思路，难以避免被带入发展的歧途。其最终不但会迟滞中国低碳节能产业发展的步伐，而且还会给中国的未来带来严重的环境问题。

调研感言

在新兴产业中，低碳环保是唯一一个其业态面可以覆盖目前所有制造业的新产业，可问题也出在这个地方，低碳环保产业没有清晰的边界，每个传统产业都可以在节能环保上有所作为，同时每个传统产业都会因为沉没成本的问题缺乏内在的改进推动机制。作为记者，我期盼的是有个清晰的产业名录出来，我期盼的是中国的产业在这个名录的指导下，在今后的数十年能再上一个新台阶。

千言万语待说，最终都凝结成发表见报的小小的一版文章。静看，静心看。

——张波

以代表新能源低碳的风力发电产业为例，2010年10月13日，《中国风电发展报告2010》指出，中国的风能潜力巨大，到2020年的风电累计装机将达到2.3亿千瓦，相当于13个三峡电站。风力发电真是适合中国国情的清洁能源吗？恐怕不能够这么简单的来看。风是自然界的能量输送系统，如果运送水汽的风能被风电场截留了，会不会带来新的环境影响？至少在目前，我们还没有看到一篇关于风能发电的国家环评报告，没有一篇关于风能发电隐忧的分析文章，这需要引起我们的反思。

同样，从对历史负责的角度来看，我们当前也有必要对新能源新产业进行理性的再思考，风电是否适合中国需要重新考虑，多晶硅过不过剩是不是个能算得过能源账的产业需要考虑，垃圾围城怎样才是合理解决方案需要考虑，节能建筑需不需要及怎样才能从实验室走向广泛的实际应用领域需要考虑……在发展的道路上，多问几个为什么，多问几个可能的后果怎么都不为过。

绿色产业的发展是前所未有的，必须要有前瞻十年乃至数十年的远见去思考问题，若一味盲目的发展，等到问题形成的时候，我们再去寻找解决问题的方式，那时我们再跟上世界绿色发展的浪潮恐怕就不容易了。

尾声

日子好像真的越来越快了，竞争的脚步正一日紧似一日地逼迫着中国和珠三角前行。无论珠三角有没有准备充分，作为中国未来30年改革发展“先行先试”的珠三角，都必须在内内外外如潮水一般涌来的压力前做出选择。而在节能环保发展的领域，这种紧迫感也催促着整个产业的参与者——政府、企业、个人都需加快前行的脚步。

希望有那么一天，一场终极的产业革命风暴席卷一切，摧毁所有高投入、高消耗、高污染、低效益的陈久老朽产业，抹去所有危害子孙后代不可持续发展的模式。代表低碳、节能、环保、高技术、高科技的产业，在传统产业的土壤里遍地开花，珠三角迎来一个新的产业黎明。

统筹　郭亦乐　陈韩晖

撰文　张 波

2 新一代信息技术产业

信息革命那朵"云"撑起新产业一片天

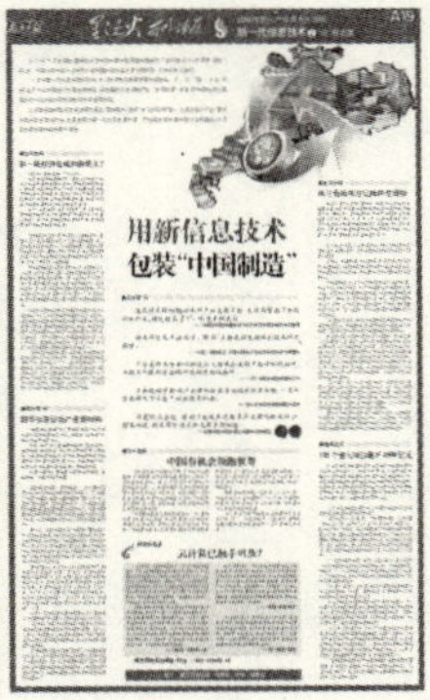
用新信息技术包装"中国制造"

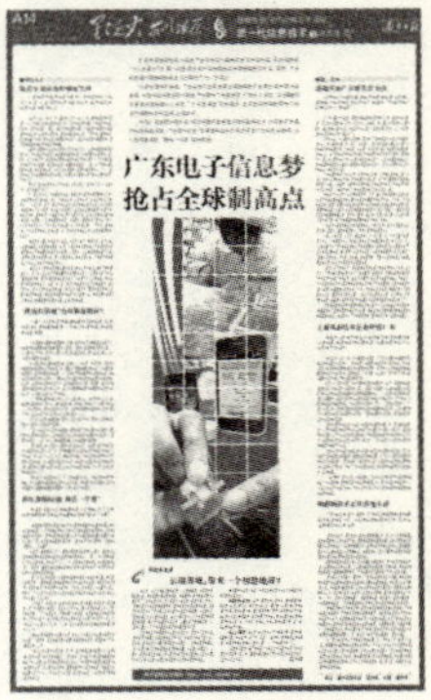
广东电子信息梦抢占全球制高点

加快建设宽带、泛在、融合、安全的信息网络基础设施，推动新一代移动通信、下一代互联网核心设备和智能终端的研发及产业化，加快推进三网融合，促进物联网、云计算的研发和示范应用。着力发展集成电路、新型显示、高端软件、高端服务器等核心基础产业。提升软件服务、网络增值服务等信息服务能力，加快重要基础设施智能化改造。大力发展数字虚拟等技术，促进文化创意产业发展。

——《国务院关于加快培育和发展战略性新兴产业的决定》

开篇语

“云计算”的魔盒开启

被ICT（信息、通信和技术）革命称为“云”里“物”里的“云计算”到底是什么？正在发生的IT革命在众多新兴产业中占据什么位置？尽管直到今天，有关“云计算”的定义和标准仍是莫衷一是，然而潘多拉的魔盒子已经打开。

《南方日报》推出战略性新兴产业南方大调研报道，关注并解答有关新一代信息技术产业的诸多疑问。

首篇，风“云”变幻，从云计算的风云发展为样本，和读者一起探路“云”中生活，寻找“云”中观察，并思考人类的生活将会因为这朵“云”的出现而迎来哪些变革。

第二篇，我们以战略发展的眼光，审视电子信息产业在这一轮产业革命中的定位，并以广东的产业发展为参照，明晰世界重要城市群——珠三角，在未来全球产业格局中的位置在哪？

最后，我们的眼光回到行业发展本身，思考在广东这个拥有上亿人口的区域，要发展新一代通讯、新兴高端电子信息产业，有哪些“最后一公里”要去打通？

风|"云"|变幻

信息革命那朵"云" 撑起新产业一片天

◇电子信息产业界最近非常热门的一个词叫做："云"里"物"里，"物"指的是物联网，"云"则是云计算

◇物联网、智能城市、三网融合、数字家庭……这些名称听起来都非常响亮，实际上，它们都只是云计算的应用

◇嗅到商机的企业在全球瓜分"云"蛋糕，美国硅谷已约有150家企业涉及"云计算"，新的商业模式层出不穷

◇谁第一个进入商业运作，谁就能占领未来市场先机，云计算已成为科技强国本轮竞争重点和区域竞争烽火再燃之所在

◇广东即将具备一条完整的云计算产业链条，中国未来云计算最大的产业基地和应用市场，都有可能在广东出现

名词解释

三网融合：三网融合是指通过技术改造，实现电信网、广播电视网和互联网的融合。用户可以利用电话、电视、电脑等任一终端，不论经由何种网络，都可享受上网、视频、通话等服务和应用。

物联网：是将各种信息传感设备，如射频识别（RFID）装置、红外感应器、全球定位系统、激光扫描器等种种装置与互联网结合起来而形成的一个巨大网络。其中非常重要的技术是RFID电子标签技术。十大物联网应用的重点领域分别是智能电网、智能交通、智能物流、智能家居、环境与安全检测、工业与自动化控制、医疗健康、精细农牧业、金融与服务业、国防军事。

云中生活

“云”革命后的未来生活

电影《阿凡达》中，总控制室里出现了很多可透视的显示终端。这就是云计算应用的一个表现。当计算能力、存储、软件全都转化成一种服务时，未来网络用户不需要硬盘，连电脑都不用了，显示终端可以是电视、可以是冰箱、空调……

事实上，物联网、智能城市、三网融合、数字家庭……这些独立的名称，每一个听起来都非常响亮。但实际上，它们都只是云计算的应用。

可以想象，未来某一天，我们不再需要携带笨重的电脑；不再需要准备多个U盘和移动硬盘；可以通过网络购买云计算能力来独立开设门户网站，或者是成为一位著名的动漫设计师……也就是说，个人行为不再受制于个人电脑的储存和计算能力，行业也不再苦于没有超级计算机或者庞大机房。

这一切是怎么做到的?

按照最早提出云计算概念的Google的做法，云计算计算和储存依靠的载体与超级计算机完全不同，后者是依靠巨额的投入来完成的，前者则是依靠“全世界普通的主机联合起来”来完成的。

那么这种生活离我们还要多久?

乐观派认为：三到五年!

《阿凡达》里这一概念已经不再是假想，最近，iGadget推出一则广告片，讲的是2014年的一个普通市民从清晨起床到入夜，整个过程中无处不在信息交互，只凭借手中一只小小的终端。

“这些未来颠覆性的生活革命，全部基于云计算在储存和计算方面的天才表现。”记者在采访中常常被这样告知。

佛山南海有一个广东省政府认定的云计算中心，即广东金蓝海信息技术服务有限公司，公司负责人黄正中告诉记者，“金蓝海一期刚建设完成的资源已全部被定制完毕。其中电子商务、搜索引擎、三网融合、物联网等做新兴产业的相关企业需求最大。”

“‘云’的核心，是新的生产力出现后，对计算力提供方式的新要求。”在佛山世纪互联智慧科技有限公司首席架构师陈正强看来，“而计算力革命则是由新兴产业发展而催生的。”

其实，最简单的体验每个人都会有：刚坐到办公桌前，突然发现U盘落在了家里的电脑上，要么懊恼，要么回家取。一旦有了云计算，未来个人信息储存在“云”里，随时随地方便取用。

珠三角正在崛起的动漫产业让云计算嗅到了巨大的商业机会。

世纪互联云计算在华南总部基地负责人贺东晓表示，云计算已经不再是概念，而是新兴产业的实际商业需求。

“所有新兴产业都有赖于云计算。”陈正强强调，换句话说，正在新电子信息行业里爆发的这场云革命，已经不仅是其行业本身，而是整个新兴产业的大事。

云中奇事

中关村携汕尾共踏“云”途

2010年6月19日的《南方日报》头版刊登了一条名为《汕尾：建世界第二大“云计算”产业群》的消息。汕尾，一夜间成了IT资本巨头中关村的亲家，率先在中国、乃至全球新兴产业版图上崛起。

“来汕尾的好多技术人员，都是一群从小生长在中关村，或在中关村成长起来的人，认同中关村文化：没有技术的东西就没有生命力。也一直想把这种理念带向适合孕育中关村精神的地方。”汕尾云计算项目的技术总监鲍伟回忆，一年多前北京的云计算技术人员和投资方南下寻访了多个城市，希望找到适宜建设云计算中心的平台。

汕尾市的官员对“云”显示出了极大的热情。

2009年5月，汕尾市有关负责人凭借一种对新兴产业敏锐的判断力，迫不及待地试图留住北京来考察的投资方和专家。

高海波在这支云团队中负责市场推广，以他的认识，通常云计算平台的建设对自然生态环境、水电、地震等多方面测评要求高，尤其需要耗费大能量来冷却，因此“最合适的地区本该在北纬40度以上的北方”。

但在汕尾的多日考察后，“中关村”们意外地发现，此地虽不在珠三角发达地区，却拥有绵延400多公里的海岸线，“区位同日本的东

名词解释

云计算（Cloud Computing）是网络计算、分布式计算、并行计算、效用计算、网络存储、虚拟化、负载均衡等信息技术（IT）和通信技术（CT）发展融合的产物。它旨在把多个成本相对较低的计算实体整合成一个具有强大计算能力的完美系统，并以商业模式把这强大的计算能力、存储能力分布到终端用户手中。

京湾相似，用海水进行热交换亦能省掉一大笔钱，珠三角反而没有这样的优势。”

一时间方正国际、电子科技大学、国防科技大学等国内知名投资商、学术研究所纷纷准备入驻汕尾……

2010年7月以后，投资50亿元的中关村（汕尾）科技园项目正式落户。

按照其公开的材料，该项目计划未来五年内，投资方将按照100万台服务器规模，建设云计算大型数据中心，建成投产后，每年由经营和服务产生的毛利将达到10亿元，辐射带动的上下游产业每年将产生1000亿左右的产值。

近期，汕尾的云计算团队将先后在广州、在北京召开云计算研讨会、新闻发布会，宣布中国已经自主研发出了云计算操作系统。

设计团队把新的操作系统取名叫“盘古云”，寄望中国在云计算上具有自主话语权。

在此之前，全世界的云计算操作系统、芯片均掌握在谷歌、微软等几个国际巨头手上。“如果没有自主知识产权的云计算核心技术，中国新兴产业又将沦为世界代工厂的地位，更何况云计算还涉及到了信息安全。”中关村的技术人员认为，“盘古云”的出现将打破国际巨头对中国云计算垄断的可能性。

决胜云端

“云”，中国赶超世界的良机

“云计算是中国在IT信息业赶超世界的绝佳机会。”鲍伟直言。这不是一家之言。

“因为这是新技术，所以大家几乎在同一起跑线上。中国基础薄弱一点，我们的包袱比较小，用新的方式来发展，转换成本比较低。对发展中国家，具有一定的优势。”中国工程院院士、中国电子学会云计算专家委员会副主任委员倪光南说。

谷歌是最早提出云计算这个概念的企业。就在短短的两三年内，外资云在中国频频出手：

2008年2月1日，IBM就实施“蓝云”计划——在江苏无锡太湖新城科教产业园建立首个“中国云计算中心”。这也是IBM在全球投入商业营运的第一个“云计算”项目。

当年3月17日，谷歌亦在京宣布“云计算”战略，不久又发布被称为“通往云计算大门”的浏览器Chrome。Chrome的最大特点号称是可以使用户完全抛弃桌面操作系统，直接通过浏览器在线调用数据以及运行应用软件。

还是2008年，11月6日，微软宣布进入云计算领域。该公司CEO史蒂夫·鲍尔默声称“云计算才是微软的未来”，甚至把云计算战略的重要性放在了并购雅虎之上。

尽管直到两年后的今天，有关“云计算”的定义和标准仍是莫衷一是，然而潘多拉的魔盒子已经打开。

一边厢，外资兵临城下。一边厢，国内诸侯四起。

在北京，发展云计算产业的战略行动计划的“祥云工程”已经被列入“十二五”软件信息服务业和电子信息发展规划。

在上海，“云海计划“被启动，13个“云计算”预计总投资31.2亿元，云计算与服务行业将视同软件企业，在所得税和增值税方面享受政府的优惠政策。

在广东，高端新型电子信息产业被列为省政府优先推进的三大战略性新兴产业，未来3年产值可过万亿元，云计算作为一种新型业态首次被纳入政府重点扶持的范围。

仅广东一省境内，深圳、佛山、东莞、汕尾就分布着五个云计算项目。

值得注意的是，2010年10月18日，国家工业和信息化部和国家发展改革委联合印发《关于做好云计算服务创新发展试点示范工作的通知》，在各省探索的基础上进一步确定在北京、上海、深圳、杭州、无锡等五个城市先行开展云计算服务创新发展试点示范工作。

一个连大多数老百姓听都没听过的名词，为什么引起了政界商界的共同关注?

记者手上IDC数据中心的预测报告显示，从长远看，云计算将在未来15年到20年内成为影响整个IT行业的关键性技术。

从短期看，根据对五大试点城市云计算发展情况，业内预计，

网友数星星

原来感觉电子信息产业都是北京在领先，这几年似乎广东在不声不息地上来了。先是华为、中兴，后有网易，这几年是腾讯，现在又有迅雷等，但究竟在全国排哪个位置，确实也不清楚，而且电子信息产业核心竞争力到底在哪里啊？云计算，物联网，3G，三网合一，这些概念都很悬，不知道实际应用前景会怎样？

——网友“AXIT”

信息技术不是上一轮金融危机的救命稻草吗，为什么到这一轮金融风暴之后，产业要革命，全世界又不约而同选择了信息技术。这次的信息技术革命和上一轮信息技术之间有什么区别？有什么进步？咱广东到底有多大优势？

——网友“十万个为什么”

根据我一几年混迹江湖的经验，广东把电子信息产业作为新兴产业发展，就四句话建议，注重国际分工，加强自主创新，重视软件产业，应用引领潮流。

——网友“一横路7号大院”

2015年全国“云计算”产业链规模可能达到7500亿至1万亿元，有望占到当年战略性新兴产业15%以上的产值规模。

“谁第一个进入商业运作，未来谁就能占领市场先机。”鲍伟坦率地说，云计算已经成为科技强国之间本轮竞争的重点，也是区域之间竞争烽火再燃之所在。

而在云计算的科技和应用方面，不少国内从事云计算的专业人士均认为，在云计算方面，中国和世界站在同一起跑线上，而且中国拥有未来最大的应用市场。

“我认为中国的技术人员其实已经具备了云计算的技术基础，只需要将思维变一变，就可以立即赶上来。”《走近云计算》的作者、中科院王鹏博士说。

但反过来看，如果在希望所在云计算上，主要区域没有过于积极的动作，一着慢，则着着慢。“要快，我们的竞争对手不是外资云，而是在国内。”鲍伟提醒省级政府在云计算的战略发展上千万不可马虎。

记者观察

警惕中国本土吸入“全球云”

虽然云计算尚未有定论，但基本认为，云计算（Cloud Computing）是网络计算、分布式计算、并行计算、效用计算、网络存储、虚拟化、负载均衡等信息技术（IT）和通信技术（CT）发展融合的产物。它旨在把多个成本相对较低的计算实体整合成一个具有强大计算能力的完美系统，并以商业模式把这强大的计算能力、存储能力分布到终端用户手中。

目前，微软、谷歌等跨国公司已在云计算领域取得了一定优势，全球主要的以及次级的云计算提供商都来自北美，例如亚马逊、思科、谷歌、惠普、IBM、微软、甲骨文、SUN等。这就意味着，ICT业务将会向北美高度集中。而一旦中国本土市场会被吸入“全球云”，本土公司又将沦落为全球主流公司的海外工厂。

方正国际云计算控股有限公司总裁高海波说，“过去中国的操作系统被美国牵着鼻子走，中国从前做不出类似intel的芯片，标准全是美国、西欧定，跟着这个步子跑，没希望。比尔盖茨操作系统我们也无法超越，我们在信息产业如果没新思路新拓展，中国只能当人家的工厂。而在电子信息产业中国要想领先于世界，云计算是千载难逢的也是唯一的机会。”

6月7日，国务院发展研究中心副主任卢中原表示，虽然遭遇金融危机，但没有任何迹象显示跨国公司正在撤离中国市场，相反，国外高端制造业、先进服务业正加快对华转移。他同时提醒，这一趋势可能使云计算、物联网、智慧地球等行业出现新一轮外资垄断，威胁国家经济安全，“须积极应对。我们要发展新兴产业，也要警惕受制于人。”

为了打破海外的技术垄断，需要在产业链上各个环节进行国内企业的配套，专家建议，由于云计算的内涵还在不断发展，只有做好自主创新，才能打造中国自己的云计算产业链，力争在某些方面领先于国际同行。

就在近期中关村汕尾云计算基地发布“盘古云”操作系统。据透露，还在研发设计自有的云计算芯片。据悉，全国云计算服务创新五个试点中北京、上海采用国内系统集成商如华胜天成、太极股份、华东电脑来建设，其余城市不同程度采取与IBM、微软、Oracle合作模式来建设。

果真如此，从基础云部分的数据中心、操作系统、芯片，到云计算的各类应用，在广东即将具备一条完整的产业链条。从这个意义上看，中国未来云计算最大的产业基地和应用市场，都有可能在广东出现。

统筹　郭亦乐

撰文　谢思佳　谢　梦

调研感言

当我贸贸然闯到汕尾云计算产业基地去时，那里的投资方——中关村的代表惊为天人：南方日报的鼻子太灵敏了。因为在那里，只有一片正在平整的土地，一个规划图，没有楼、没有人，连个成型的产品模型都没有。可这，就是云计算，这就是我们国家要发展的新一代通讯，或者叫高端电子信息。

小牛（牛思远）是写作团队最年轻的成员，每次见我都感叹：越采访越云里雾里，老将田生（田志明）显然“阅人无数”，每每安抚小牛潜心修炼。没错，数人头，海量搜集一手信息加以辩识，是记者这个职业亘古不变的成功要诀。巧的是，新一代通讯产业当下把“云计算”和“物联网”戏称为“云里物里”。看来，走出“云里雾里”最好的方法就是走进“云里物里”。

——谢思佳

云想衣裳

用新信息技术包装“中国制造”

在10月18日发布的《国务院关于加快培育和发展战略性新兴产业的决定》（以下简称“决定”）中，新一代信息技术在七大新兴产业领域的排位仅次于节能环保，出乎很多人意料。

“一旦在新一代信息技术的标准、核心技术等方面取得更多突破后，‘十二五’乃至‘十三五’期间，这个产业将有望出现爆发性增长，成为国民经济支柱产业。”参与起草《决定》的中国社科院数量经济与技术经济研究所副所长齐建国表示。

工信部电信研究院专家吕新杰指出，国务院在《决定》中之所以用“新一代信息技术产业”替换原来的信息技术产业，主要是因为新一代信息技术代表了产业现在和未来的技术发展趋势，而且正扮演着越来越重要的角色。

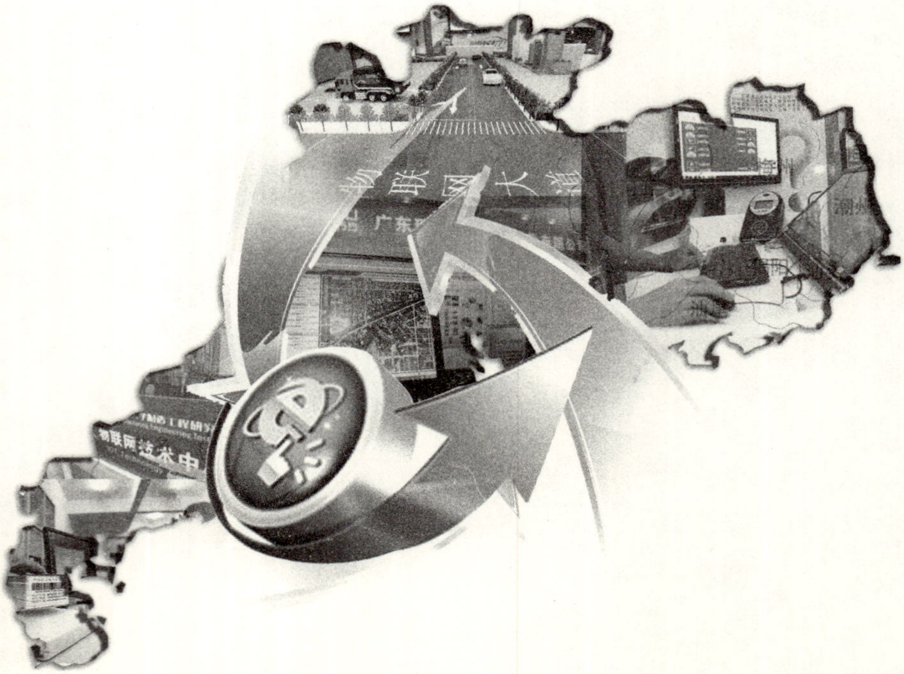

云在风端

新一轮经济危机的救世主?

IBM的“智慧地球”广为人知。

自从把曾经辉煌的PC、硬盘、打印机等硬件产品业务陆续剥离出去后，IBM的身影就很少出现在公众的视野里——除了隐藏在戒备森严的机房里的服务器，它的产品几乎都是不可捉摸而又作用重大的软件解决方案，现在IBM的产品就像无处不在却又看不见的手。

如今，正是这只“看不见的手”，成了世界头号强国的新希望。“智慧地球”战略让不少美国人想起了当年克林顿利用互联网革命，把美国带出当时经济低谷的故事。

“如果你对过去25年进行认真地分析，看看什么才是世界经济生产力提高的来源，那么应当是信息技术（IT）。”在谈到最新一轮经济危机的救世主时，微软CEO史蒂夫·鲍尔默这样说道，“我们尚未修正杠杆带来的负面作用，但是IT给予我们很大的希望。”

事实的确如此。在近200年中，世界发生了三次重大产业革命，每一次都伴随着新兴产业的迅猛发展和内涵更新。20世纪40年代第三次产业革命爆发以来，电子通信等新兴产业迅速发展。日本充分利用有利的内外部优势，大力发展新兴产业，成为第三个世界工厂。尤其是在电子信息等领域甚至让其“老师”美国也狼狈不堪。

“技术发展的战略分为模仿追赶和同步发展两种。”中山大学岭南学院副院长王珺指出，高度发达的信息技术使发展中国家得以实现跨越式发展，直接与国际接轨。例如，移动通信技术在发达国家从模拟式发展到数字式发展，大体经历了10年，我国仅用不到5年，就使移动通信用户达到6320多万户，成为世界最大的移动通信市场之一。

“世界经济新的格局正在形成，发达国家纷纷提出新兴产业发展目标，未来谁掌握了新技术新产业，谁就抢占了下一轮竞争制高点。”齐建国说。近年来，在经济全球化和信息技术革命的推动下，世界主要国家正在促进传统产业向新兴产业转变。如美国1990年发起的“先进技术计划（ATP）”、德国的“2000年生产技术计划”、日本的“智能制造系统计划”等等。

众说纷“云”

发达国家纷纷提出新兴产业发展目标，未来谁掌握了新技术新产业，谁就抢占了下一轮竞争制高点。

——中国社科院数量经济与技术经济研究所副所长齐建国

对电子信息产业而言，“新兴”主要是指突破换代技术的可能性。

——中国工程院院士、中国科学院计算技术研究所所长李国杰

广东省作为当初的制造业大省现在面临产业升级的挑战，正成为中国制造迈向中国创造的试验田。

——IBM华南区域总经理张少刚

发展战略性新兴产业要根据自身比较优势来做，广东押宝高端电子信息产业很有机会。

——中山大学岭南学院副院长王珺

东莞的信息化，原动力就是要改善各产业里的粗放成分。形象地说，就是用信息化来包装东莞制造。

——东莞市经济和信息化局副局长刘炯贤

腾云驾“物”

跨界引领信息产业新时尚

“智慧健康管理”是中国移动集团广东公司以其信息网络资源为平台，为解决“看病难”问题而打造的业务体系。

目前，该平台包括预约挂号、健康信息、视频探视、移动监护、139电子体检单等多项服务，已在东莞成功试点。中国移动也借此开始进军医疗信息化领域。再比如，丁磊养猪计划，跨界几乎成为电子信息业界一种时尚。

云端—管道—设备商之间的互相渗透，正在掀起一个新的革命风暴。

在刚刚过去的上海世博会上，上汽通用馆里长达10分钟的动感电影《2030，行!》，展现了2030年概念车的“车联网技术”和“汽车无人驾驶”两大技术。凭借这些技术，汽车能通过建筑外墙的轨道直接停在自家阳台上，所有车辆都能收到联网信号从而帮助危急的产妇平安诞下宝宝，自动驾驶能引领盲人自如穿梭在城市中……

事实上，尽管实现这种“物联网”概念的汽车还未真正普及，但汽车中的信息技术应用早已成为现实。资料显示，发达国家生产的高档汽车中电子信息设备的价值已占整车价值的60%，越来越多的产品中嵌入智能化元器件，使得产品具有信息处理功能，信息技术在传统产品中的渗透日益突出。

数据显示，发达的工业化国家80%的制造业企业基本实现了信息化，开始向高度智能化和网络化方向发展。通过持续不断地融合光电子、计算机和信息等高新技术的研究成果，先进制造技术极大地提高了生产率，其产业化又不断成为新的经济增长点。在信息化战略带动下，过去10多年间，世界主要发达国家高新技术产业占制造业比重翻了一番。

由新一代信息技术推动的信息化已是我国从“中国制造”转变到“中国创造”的必经之路。“近年来，世界先进制造业与服务业之间呈现出相互促进和融合发展的基本趋势。”业内人士表示，传统意义上的先进制造业与现代服务业的边界正变得越来越模糊，彼此间依赖的程度日益加深。

中国的腾讯也在考虑“跨界”。马化腾就曾公开表示，由于现在的光纤比较便宜，而带宽也并未充分利用，大打云计算牌的腾讯“正在考虑在成本较低的地区建立数据中心，再把数据传输到大城市，从而降低建立和维护服务器的费用与能耗。”

看云识相

珠三角展现万亿级转型潜能

在珠三角“云计算”浪潮中，深圳成为工信部和国家发改委云计算服务创新发展试点示范的五个城市之一，佛山的广东（南海）云计算中心则成为华南地区首个云计算中心。2010年4月，全国首家融合新一代信息技术和能源科技的创新产业基地——世纪互联云计算南中国总部基地项目落户佛山禅城。佛山在“云计算”领域具备了全国领先水平。

除了抢占信息产业制高点外，珠三角的传统制造业也正在通过新一代信息技术改造而迅速完成升级与转型。

在佛山，机械制造、纺织服装、家具制造、食品饮料、陶瓷建材、商贸物流等传统优势产业迅速完成从传统制造向先进制造、传统服务向现代服务的角色转化。

同样的情况也出现在传统制造业发达的东莞。通过信息化来对研发、生产和销售各个流程进行再改造，东莞华尔泰装饰材料有限公司的财务核算速度提高了80%，材料库存减少近30%，库存周转率提高了50%，订单交货时间则缩短了30%。因为整套环节丢掉了不少包袱，华尔泰在国际金融危机中逆市飘红。

“东莞的信息化，原动力就是要改善东莞各产业里的粗放成分。形象地说，就是用信息化来包装东莞制造。”东莞市经济和信息化局副局长刘炯贤说。

在深圳，被《纽约时报》称为“中国第一家真正意义上的跨国企业”的华为早已进军国际市场。这家从模仿他人产品起家的全球第二大电信设备供应商，如今正用富有创新性的计算和通讯设备击败国际竞争对手，并开始打进欧美主流市场。有消息称，美国第三大无线运营商斯普林特计划采购华为30亿美元的先进无线设备，而美国互联网通讯公司Clearwire于2010年秋季开始测试一个基于华为4G网络技术的系统。

与此同时，新一代信息技术的广阔前景引导珠三角企业参与更深入的国际合作。11月初，深圳互联网龙头企业腾讯刚与英特尔签署一

网友数星星

经常看汕尾日报，每次看到的都是汕尾以外的新闻，今日终于看了一篇有关汕尾的文字，《信息革命那朵“云”撑起新产业一片天》，看到落后的汕尾，大大的希望。汕尾，一直给人就是落后的象征，提到汕尾，大多的人都是避而远之。而今天的汕尾，将以全新的面貌登场。褪去旧日的外壳，一切如新。可能会有人会质疑，但是这一次，一切都来得那么真实。

——网友“天的那一边”

云计算的落户，可以有效地保护当地自然生态资源，培养大批高科技人员为城市的后续发展找到可持续发展的根据，中关村的品牌价值可以提升整个城市的品牌含金量，带领城市产业升级改造，大型数据中心和相关产业建立至少可以解决大量的就业机会，占领城市发展最前沿，这意味着汕尾的新希望新发展，对社会发展和人民都是一大福泽。

——网友“都市老农”

项战略合作备忘录，组建联合创新实验室，推动移动计算技术、产品与应用创新，并根据三网融合、云计算等发展趋势不断扩展技术和业务合作领域。

腾讯公司联席首席技术官熊明华表示，这是腾讯对国家关于加快战略性新兴产业，尤其是新一代信息技术产业发展的响应。借助和英特尔合作创新，将为全面整合的腾讯移动服务平台带来巨大的想象空间。

南粤云起

125个重大项目砸下1500亿元

广东已将高端新型电子信息产业作为战略性新兴产业的主攻方向之一。2010年8月26日，广东省政府在佛山召开促进高端新型电子信息产业发展现场会，《广东省发展高端新型电子信息产业行动计划》首次亮相。计划显示，为了在今后3年打造一个万亿元产业规模的新兴产业，广东将重点锁定125个高端新型电子信息产业重大项目，总投资高达1500亿元。

上个月北美地区召开的三大国际会议所用会议系统设备都全部是“深圳制造”。

在业内人士看来，“智慧地球”与欧盟“eEurope”和“i2010”、日本“U-Japan”、韩国“U-Korea”等计划类似，核心都是基于传感的物联网络和云计算，通过在基础设施和制造业上大量设立传感器，捕捉运行过程中的各种信息，然后通过传感网，进入互联网，通过计算机分析处理发出智慧指令，再反馈到基础设施和制造环节，从而提高生产效率。

“从国际视角来看，宽带、泛在、融合、安全的新一代信息网络发展演进不断加快，新一代移动通信、物联网、下一代互联网、云计算等方面的创新方兴未艾。”吕新杰说，这与中国布局战略性新兴产业的关键词高度吻合。

“对电子信息产业而言，新兴主要是指突破换代技术的可能性。”中国工程院院士、中国科学院计算技术研究所所长李国杰认为。

行业领军企业显然明白“时不我待”的意义。“广东省作为当初的制造业大省现在面临产业升级的挑战，正成为中国制造迈向中国创造的试验田。”IBM华南区域总经理张少刚将广东看作是中国在新一代信息技术上最有希望的突破尖兵。

作为电子信息产业大省，广东是全国乃至全球电子信息产业的重要制造基地。目前广东的电子信息产业在国内具有明显的规模优势和竞争力，台式计算机产量占世界半数以上，彩电、组合音响等家用视听设备生产规模占全球总产量的20%以上，电子信息产业的销售产值连续19年居全国第一。

“发展战略性新兴产业要根据自身的比较优势来做，广东押宝高端电子信息产业就很有机会。”王珺分析，眼下广东已经形成的产业集群便主要集中在电子信息等行业中。

记者观察

中国有机会领跑世界

“当前欧美经济体增速下滑，日本经济长期低迷，台湾的信息产业越来越需要与大陆进行更多的紧密合作。”在10月底召开的“2010中关村论坛年会”上，台湾拓墣产业研究所所长陈清文在谈及两岸合作时表示，在全球新一代信息技术领域，中国有机会领先全世界，“包括移动互联网、云计算、物联网等，都有可能率先变成世界领先的市场。”

“中国越来越成为国际经济体系一员，竞争对手主要是发达国家，所以光靠技术引进的发展模式必须改变，要树立自己的核心技术优势。”齐建国分析说。发改委宏观经济研究院常务副院长王一鸣也认为，我国需要加快新一代信息技术领域的自主技术的研发，‘包括第三代技术，第四代技术，包括第四代互联网，IPv6互联网技术”。

接受记者采访的一些业内人士认为，新一代信息技术产业中提到了7大行业，中国都面临技术、专利、知识产权方面的门槛，但是有些行业有较大成功的胜算。

与之类似还有同属制造业的新型平板显示行业，而下一代通讯技术、三网融合、物联网等通讯网络业则会在细分行业有高增长的优势。

统筹　谢思佳

撰文　牛思远

调研感言

调研采访的经历也是一个学习的过程，通过采访专家、官员和业内人士，我发现不管是广东提出的“高端新型电子信息”，还是国务院所提的“新一代信息技术”，面临的关键问题都在换代技术的突破等方面。而作为全国乃至全球电子信息产业的重要制造基地的广东，其面临的问题与机遇都有着明显的代表性。借助对广东的深圳、东莞、佛山等地产业形态变化趋势的考察，我以《用新信息技术包装“中国制造”》为题，详尽剖析了新型信息技术产业之于广东和中国的意义与前景。正如采访对象所言，新型信息技术无疑是广东乃至中国未来从“中国制造”到“中国创造”的突破机会。在又一次产业革命面前，机会不只属于欧美发达国家，也同样属于我们。

——牛思远

壮志凌“云”

广东电子信息梦抢占全球制高点

广东将高端新型电子信息产业作为三大战略性新兴产业布局，而在国家的“十二五规划”中，新一代信息技术产业被列为七大战略性新兴产业。显然，广东的定调与国家战略发展方向踩在同一节拍上。

记者在调研中获悉，广东在电子信息制造业领域积累了雄厚的技术和产业基础，为发展高端新型电子信息产业提供了有利条件；广东人口近亿，3G网络已经覆盖所有县级以上城市，“10兆到桌面”已经普及，大力推动终端新型电子信息产品和技术的应用，正当其时。

作为广东省的支柱产业，电子信息产业能否实现向高端挺进，决定着广东省产业升级的成败。广东有个梦想，那就是抢占全球电子信息产业发展制高点。这个梦想要实现，“最后一公里”如何打通？

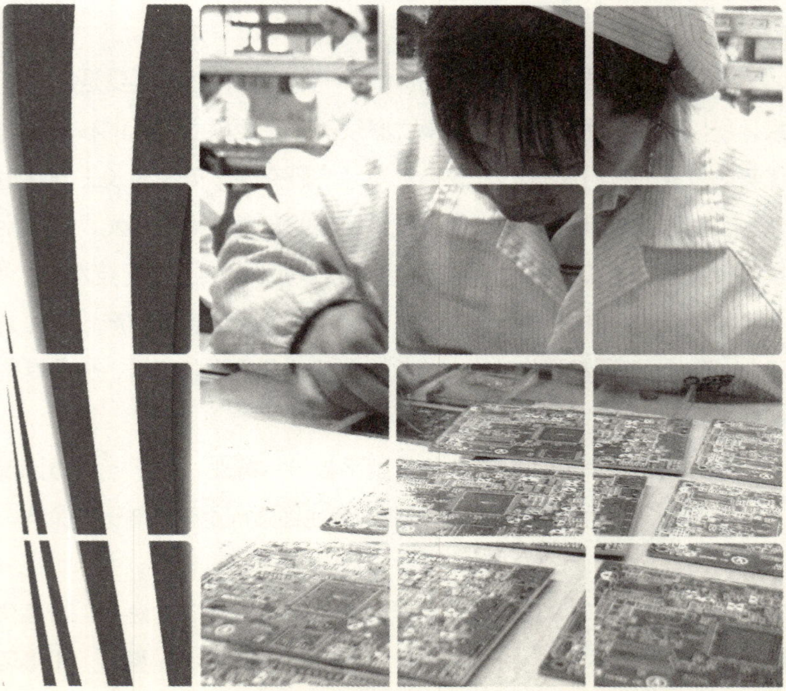

拨云见日

缺芯少屏南粤打响攻坚战

2010年11月1日，随着TCL8.5代液晶面板项目——华星光电主体阵列厂房钢结构第一吊的顺利完成，项目施工进入最后冲刺阶段。“每每想到中国彩电缺芯少屏的现状，我就寝食难安。”TCL集团公司董事长李东生在解释为什么会投巨资豪赌8.5代液晶面板项目时感慨。

由于我国内地目前还没有6代以上的液晶面板项目，32英寸以上液晶面板基本上都要从韩国、中国台湾、日本进口。省经济和信息化委员会电子产业处处长杨学则透露，在没有引进模组项目之前，广东的液晶电视制造就在15%的增值空间里挣扎，“一台3500元的液晶电视机，我们创造的价值大概只有900元。”

除了缺屏之外，广东电子信息产业的另一大软肋，就是缺“芯”。

广东是PC、智能手机、数码产品等消费电子产品的制作基地，但一直以来，这些产品的核心部件——芯片，在广东乃至全国几乎都是空白，对外依存度高。“目前广东电子信息产业企业都集中在产业链下游，受制于上游的国外大型芯片公司，很难取得突破。如果广东制造的PC、MP4、智能手机中，有1/10能用上广东自产的芯片，那就是一笔天文数字。”芯片解决方案商，广东新岸线公司总经理周文表示。

深圳山寨市场的兴起，就得益于深圳近几年来在低端芯片和触摸屏上有了较大的突破。“如果没有掌握芯片和触摸屏这些核心部件，山寨就根本不会出现。原因很简单，做不到那么低的成本。’深圳华强北一位山寨平板商表示。

缺芯少屏的后果，就是利润大头被上游厂商掌握，广东3C企业只能赚取微薄的加工利润。以TCL集团为例，据其最新财报显示，2010年前三季度，TCL实现销售收入353亿元，但净利润只有可怜的1.95亿元。面对这份成绩单，李东生坦言，要改变彩电市场竞争格局，提高中国彩电产业竞争力，还是要在核心的上游液晶面板产业上有所突破。

网友数星星

云端落地，
带来一个智慧地球？

如今，云计算、物联网、三网融合、新型平板显示、高性能集成电路、高端软件等新概念成为了全球热词。对于新一代信息技术，我们可能还未能清晰理解，但却无法轻易忽视，因为正是它们勾勒了未来生活的轮廓。中国工程院院士李德毅说，云计算将让人类变得更加智慧。奥巴马就职后大力推崇“物联网”对于构建一个“智慧地球”的重要作用。

在南方报网的互动平台上，网友们对这场技术革新众说纷纭，网友“sunflower”认为，云安全是云计算需要面对的一个现实问题，无论是基于网络的谷歌标准，还是有赖个人PC的微软标准，两者均有安全隐患。云计算时代，安全性也是老百姓关注的硬标准。

“烧钱的游戏”没政策谁敢玩?

“在推动高端新型电子信息产业发展的过程中，政府扮演着极为重要的角色，尤其在政策制定上。”记者在广州、深圳、佛山等地采访时，多位业界人士不约而同地指出。

以高世代液晶面板为例。一条8.5代线，其投资额起码超过200亿元，属于“烧钱的游戏”，且液晶面板产业周期性很强，一旦投产后遇到市场低谷，势必造成巨额亏损。一般的企业根本就没有能力投资。TCL这样的家电巨头，也是通过合资、贷款、资本市场再融资等多种方式，并在得到政府大额补助的条件下，才能启动这个项目。

广州集成电路设计中心负责人、华南理工大学教授殷瑞祥表示，液晶面板、集成电路产业是高投入、高风险、高回报的产业，如果政府的扶持力度跟不上，这些产业很难自主发展壮大。

对于发展高端新型电子信息产业来说，政策支持比资金支持更重要。

“企业进入这些领域，都是冒了很高风险的。政府在政策制定上应该为企业创造更宽松的条件，为其护航。”A8音乐集团董事长刘晓松强调。

迅雷科技CEO邹胜龙也表示，迅雷将于明年在纳斯达克上市，上市募集的资金如何顺利地进入国内，成为一个让人头痛的问题。“现在很多做互联网、新能源、生物医药的公司，都能在海外找到投资者。政府应该为这类企业打开绿色通道，让产业资本顺利流入。”

副省长宋海表示，广东省将出台一系列扶持措施，大力推动高端信息产业发展，形成有全球竞争力的超大规模高端新型电子信息产业群。

股权激励打通“最后一公里”

高端新型电子信息产业是典型的资金密集、技术密集和人才密集产业，资金问题相对好解决，但高端技术型人才和经营管理人才无疑是稀缺资源，这也是广东发展高端新型电子信息产业最难打通的“最后一公里”。

TCL集团在介入液晶模组项目时，就一直在为液晶面板项目物色合适的管理团队。“用了半年时间才初步搭建，解决不了人才、技术的问题，其他都免谈。”TCL集团高级副总裁、华星光电技术有限公司CEO贺成明指出。

李东生之所以对液晶面板团队如此重视，是因为看到了鸿海在液晶面板上的成功经验。群创光电用不到4年的时间，依靠一支技术团队，从零开始，做了一个很有竞争力的液晶面板的项目，在去年反向并购了奇美。

中国半导体行业协会信息交流部主任李珂指出，广东要发展自己的芯片产业，就必须解决人才引进问题。“广东的人才氛围与北京、上海相比没有优势，高校也不如这两地多。政府应从两方面入手，一是进一步吸引人才，二是充分利用本地高校资源培育人才。”

邹胜龙强调，在新兴产业中，让员工分享期权已经成了惯例。迅雷的股权激励制度吸引并留住了大量高端人才。

周文还特别指出，广东发展高端信息产业要采用全球合作的模式。信息产业技术更新周期很短，作为起步很晚的国内企业，如果不能把握技术发展方向，只是复制或者跟随别人的技术，就会永远落后于人，不能抢占到“微笑曲线”中最有价值的那部分。

站上云端

高端突破广东抓住发力点

广东要打造世界级高端新型电子信息产业基地，必须找到发力点。LCD、LED屏、芯片等核心部件，能串联诸多上下游产业链，市场需求巨大，自然就成为最好的“抓手”。

iPhone、iPad的火爆，带动了触摸屏市场的高速增长。所幸的是，广东厂商这一次没有缺席。记者从深圳南玻集团了解到，从6月份开始，南玻应用于iPhone4手机所需的电容式触摸屏产品开始已经量产，成为iPhone的主要供应商之一；汕头超声电子的触摸屏项目也已实现小批量生产，并进入联想、乐Phone等供应链。

“触摸屏广泛应用于智能手机、平板电脑、电子书、MP4等热门电子消费产品上。广东掌握了触摸屏这一核心技术，就等于掌握了消费电子产业升级的主动权。”超声电子相关负责人告诉记者。

相对于小尺寸的触摸屏，广东更大的突破应该是8.5代线液晶面

网友数星星

8日举行的2010全球物联网产业发展（上海）论坛上，国家工信部科技司司长闻库表示，我国物联网万亿级的市场潜力还需要较长的培育时间，真正实现的时间节点在“十三五”后期。也就是说还有10年左右的时间。

——物联网大会

估计在2012年都会有大规模的应用，不会等到“十三五”后期。关键是看移动互联网的发展，这个好了，以后就快了。

——BILL清华

板，率先吃螃蟹的是TCL。2010年1月份，由TCL控股50%的华星光电宣布投资245亿元在深圳建设一条8.5代液晶面板生产线，预计产能为月加工玻璃基板12万张，年产26英寸至32英寸、46英寸以及55英寸液晶电视模组约1750万块。

“这个项目是必须要做的。”李东生表示，国内要有自己的厂商做面板才不至于受制于人。

除了布局LCD项目外，广东在下一代显示技术———OLED上，更是走在了全国前列。2010年1月，工信部与广东省在佛山市顺德区合作设立OLED产业示范基地。据双方协议约定，工信部将全力支持广东依托彩虹、中显、宏威、信利等一批龙头项目，率先推进OLED产品的示范应用。

在芯片领域，广东近期也有好消息传出。9月14日，广东新岸线发布了全球首款基于ARM框架的40纳米A9双核2.0G计算机芯片NuSmart2816，它的性能可以和英特尔的双核产品媲美，但功耗仅是英特尔同类芯片的1/5，价格也只有英特尔产品的1/2。周文告诉记者：“台式机、笔记本、上网本、平板电脑、高端MP4等产品都可以用到这款芯片。”

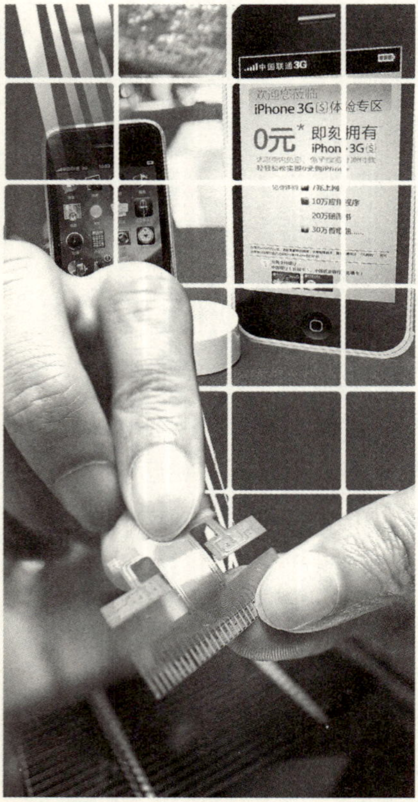

著名经济学家吴敬琏对此表示，NuSmart的诞生是推动产业转型的重大改革，核心技术的掌握将改变低端的加工制造业，“中国制造”将晋升为“中国创新”。

上游高新技术企业钟情广东

相对于长三角、环渤海区域，广东发展高端新型电子信息产业的一大优势，就是离应用市场近。在电子信息制造领域20多年的积累，为其大力推动高端新型电子信息产业提供了支撑，也是广东吸引资本和新技术落户的原因所在。

LG之所以努力冲破韩国政府对8.5代线液晶面板技术的出口限制，决心到广州落户，看重的正是广东在彩电领域强大的制造能力。LG的抉择显然是正确的，因为家电大佬创维积极入股LG广州8.5代液晶面板项目，LG项目尚未开工，已经找到了一家大买主。创维集团品牌总监兼新闻发言人沈健表示，参股LG液晶项目是一项策略性投资，主要是保证供应链安全。

正是看好该芯片巨大的市场前景，广东省政府全力争取新岸线等企业到广东落户。周文表示，新岸线对落户广东也情有独钟。“期望通过2010年和明年与广东政府和企业的合作，建立一个从芯片、软件到制造的完整产业链。”

省经济和信息化委员会主任杨建初指出，在全球产业结构调整升级的关键时期，广东不仅要继续保持全国第一的优势，更要把这一国内领先优势转化为绝对优势，将广东发展成世界级高端电子信息产业基地。

“如果广东在电子信息产业的应用环节能得到进一步加强，凭借强大的消费实力，无疑会再提供一个巨大的市场空间。”华中科技大学信息学院教授张成珂指出。

物联网技术正在改变生活

在采访中，多位企业家都强调，广东大力发展高端新型电子信息产业，需要两条腿走路：除了要解决缺芯少屏这一长期困扰产业界的顽疾之外，还需要进一步推动以三网融合、物联网、云计算等为代表的新兴IT技术的研发与应用。

刘晓松告诉记者，三网融合将给广东电子信息产业发展注入强大动力，会推动包括数字家庭、网络增值服务、高端消费电子产品等在内的多个产业发展。

在绝大多数人看来十分虚幻的云计算，却已经被深圳迅雷科技深度应用。邹胜龙指出，利用云计算技术，下载引擎提速3倍。如今的迅

调研感言

8月份以来，我参加了报社策划的关于新兴产业的报道，采访了一些互联网、芯片、电子商务等各类新兴企业，也走访了一些信息产业基地。通过采访报道，自己感触很深。

一方面，在新兴产业领域，只要政策环境良好，民间的创新力量是无穷的，大批的创业者前仆后继，就像野草一样有着顽强的生命力。这种创新的力量，是中国经济前行的巨大推动力。国家应该创造更宽松的环境，让这些企业轻装上阵。

另一方面，作为媒体，也应该将更多的精力转向对新兴产业的报道，这也是很多读者关注的地方。此外，媒体与新兴产业有着较为广阔的合作空间。这也为媒体开辟了一个突围的思路。但到目前为止，媒体与新兴产业的融合，还远远不够。

——田志明

雷云下载的计算能力，已经相当于5000万台计算机或者300台“天河一号”，极大地推动了网络游戏、影视产业的繁荣，并间接推动了大屏液晶显示器、移动视频设备市场。

物联网技术的应用正在改变着我们的生活。广州亚运会期间，广州市质监局搭建了“亚运食品生产动态监控平台”，利用物联网技术，实现食品生产动态全过程监控。全部涉亚食品企业的食品，包装封条必须内置一个微型芯片，储存着关于该食品的所有生产信息。用射频扫描器扫描一下，食品“身份”信息就一览无遗。

广东电信在广州全城设置了4000个WiFi热点，保障亚运期间免费上网2个月，公众可以轻松通过手机、笔记本电脑等方式免费上网。广东电信网络运营部负责人表示，随着更多热点的建成，将推动更多消费者使用笔记本、平板电脑、电子书、智能手机等移动终端。

统筹　郭亦乐　谢思佳

撰文　田志明

3 生物产业

一段猪小肠"炼成"海普瑞传奇

生物技术植入中药
香雪能否打破怪圈

克隆猪随时可以商业化

大力发展用于重大疾病防治的生物技术药物、新型疫苗和诊断试剂、化学药物、现代中药等创新药物大品种，提升生物医药产业水平。加快先进医疗设备、医用材料等生物医学工程产品的研发和产业化，促进规模化发展。着力培育生物育种产业，积极推广绿色农用生物产品，促进生物农业加快发展。推进生物制造关键技术开发、示范与应用。加快海洋生物技术及产品的研发和产业化。

——《国务院关于加快培育和发展战略性新兴产业的决定》

开篇语

生物化时代即将来临

生物产业是21世纪的朝阳产业，信息化时代之后，将是生物化时代的来临。

《国务院关于加快培育和发展战略性新兴产业的决定》释放出一个强烈的信息：中国计划用20年的时间，使生物产业等七大战略性新兴产业整体创新能力和产业发展水平达到世界先进水平，其中明确，生物产业是未来的支柱产业。

与其他战略性新兴产业相比，生物产业具有高科技、高投入、高风险、高回报的“四高特点”。到目前为止，还没有哪个国家具有全球统治地位，没有出现核心技术垄断，我国生物产业是唯一与发达国家水平相距不甚远的产业，科研差距5–10年。因此，中国生物产业是最有希望赶上国际快速列车的战略性新兴产业。

现在在全球范围内，生物产业市场已是群雄逐鹿，兵家必争。

在方兴未艾的生物产业发展大潮中，广东能否再次敢为人先、率先突破，为中国探路？近日，南方日报记者组成调研团队，走进广东星火企业、科研机构，走访权威专家和行业人士，把脉生物产业。

未|来|支|柱

一段猪小肠“炼成”海普瑞传奇

148元的天价发行、创纪录的6倍超募规模，李锂与妻子李坦创办的深圳市海普瑞药业股份有限公司（以下简称“海普瑞”），一时间风光无限。

一年能赚5亿元左右净利润的海普瑞，2010年做的生意与1.8亿头猪的小肠有关：其主营业务是肝素纳原料药从猪小肠粘膜中提取肝素，加工成肝素粗品，然后加工成肝素纳原料药，再形成具有抗血凝作用的肝素制剂。李锂的生意在第三个中间环节。

如今，海普瑞已成为全球生产规模最大、装备最先进的高纯精品肝素系列产品供应商。一个靠加工猪小肠提炼原料的生意如何成就中国市值最大的医药公司?

定位产业中段　敲开欧美医药市场

深圳南山区高新技术园郎山路21号，以白色为基调的两栋海普瑞办公楼整洁而简朴。这里是全球最大的量产肝素钠原料药基地。

2010年5月6日，海普瑞公司在深圳证券交易所上市，148元的天价发行创下纪录。

延伸阅读

生物产业包括生物医药、生物农业、生物能源、生物制造、生物环保等，根据《国务院关于加快培育和发展战略性新兴产业的决定》，生物产业主要关注生物医药和生物农业。生物医药产业链中属于国家重点支持的领域主要包括疫苗与诊断制剂、创新药物、现代中药和生物医学工程。而生物农业中国家重点支持的领域包括生物良种、林业新品种、绿色农用生物产品和海洋生物资源开发。

在1998年创立海普瑞时，毕业于四川大学化学系的李锂在肝素提纯方面已有建树。

提取自健康生猪小肠黏膜上的肝素，至今仍是世界上最有效和临床用量最大的抗凝血药物，市场需求十分强劲。中金公司的报告指出，其市场价值因为全球肥胖症发病人数和心脑血管疾病的发病数量增长而持续上升，预计2010年全球肝素类产品市场将达到74亿美元。

海普瑞取其产业链中段，从简单加工的肝素粗品中分离提纯以钠盐形式存在的肝素原料药，产品可直接作为标准肝素制剂的原料药。

李锂夫妇始终认同，质量是企业产品的生命线。在海普瑞的质量控制部门，每一个批次的产品，生产过程中谁领进来，谁完成，谁操作，都有将近400页、一寸厚的记录。原料药生产区内，人员进出、温度、湿度乃至气压都被严格控制。

经过长达七年的努力，海普瑞在2002年通过美国FDA认证，取得了进军国际主流医药市场的通行证。“原料”和“原料药”虽只有一字之差，但后者不仅意味着产品价值更高，也表示产品将以药品身份直接进入美国医疗市场。

专注肝素业务　领跑国际生产工艺

强大的自主研发实力是海普瑞生产工艺技术始终保持国际领先的坚实基础。

中国是世界第一大生猪饲养国，生猪存栏量和出栏量都占全世界一半以上，有丰富的肝素资源，但由于中国生猪养殖比较分散，导致所生产的肝素粗品质量层次不齐。

为找到一条适合中国国情的肝素钠原料药纯化技术工艺路线，以公司董事长为首的研发团队自主开发出一套另辟蹊径的肝素钠提取和纯化技术。

为保持和扩大技术领先优势，海普瑞不断加大研发投入，去年投入已超过7000万元，比2007年提高近5倍。

难能可贵的是，海普瑞始终坚持走专业化发展道路，不涉足与公司主业无关、与经营管理能力不相适应的业务，专注于肝素。

"猪小肠"造就新一代中国首富李锂（CFP供图）。

"专注首先意味着坚持，在遇到困难和挫折的时候不气绥、不放弃；其次，意味着要经得起各种诱惑，特别是企业在顺境的时候，不头脑发热盲目投资。"海普瑞负责人表示，正是依靠专业化，海普瑞才能抓住市场机会，获得高速发展。

如果肝素钠原料药市场发生不利变化，海普瑞如何应对由于产品类别单一所带来的风险？

海普瑞公司负责人对记者表示，没有任何一个企业的竞争优势是一成不变的，一个企业要想基业长青，唯有持续不断地坚持研发投入，坚持产品创新、产业创新、管理创新。

一线报告

中国：全球第三梯队　广东：全国位列第四

据预测，2020年全球生物产业产值将超过3万亿美元。

发达国家和一些新兴工业化国家都已将生物产业作为后金融危机时代抢占世界经济制高点的战略选择。在这场看不见的生物产业"战争"中，许多发达国家已重兵把守，步步为营。

中山大学副校长、发改委生物产业政策制订专家、973首席科学家徐安龙教授介绍，在世界生物产业竞赛的跑道上，美国独占鳌头，其

调研感言

人看记者无所不知、无所不能，而我的感受是，每次面对采访对象，在"问"的同时，其实是一个学习过程。此次参加"星星之火 可以燎原"战略性新兴产业调研任务，更是如此。

各路专家给力我们的专题调研，无论是中大徐安龙首席科学家、华农陈志强首席科学家还是广药集团的副老总、香雪集团的董事长，他们的智慧、洞察、忧虑，因这次调研而激活。

广东药学院的林华庆教授全程陪同我们采访，他说，这是一次非常难得的学习机会，对全省的生物产业进行专题调研，广东是第一次。而他们即将举办的"现代中国创新药物研发战略新思路"高层论坛，从中受益匪浅。

能在学习中完成采访，其实是记者的福份。

——梅志清

广州生物岛规划已经完成，但建设步伐依旧缓慢。（符超军　摄）

次是欧洲发达国家、澳大利亚和日本，中国、印度、巴西处于第三梯队。

中国已经意识到生物经济时代即将来临!据悉，由国家发改委牵头制定的《生物产业发展“十二五”规划》正在征求各方意见，这将是中国启动新一轮生物产业发展的起始点。

在这一轮重新洗牌中，广东准备好了吗?

产业现状

家大业大，竞争力不强

在生物产业领域，国内业界普遍认为长三角、环渤海、珠三角已成中国生物产业三足鼎立之势。

以上海为中心的长三角生物技术及产业的基础水平、整体实力较强，最明显特征是跨国公司多，这里是他们在中国的研发、制造、销售和投资的中心；以北京为核心的环渤海地区科技资源丰富，基础研究实力强劲，是中国生物技术的研发中心。

以广州、深圳为核心的珠三角多年来市场化运作相对成熟，成果的转化率较高，特别是近年来，以深圳华大基因为代表的高端研发机构的成长，珠三角已成为中国生物技术的重要研发基地、产业化基地和流通基地。

调研中，不少专家学者认同广东的地位，但同时也已经意识到，广东在某些领域一直在下跌，是到了想办法“止跌反超”的时候了!

在国内，目前广东生物产业发展水平约处于全国第四的位置，与长三角、京津唐有相当的差距，甚至落后于山东，近几年还有下跌的趋势，不容乐观。但在生物医药、生物农业、海洋生物等重点领域，广东有地域和资源优势。

在广东药学院产业处处长林华庆教授的眼中，广东的生物医药是家大业大，但竞争力不强。

广东是全国最大的医药消费市场，但本土企业产值不到全省生产总值的5%，制药产业产值近年从全国老大掉到第三。同时，最早开始市场化运作的广东到目前为止，具有核心竞争力的明星企业不多，大型跨国企业落户更少，单季销售额超100亿元的“超级重磅炸弹”几乎没有，与庞大的市场份额根本不相匹配。

华南农业大学副校长、973首席科学家陈志强直言，广东政府在培育发展生物产业中的角色定位不清晰，没有制定长期的战略规划，无法与国家大战略紧密对接，生物产业领域普遍反映政府重视不够，投入不足，思路不清，处于放羊状态。

制度瓶颈

研发与转化“两张皮”

“为什么广州生物岛发展滞后、华南新药创制中心一年内两位中心主任离职？”徐安龙认为，在某种程度上，专家与官员的关系成了一个制约因素是“内行领导内行”，还是“外行领导内行”？是真正按照生物产业的规律来建设，还是把专家当花瓶？这对于高技术含量很高的生物产业来说，是一道重要的选择题。

在广东药学院院长朱家勇看来，广东生物产业发展中，制度瓶颈是最大的障碍。“作为改革开放的先行区，广东能否在生物产业领域先行先试，用改革来释放制度的活力？”

从去年开始，广东花巨资全球引进领军人才和创新团队，其中有不少就是从事生物产业研究的，如中大松阳团队的干细胞研究等。但更为关键的是，如何改革数十年来传统保守落后的人才评价机制，怎样用改革来释放创造力，用制度来保障宽容，允许失败。

也许一切归咎于制度有失偏颇，但制度明显滞后已是不争的事实。到目前为止，广东甚至中国的生物产业都没有形成融为一体的产业链，研发与转化仍是“两张皮”。

目前广东虽有不少高校、科研院所有较强劲的生物研发实力，但由于落后的评价机制、保守的激励机制，始终无法突破瓶颈，研发成果也只是实验室成果，无法与市场对接，离产业化更有距离。而研发成果如果不能及时转化，就会丧失市场机遇，迅速贬值甚至被淘汰，前期研究的很多投入也得不到应有回报。

新策论

政策组合拳打通产业“任督二脉”

1. 省政府牵头超常规制定规划

建议广东迅速组建高层次的产业振兴领导小组，由省政府牵头、整合专家力量组成，建议广东以超常规发展的态度，尽快制订生物产业十二五战略规划和实施意见，抢占制高点。

2. 用改革释放活力，宽容失败

建议有关部门加快医药类国企改革的速度和力度。在高校、科研院校大力改革传统保守的人才评价制度，鼓励高校、科研院所与企业紧密对接，形成一种理解创新、宽容失败的氛围。

建议改革用人制度，从专家学者中选拔学者型官员去高新技术职能部门或开发区担任主要领导，以专业性来培育相关产业。

3. 培育国际竞争力的龙头企业

要以企业为主角进行科研经费的投入。改变以往科研经费投入方式，以企业、市场为中心来分配相关项目经费，设立更多科技攻关公共平台。

继续大力引进领军人才和创新团队，加强跟踪服务，避免引进人才水土不服。

4. 政府建立生物产业投资基金

建议广东省政府加快建设生物产业投融资体系，设立生物产业化基金，政府引导民间资本，建立市场化的风险投资机制，积极鼓励设立发展生物技术创业投资机构和产业投资基金，引导社会基金投向生物产业。建议成立投融资平台，鼓励生物类中小企业到创业板上市。

高端访谈

中山大学副校长徐安龙：“产业投入产出与政绩挂钩，不是好事”

南方日报：和其他战略性新兴产业相比，生物产业有何独特性？

徐安龙（李细华 摄）

徐安龙：生物产业从研究成果变成产品，周期很长。例如制药，最快也要12-15年，生物能源、生物农业、生物制造业也要两三年。

但生物产业周期是一种可持续的长，是可以做成百年老店的，越老越值钱。正因为生物产业投入产出速度慢，更需要政府的支持和投入，需要政府超常规的培育，要耐心地等待产业成果的出现，一定要政府集中精力长期培育。

南方日报：对于生产周期长、风险大的产业，政府对此的重视投入往往与官员任职期间的政绩挂钩，对此你怎么看？

徐安龙：中国生物产业做不大的一个原因，就与现在的干部任期制、没有持续的投入有关。一个地方官员要领导生物产业，至少要有十年的任期，否则就做不成。生物产业的长周期、高风险和高回报的特性与我国行政体制中主导官员任期5年是一对矛盾，将生物产业的投入产出与官员政绩挂钩，这对生物产业不是一件好事。

南方日报：相对于其他战略性新兴产业来说，中国的生物产业是不是最具备冲上世界一流产业的条件？

徐安龙：新能源和生物产业两个方向是我国未来有机会占据世界制高点的方向，研发基础较好，市场容量大，而且都处于产业生命周期的成长期，从未来的经济贡献来说，有机会成为支柱产业。

南方日报：广东不能错过这一轮发展期了。

徐安龙：中国赶上了生物产业真正在全球腾飞的黄金期，西方国家交学费的时期已经过了，现在可以踩着前人失败的经验前行。没有哪个国家处于统治地位，没有出现核心技术的垄断，随着中国近十几年来在生物基础研究领域的投入，中国也形成了自己的独特技术，如中药现代化等，中国掌握的核心技术也不会少。即使现在起步，核心竞争力也不会完全受制于别人。

南方日报：站在全国来比较，广东生物产业有何优势，有何短板？

徐安龙：广东的短板是产业发展的核心要素比较分散，企业规模偏小、自主创新能力不强，产学研三个环节衔接不紧密，政府的扶持方向过于分散，没有集中力量办大事，跨国企业不多，明星企业不多。

但广东生物产业的优势也很明显，市场广阔，具备一定的产业基础，广州和深圳两个国家级基地发展较好，南药、海洋生物和研发服务等领域是很有特色的。

南方日报：像华大基因、海普瑞这样的企业成长非常迅速，华大成长为全世界最大的基因组科学服务中心只用了两三年的时间。

徐安龙：这两家企业都在深圳，珠三角生物医药研发人才培养主要在广州，创业在深圳，怎么样让两个中心更好对接，让产业更快成长，这需要有机制来调动。

统筹　梅志清
撰文　梅志清　洪奕宜　陈　枫
张胜波　雷　雨　曹　斯
徐　林

医|药|先|锋

生物技术植入重要　香雪能否打破怪圈

近日，中国“十二五”生物医药振兴规划即将出台的消息，引起业界和资本市场的高度关注。据透露，国家将拿出100多亿元支持重大新药创制，重点研发基因药物、蛋白药物、单抗克隆药物、治疗性疫苗、小分子化学药物等。

在生物技术从实验室到工厂的产业之路上，医药首当其冲成为结合最紧密、应用最广泛的开路先锋。生物医药领域的产业竞争已经波及全球。令人尴尬的是，中国有4000多家医药生产企业，但整体产值才400多亿美元，不如美国辉瑞一家公司的年销售额。

记者在调研中发现，由于研发实力悬殊，中国95%国产药品都是仿制药，没有专利、同质化现象严重。目前我国用药金额比重为：进口药品占1/3，三资企业药品占1/3，数千家国内药企只能在剩余的1/3市场拼个你死我活。业内人士痛心疾呼：“中国人的健康掌握在中国人还是外国人手里？”

警惕“洋中药”抢滩中国

中医药现代化，是中国发展生物医药产业的一个重要战略。但现在“洋中药”抢滩中国的架势愈演愈烈：日本一家中药企业以中国中成药六神丸加工制成的救心丹，年销售额达1亿美元以上，很大一部分销售到中国。牛黄清心丸，同样是传统的中成药，但中国要生产牛黄清心丸的口服液或者胶囊的改进型产品，却必须看韩国人的脸色，因为他们已经向中国专利局申请了这两项产品的专利。德国人则干脆把工厂搬到中国，把银杏叶粗加工后运回本国深加工，而后返销到中国市场……

在中央政府工作报告中，生物医药在2010年初首次被列入国家的战略性新兴产业。与其他产业相比，中国在生物医药领域与国际先进水平的差距最小，尤其在中药现代化方面有鲜明特色，有实力奋起直追！

业界普遍认为，接下来的10年是生物医药发展的黄金期。尽管国家的生物医药产业振兴规划尚未出台，但各地已经紧锣密鼓地开始了培育生物医药产业的布局，广东率先将生物医药列入重点发展的11个战略性新兴产业中，抢占战略制高点，致力从制药大省向制药强省转型。

很多“老广”至今还记得，去年甲流猖獗之时，市民纷纷到药店抢购香雪牌抗病毒口服液，以致不少药店都挂出“每人限购二盒”的牌子。其实早在2003年初，广州市香雪制药股份有限公司（以下简称“香雪制药”）的这一拳头产品已随非典疫情蜚声全国。

鲜为人知的是，这家年销售额近十亿元的中国民营医药明星企业，13年前还只是一家镇级小药厂。如今却已在英国的剑桥大学设立实验室，立志创造中药现代化的国际标准。

做标准

巨资科研进入国家药典

1997年，做文具生意的王永辉做了一个大胆的决定：投资2000多万元取得广州市萝岗制药厂的控股权，以整体改制方式设立股份有限公司，并改名为香雪制药。

当时这家镇级小厂年产值只有4000万元左右。在王永辉的苦心经营下，几年后的香雪制药已在行内小有名气。2003年非典期间，其王牌产品抗病毒口服液身价暴涨，市场上一盒被炒到上百元，有人甚至愿给回扣进货，但王永辉不为所动，坚持9.5元/盒的出厂价格，并提出要优先满足医院的要求，得到了行业内外的尊重。

如今，香雪制药的年销售额虽不到10亿元，但王永辉坚定地认为，肩负振兴和推动广东医药发展的主体将会是民企。“我们有制度上的优势，可以用10到20年做基础性的研究和积累，去做标准。”

做行业标准的想法，源于几年前的一次尴尬经历。当时希望打开国际市场的王永辉带着拳头产品抗病毒口服液来到美国，却被泼了冷水。当美国经销商问及产品成分是什么，下一批产品是否能和这批一模一样时，王永辉无从对答。这次经历让他意识到，中药虽好，但成分复杂难以检测，限制了中国药企走出国门。

很快，他就看中了新一代“指纹图谱质控技术”，“通过分析仪器把重要产品里面的成分表示成波形特征图谱，再通过对照不同批次产品图谱的相似度来控制产品质量的稳定性。”2010年，香雪抗病毒口服液被写进国家药典，香雪制药成为行业标准的制订者，竞争力大大提高。

2009年的甲流疫情，让香雪的抗病毒口服液再次扬名全国。但王永辉没有满足，又投入3000万元启动为期3年的抗病毒口服液的循证医学研究，“要拿出临床对比数据来”。

他解释说，“去年甲流达菲卖了300多亿美金，但从循证医学角度，还不能完全证明就对甲流有用。如果我们做循证医学，证明中药的抗病毒药物对甲流等流感病毒有效，就能向世界大范围推广。”

网友数星星

中药，为什么叫中药，不叫“E药”，“韩药”？因为这是中国老祖宗一辈一辈传下来的好东西，如今却被外国人抢占，就好像当年的八国联军瓜分中国地盘一样，当年的大葱变成了洋葱，现在的中药变成了“洋中药”，你能看得惯吗？

——新浪网友“家在北疆”

我国中药企业必须抢先申请专利，运用专利把我国传统的中药自然资源保护起来，再转化为知识产权优势和经济优势。

——南方报网网友“桃花岛主”

走出去

借助剑桥高科技研究中药

一个广州的民营药企，却在英国最著名学府剑桥大学拥有实验室。这就是香雪制药的走出去战略。

2007年11月，王永辉投资在英国创建了香雪剑桥中药研究中心，成为中国制药企业在欧洲设立的首家中药研发机构。香雪制药通过与清华大学、英国剑桥大学等强强联合，将国际先进的研究方法和仪器设备与中药研发相结合，以期在获得具有市场价值的中药新产品的同时，通过对药物作用机理的深入研究，建立中药药效评价体系和产品标准体系。

在很多人看来，这又是一步险棋。

“当时，科技部给广州提供了搞海外科技合作的机会，很多人都觉得实施起来困难不小，我们主动承接了。”于是，一种聪明而双赢的合作方式诞生：香雪制药利用剑桥最先进的仪器、技术和大约30人的研究团队，但必须保证中方做主导，一位具有专业背景的副总常驻剑桥，统筹全局。

在药物选择上，香雪制药有巧法。“我们不像实力雄厚的跨国药企一样，采取投入10年，筛选10万个药物才研究出一种新药的高通量的方法，而是瞄准中药的典方和验方。他们是大海捞针，我们是瓮中捉鳖，因为典方验方中国用了这么多年，很有效，我们只要证明它是怎么作用的就可以了。”比如，香雪制药的抗病毒口服液看似西药名称，其实是以西汉名医张仲景所著《伤寒论》为基础，依中医泻火验方中的白虎汤和清瘟败毒饮为核心改进的。

香雪制药的设想是从细胞分子研究层面研究中药，“中药和先进技术结合，容易擦出火花”。王永辉坦言，“人家看不起中医，是因为我们做得不实，阴阳、精气神都是很虚的东西，研究院就是要用分子、基因、干细胞做中药研究。”

让他有些惊喜的是，英国人对中药很感兴趣，并认为中药研究肯定会有所突破，“有人还说，诺贝尔医学奖会在中药研究中诞生。”

家底盘点

粤医药从全国老大一路下跌

“近年来，广东医药经济已从曾经的全国老大地位呈下降趋势。”广东药学院院长朱家勇指出，广东一直是医药大省，南药品种独具优势，不管是医药工业总产值还是产业化、市场化方面都位居国内前列。

但据国家统计局、SFDA药监统计年报显示，2009年广东医药工业总产值为737.72亿元，比2008年增长19.39%。目前广东医药工业总产值在全国所占的比重为7.34%，排在第三位，低于山东和江苏。王永辉担忧地说，若无先进科研基础支撑，广东医药行业的疲软之势将持续。

在战略性、系统性的新药开发领域，王永辉直言，广东与北京、上海、浙江差距不小，“浙江的民营企业已经请了全球顶尖的科学家做研发负责人，但我们的人才引进政策还相对保守”。比如，他们最近合作的一个海归科研团队都是广东人，却都跑到苏州去了，因为那边的扶持政策更有吸引力。

王永辉建议，广东要把眼光放得更长远，“不要见好就抓一下，不见效果就放下来，生物医药产业最需要的就是连贯性。人才引进、相关政策开放一点，大胆一点，目光长远一点。”

自主创新能力不足、产品缺乏具有自主知识产权的关键技术是目前制约广东生物医药产业发展的关键环节。中山大学药学专家苏薇薇教授指出，广东长期发展劳动密集型产业，生物医药科技研发投入偏低，重点产品竞争力不强。

由于研发投入有限，产学研结合程度不高，导致新药研发仍以仿制为主，目前广东90%以上化学药品和大部分生物药品为仿制品，并且重复生产的现象严重。与长三角相比，广东缺少国外大型医药企业集团来建厂，也没有国外著名的研发中心落户，外企在广东建立的研发机构很少。中药虽拥有自主知识产权，但现代化起步较晚，在市场竞争中优势不明显。

产业建言

政府要当好“导演”而非“管家”

记者在调研中发现，要发展生物医药产业，广东必须在企业体制、政府投入、选好突破口这三方面做好文章。

1. 企业是产业创新主体，要宽容失败

由于历史和体制原因，目前医药研发水平上高校强于企业，医药企业现在还没能成为创新药物研发的主体，现有的高校、研究机构和企业间未能形成合力。

生物医药产业投入大、周期长、风险高，企业多盯着短期效应，宁可做仿制药，创新动力不足。

就企业体制而言，目前国有药企的老总多是五年任期，与党政官员追求本届任期GDP政绩类似，不愿“现在自己冒险高投入、十年后别人收获”。而广东的民企老板多喜欢赚快钱，宁可投入凉茶、化妆

调研感言

一家从镇级小厂起家的民营药企，雄心勃勃地把科研中心放到了英国剑桥大学；

一所被寄予厚望的“官方”新药研发中心，几个月内却出现了两任主任黯然离职的现象。

此次参与生物医药产业调研，让我再次强烈确信一个朴素的公理：市场的归市场，政府的手别伸得太长。

——陈枫

品、保健品等技术门槛低的健康产业，不愿意长线搞科研。

所以，目前要发展生物医药产业，国有药企管理体制必须改革。一要激励创新；二要宽容失败。而对于民营药企，政府要加强引导和扶持，给予国民待遇，在科研专项投入上不能重国企轻民企。

2. 政府角色不能错位，不能过度干预

“最重要的是政府投入和引导资源整合。”广东药学院林华庆教授说。

政府的投入可分两个方面：一是资金上的投入。在外界资金流入较少的情况下，政府需拿出更多资金来资助创新药物的研发项目、资助高端人才的引进和团队建设。另一方面是政策上的导向和投入。政府需提供一些新的政策、创造更好的创新药物研发、产业化环境，吸引高端人才加盟、吸引国际医药大公司的研发力量的注入。

不少专家直言，政府角色不能错位，不能过度干预。以2008年草创并被寄予厚望的华南新药创制中心为例，其由省科技厅牵头，整合多家广东药企和科研机构力量，定位为华南新药研发的加速器，力图解决科研与产业化“两张皮”的痼疾。但2010年内两任中心主任相继离职，引起震动。有业内人士指出，行政干预过多是一个重要原因。政府部门要加强宏观引导，但不能对微观事务管理太细，外行管理内行，容易好心办坏事。

3. 重点突破中药产品和肿瘤疫苗研发

中山大学肿瘤防治中心主任、中国科学院院士曾益新认为，广东需要加强针对癌症、心脑血管疾病、糖尿病、神经系统疾病等重大疾病的生物技术创新药物研究。另外，中药现代化是广东的特色与优势。广药集团近期提出“大南药”战略，要整合国内和东南亚的中药资源，加强科研、产品和市场整合，推进中药现代化。

广东还应补足一些重要产业的短板，比如发展疫苗产业。华南新药创制中心的疫苗专家刘钿连说，去年全国收费疫苗销售值50亿元，1/4销售在广东。肿瘤疫苗是今后研发的一个趋势，国外2006年底研制出宫颈癌疫苗，3年就赚了30亿美元。但全国有32家疫苗生产厂家，研发主要掌握在国家6个研究所手中。广东长期缺乏一家疫苗自主研发企业。

▶ 院士支招

新药研发如何走“捷径”
钟南山开出四剂“药方”

钟南山（张由琼 摄）

根据国外经验，新药研发有“三个10”特点：花费10年、投入10亿美元、年销售额10亿美元。这样的高投入，对于中国药企来说显然是很难企及的。有没有“中国特色”的捷径可走？中华医学会原会长钟南山院士针对广东生物医药发展的现状和发展瓶颈，开出了四剂“药方”：

一是要从传统医药中深度挖掘，开发生物医药。钟南山举了他近期与白云山和黄公司合作研发板蓝根作用机理为例说，广东有很多临床疗效显著的中药，完全可以摒弃现代医学先发展一般性基础医学、再进行试验临床验证的研究方式，尝试先临床试验再循溯基础研究，对现有的传统医学进行深度挖掘，开发出生物医药。

二是要有中国特色。比如中国是肝癌高发区域，国外对此研究不多，而中国肝癌药物市场很大，可以抓住这一缺口进行突破攻关。

三是要重视老药新用的二次开发。有的药物诸如阿司匹林已经研制出来100多年了，但近年研究发现，它不仅能镇痛和治疗感冒，而且成为治疗动脉硬化和血栓的重要药物。以此为例，生物医药企业可对已有药物进行二次开发。

四是要结合当今社会需求。生物医药企业要学会利用好国家政策和政府体制，借力发力。比如去年甲流疫情发生后，广州达安基因迅速行动，在全国率先研制出了检测试剂，证明了企业的敏锐嗅觉和研发实力。

钟南山认为，政府要做的是建立创新体制，营造包容环境，开拓交流渠道，加大投入扶持，为生物医药产业创新提供成长的土壤。

统筹 梅志清 徐 林
撰文 陈 枫 曹 斯 赵 杨

网友数星星

中山大学徐安龙教授所说的“外行领导内行”，切中时弊。现在很多科技项目立项，各级管理人员有实质性的决定权，专家评审机制越来越流于形式。一些“学术带头人”没有时间致力于科学问题，花气力搞关系、跑经费成为他们的首要任务，导致学术浮躁、学术风气不正。结果，国家投入了大量经费，到头来只是收获了大量论文，没有能转化为现实生产力的实际成果。

——南方报网网友“瞭望”

农|业|革|命

克隆猪随时可以商业化

转基因抗虫棉占据了中国棉花种植总面积的80%以上；

在湖北，尽管此前颇受质疑，但由华中农业大学张启发院士主持的转基因水稻项目还是顶住压力，获准进入大规模田间试验；

在广东，由华南农业大学研制的转基因番木瓜品种已经得到商业化种植批准，并在全省范围内推广种植……数量庞大的转基因玉米和大豆正从海外进入中国市场，用作饲料、榨油等领域。

种种迹象表明：不管人们如何抵触与纠结，转基因必将成为未来农业领域最为热门的话题，并将深刻地改变人们的生活。

生物技术与传统农业的嫁接已成大势所趋，以克隆技术为代表的分子生物学研究，最早的研究载体就是动植物，如今一项项研究成果从实验室走向田间地头，古老的农业被注入了生物科技的要素，焕发出勃勃生机，同时也带来了一系列的争议。

有专家预测，到2020年中国有可能将迎来转基因农产品大规模商业化的时代。被誉为农业中的载人航天与登月工程的“转基因生物新品种培育”重大科技专项，被确定为未来中国16个科技突破点之一，海洋生物资源开发属于国家重点支持领域。

在这样的背景下，广东必须有所作为，才可能在生物农业领域领跑。

华南农大

领跑全国转基因猪研究

在华南农业大学与广东温氏食品集团联合建立的实验室里，科研团队正在从事一项革新物种的实验：利用前瞻性的转基因技术，培育三个突破性的猪品种：

华南农大与温氏集团联手攻关转基因猪研究，取得重大突破。目前克隆猪数量已经达到100头。

环保猪，显著提高饲料利用率，降低废物对环境的污染，磷排放有望减少50%以上，氮、碳排放有望减少10%以上；抗病猪，通过转基因技术把抗病基因转入猪体内，大大减少养殖业病害风险；功能猪，具备某些特定功能，比如将深海鱼油中对人体有益的不饱和脂肪酸转入猪体内。

"在白鼠等动物模型上的实验效果非常理想"，华南农业大学动物科学学院教授、农业部"环境友好型转基因猪新品种培育"重大专项负责人吴珍芳透露，环保猪的研发已经有了眉目。

作为"转基因生物新品种培育"重大专项的重要组成部分，国家级项目"环境友好型转基因猪新品种培育"已于去年启动，由华南农大牵头，中国农业大学、中国农业科学院等共同参与。华南农大是全国"转基因猪"研究的领跑者。

在与华南农大一墙之隔的广东省农科院，转基因技术同样炙手可热。该院畜牧研究所主持的重大专项"减排有机废弃物的转基因猪新品种培育"和以提高产仔数等繁殖性状指标为目标的专项都已经取得初步成效。

吴珍芳表示，对任何国家和地区，转基因技术的发展都将是巨大的挑战和机遇。一旦它被应用到现实生产中，就将在提高产量、改善品质、预防病虫害等方面起到令人惊叹的作用。转基因技术将成为生物农业发展的关键所在。

转基因那点事
争议要降温，投入应升温

生物农业本是个偏门冷门的技术，却因为转基因食品的争议，尴尬地展现在公众面前。一方面，公众确实存在着对生物技术理解上的盲点和误区；另一方面，科研工作者"低调务实"的姿态，也令其增加了神秘感。再加上一些组织和国外企业的有意炒作，转基因食品的争议愈炒愈热。"这不是好事!"一位主持转基因研究的中国科学家表示，对于转基因，争议应该降温，投入应该升温，需要警惕的是，国外种业公司对我国种业市场的侵蚀，中国生物农业领域"保种"形势不容乐观。

广东有足够的理由成为转基因技术的领跑者。吴珍芳认为广东的优势在于，技术和产业都很完备，水稻、生猪、肉鸡以及水果、花卉、蔬菜等种业都在全国占有一席之地。另外，广东有着雄厚的品种优势。

粤企行动

养猪场变身生物实验室

除了华南农大教授外，吴珍芳还有一个头衔：温氏食品集团研究院院长。对于即将到来的转基因革命，广东的农牧企业磨刀霍霍。

与常见的生物技术实验室不同，吴珍芳的实验室直接建到了温氏的养猪场里。“温氏每年销售480万头猪，哪里去找这样好的实验条件？”他笑着说，温氏集团每年还拿出数亿元科研经费，与大学和科研院所进行联合技术开发。

与内地农业大省相比，广东农牧企业与科研院所良好的互动关系一直是独特的优势。温氏集团与大学的合作就由来已久。从20世纪90年代起，每年拿出利润的10%给华南农大，科学家们常驻温氏，为企业解决科研难题。“最高峰的时候有13个教授同时在温氏，教授的科研和企业的结合越来越紧密!”

科研合作让温氏集团尝到了甜头。2008年，广东首例克隆猪诞生在温氏的农场里，在以往一家一户小农生产的时代，这种高科技成果无法想象。

广东温氏食品集团总裁温志芬透露，目前，克隆猪的数量已经达到100头。“一旦需要，克隆猪随时可以商业化!”他自信地表示，克隆猪已经成为温氏集团随时待命的秘密武器。

从2009年开始，温氏集团参与启动了转基因猪的重大研究专项，试验基地就设在温氏。“有些技术可能暂时用不到，但不能不做，否则人家一旦做出来你就有市场风险”，温志芬认为。

作为国家转基因重大专项的评审人之一，温志芬认为，与IT等产业相比，中国的生物产业与国际先进水平差距并不大，率先实现突破的可能性更大。比如疫苗研究，只用了短短一个月，中国就成为世界上第一个研制成功并推广甲流疫苗的国家。目前，温氏的兽用疫苗已得到国际认可，销往印尼、埃及、越南等国家，越南总理甚至邀请温氏前往当地开办疫苗工厂。

“自己研发的东西更切合企业发展的实际，也更容易实现配套”，温志芬认为，一流企业必须从事自主研发。

聚焦争议

公众“无知”，谁之过?

关于转基因技术风险的争论从来都没有停息，近年来公众对转基因食物的恐惧有增无减。

转基因食品能吃吗？是否会伤害自身以及下一代的健康？转基因作物安全吗？是否会出现不可控制的性状，是否会出现有关物种的衰退甚至灭绝？转基因品种可靠吗？是否会产生更大的耐药性，甚至出现物种变异?

对于从事转基因研究的科学家和企业而言，这些都是不得不面对的问题。尽管实验成果喜人，但吴珍芳坦言：“公众对转基因有担心，政府压力自然就大，技术商业化就需要很长时间!”

对于争议中的转基因技术，吴珍芳认为，与自然育种、杂交育种一样，基因育种的原理也是通过基因来选育新的动植物品种，区别在于，其速度和精确度远远超过前两者。

“目前世界上尚未发现转基因有害的任何直接证据，”吴珍芳澄清，之前的几个案例都是传言。

尽管一再澄清，但公众对转基因科技的恐惧并未减少，另一方面，科学家也在抱怨，公众对转基因科技还是多少显得“无知”。

网友数星星

转基因农作物在美国和欧洲的用途基本上是工业原料和动物饲料；在中国却是给人民吃的主粮和食用油。连非洲国家都拒绝购买邻国南非生产的转基因玉米。

——云南财大教授顾秀林

有控制和严格管理下的转基因植物和转基因粮食作物的研究可以在一定范围内进行。但坚决和强烈反对转基因食品的生产、进口和食用推广。

——南方报网网友“宋建国”

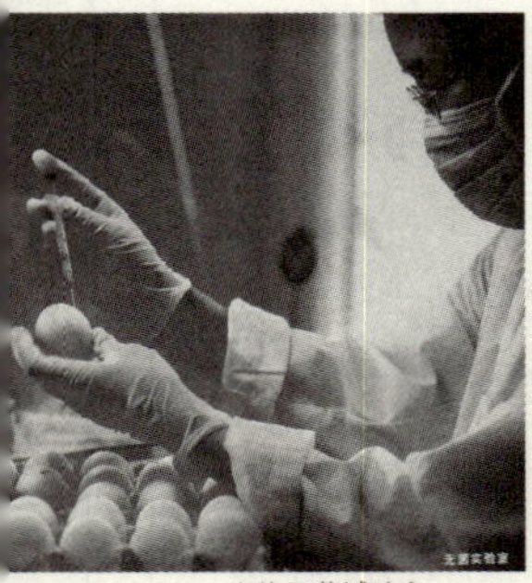

生物无菌试验室。

长春农科院科研者正在做转基因植物实验。（CFP供图）

海洋生物健康制品GMP中试平台。（符超军　摄）

专业研究领域的科学家应当承担起科普责任，但现实是很多科学家不愿抛头露面。吴珍芳无奈地说：“你一讲话，就肯定有人会反对你，让你没办法安心工作。”他建议，应当鼓励方舟子这样的科学家从事科普宣传。

吴珍芳的担心有着现实原因。“有关部门在决定是否批准商业化时，会考虑公众压力。”去年，华中农业大学张启发院士主持的转基因水稻项目就引起过轩然大波。

对于转基因遇到的尴尬，有关部门已经开始行动。2010年9月，由国家农业部组织南方几省份地县级农业主管部门负责人齐聚广东，主题正是培训如何进行转基因科普工作。

温志芬也表示，企业会根据市场接受的程度去推广转基因产品，希望相关的科普教育能够跟上技术和产业的发展速度。

在科学发展史上，任何新的技术发明都可能引起争议，而且往往时间很长。上世纪60、70年代，关于杂交水稻的争论持续了20多年。人们质疑杂交水稻是瞎搞：水稻一杂交，是不是把另外的品种就灭亡了？新品种是混的，产出来的大米能吃吗？当时的袁隆平同样倍感压力。

权威访谈

华南农业大学副校长陈志强：保种形势严峻

在生物技术迅猛发展的时代，起步快几年和慢几年，拉开的距离就是10年，20年。

南方日报：在未来的国家战略中，生物农业处于什么样的位置？

陈志强：在发改委确定的战略性新兴产业中，只有生物种业涉及农业。从2009年下半年开始，发改委已经开始对全国的生物种业进行布局，试图以生物新品种研发来带动整个产业链。与此同时，科技部、农业部启动的“国家重大科技专项”中，转基因重大专项总经费到2020年将达到200亿元。

国家已经意识到，目前中国生物种业正面临着国外挑战。中国80%以上的生物种业市场被几家英美公司控制，触角已经延伸到中国。这种危机在棉

陈志强

花、玉米、大豆和蔬菜上表现尤其明显。如果不能在技术和产业上全面提升，中国农业的龙头就将掌握在欧美公司手中，这又涉及到粮食和食品安全问题。

南方日报：在这个国家战略中，广东的地位和作用如何？

陈志强：遗憾的是，广东在参与国家重大科技专项等国家科研战略中，能够以主持人身份拿到的只有少数几个，例如华农的转基因猪项目。

实际上，广东把生物产业发展的重心更多地放在生物医药上，与长江流域和北方省份相比，对生物种业投入存在差距。现在大家是凭着个人或者单位力量去做，而不是整个广东的力量。

广东还没有在全国有影响力的、可以上市的种业公司，还没有一个全国经营的种业公司，但很多外省公司已经打入广东，在广东试种，甚至直接购买广东研发的新品种。

南方日报：在生物农业领域，广东应该做些什么？

陈志强：应该根据自身需要，形成大的研究团队和研究平台。科技怎么样才能发展？一是有领军人物和学术带头人，二是研究基础实力雄厚，有特色和优势。具备这两点，政府一推就上去了，只靠专家自己需要的时间很长。

现在引进好的生物农业人才很难，国内好的博士大部分都出国了，吸引力就在于自由，不用每天应付考核。国外一个科研项目可以持续多年，不像中国这样变化频繁。有些归国专家告诉我，没有那么多精力整天跑项目。

盘点家底

海洋生物编织　广东蓝色梦想

广东拥有丰厚的海洋家底：海岛、港湾、海洋生物和可再生能源

网友数星星

新一代的转基因作物能改变食物的营养成分，将会让消费者更切身地体会其好处。例如，转基因技术可提高稻米中铁元素的含量，以减少以大米为主食的人群当中常见的贫血症。

——打假斗士方舟子

转基因作物的开发与推广，除了作为食品本身的安全性，还受到其他许多复杂因素的影响，比如环境、政治、经济、伦理等等。但就食物来说，只要上市了，就没有什么不能吃的。

——南方报网网友“似水识途”

等海洋资源极为丰富；海洋生产总值连续15年位居全国首位；2010年6月，广东被国务院批准成为全国海洋综合开发试验区；最新出台的《国务院关于加快培育和发展战略性新兴产业的决定》中，海洋生物资源开发属于国家重点支持领域……

专家断言：广东已迎来海洋经济大发展的良机。企业家们惊叹：如此庞大的海域面积，哪怕只利用1%，也将带来惊人的经济效益。

记者在调研中发现，广东寻求“深蓝GDP”之路并不平坦。与海洋大省地位极不相称的尴尬现实是：广东共有3000多种海洋生物种类，去年全省海洋生产总值占全省GDP的17.4%，但这块大蛋糕中，海洋生物产业的产值偏低；广东是全国海洋生物研究“重镇”，但传统海洋产业仍处于粗放型发展阶段，结构性矛盾突出。

“广东省是海洋大省，却不是海洋强省。”中山大学副校长、科技部863计划海洋技术领域专家组负责人徐安龙教授说。

徐安龙建言，广东要利用海洋生物资源多、海洋生物研究院所多的优势，抓住海洋生物产业战略“两翼”做大做强海洋生物制药和育种。

在海洋生物活性物质中寻找抗病毒、抗肿瘤特效药，已成为国内外研究开发的方向，其产业发展已初具规模，而海洋经济生物的基因工程育种、染色体工程育种、DNA分子标志辅助育种等，也前景可期。

把脉产业

六大隐忧拖住粤　生物产业“出海”

1．企业偏小

与世界大型制药企业相比，我省海洋生物企业规模普遍偏小，与国际大公司差距甚大，尚未树立起成熟的企业形象和品牌形象。

2．人才短板

广东海洋科技力量仅处在全国11个省市中等水平，尤其是顶尖级人才数量与山东差距很大。

3．体制障碍

与国外相比，以企业为主体的创新体系尚未完全建立。海洋生物科技与经济结合不紧密等问题突出，科技体制有待改善。

4. 配套薄弱

目前广东省与海洋生物产业发展配套的支撑产业和服务业方面十分薄弱。海洋生物技术产业上、下游所需要的大部分仪器装置以及试剂都需要进口。

5. 政出多门

我省海洋生物产业的研发、生产、监管、进出口、人才培养等管理分散在发改委、科技、农业、教育、卫生等部门，导致政策不配套，产业链条、价值链条被分割，有限资源投入分散、效率不高。

6. 引资不足

在海洋生物技术产业化过程中，广东与国外大型生物企业的技术合作较为忽略，引导外资投向研究开发重视不够，外企在广东建立的研发机构也很少。

统筹　梅志清　徐　林

撰文　张胜波　雷　雨　林亚茗

调研感言

一位从事转基因技术研究的科学家向我坦诚：没有办法说服民众打消对转基因技术的顾虑，因为即使科学原理上百般说得通，但对于未来，谁都没有把握。

这是最好的技术，也是最可怕的技术。套用一句烂俗的话，可以这样形容转基因技术的两幅面孔。所以最好的办法肯定不是快刀斩乱麻，而是在妥协、协商之中寻求最稳妥的推进之路。在记者的职业上，我衷心希望科学家可以多说一些话，这是知识分子应有的担当。

——张胜波

4 高端装备制造产业

中航通飞点睛珠海航空拼图

低空机遇扑面而来
广东能否再造神话

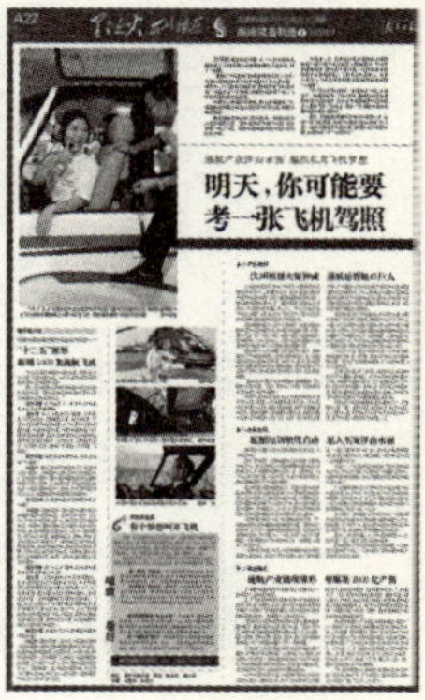
明天，你可能要
考一张飞机驾照

重点发展以干支线飞机和通用飞机为主的航空装备，做大做强航空产业。积极推进空间基础设施建设，促进卫星及其应用产业发展。依托客运专线和城市轨道交通等重点工程建设，大力发展轨道交通装备。面向海洋资源开发，大力发展海洋工程装备。强化基础配套能力，积极发展以数字化、柔性化及系统集成技术为核心的智能制造装备。

——《国务院关于加快培育和发展战略性新兴产业的决定》

开篇语

“工业之母”向天空突围

黑格尔曾告诫世人：“一个民族有一些关注天空的人，他们才有希望。”

1903年，美国人莱特兄弟制造出第一架可操纵载人动力飞机，翻开了人类和天空亲密接触的历史画卷。在仅仅不到6年之后，广东人冯如制造的“冯如1号”也成功试飞，中国航空史几乎和西方在同一时间起步。

但在此后航空业的百年风云中，中西方已不可同日而语。中国民用航空制造长期滞后，直至近年才重启大飞机战略。在刚刚结束的第八届珠海航展上，中国自主研制的大飞机C919、通用飞机“海鸥300”的亮相，再次引起全球瞩目。

历史至此出现续写的星火。

此番转变，也为中国和广东高端装备制造业的突围，打开了最重要的一条通道。

装备制造业被称为“工业之母”，是制造业的核心。在这个种类庞杂的“百草园”中，飞机制造是一朵最耀眼的花朵，被称为“工业之花”，是高新技术积聚的高端产业。

在国务院2010年提出的七个战略性新兴产业中，“以干支线飞机和通用飞机为主的航空装备”，被列为高端装备制造业的首个重点内容。在广东，2010年9月出台的现代产业体系建设总体规划中，“航空制造与服务”同样位列战略性新兴产业名下，凸显了广东高端装备制造向天空突围的战略选择。

广东是名副其实的装备制造业第一大省，年工业增加值占全省工业的三成以上，约占全国总量的1/6，多年居全国第一位。但广州机电行业协会副会长刘奕华教授却指出，广东装备制造业虽然规模很大，功能性却比较单一，特别是大装备、高端装备比较弱，其中航空制造更几乎是一纸空白。

近年来，国内天津、上海、成都等地已展开民用航空产业布局。2009年7月，中航通飞产业基地落户珠海，并于近日开始装备生产。广东抢到了中航重组后区域布局的最后一杯羹，也是最具发展潜力的一杯羹，并以此为核心展开全省航空业布局，进而推动从装备制造业大省向强省的“变脸”。

故事正是从这里开始……

产|业|拼|图

中航通飞点睛珠海航空拼图

11月中旬，两年一届的中国国际航空航天博览会再次在珠海上演。从1996年至今，珠海航展历经14年八届，已成为世界五大航展之一。对于2010年的珠海航展来说，最重要的无疑是告别了举办地“无飞机制造”的尴尬。

总部设在珠海的中航通飞公司，首次展示自主研制的“海鸥300”，它是国内首款具有自主知识产权的轻型多用途水陆两栖飞机。落户珠海两年后，中航通飞终在第八届珠海航展前开始飞机装配生产。

广东经济的观察家们松了一口气。广州社会科学院副院长朱名宏说：“珠海航展做了这么多年，终于往产业化方面迈进关键一步。”

从1995年珠海机场启用，到“敢为天下先”办珠海航展，从航空

延伸阅读

高端装备制造业是指现代制造业的高端领域，为国民经济各大行业提供先进技术设备的产业，是各项工业技术、信息技术及各类新兴技术的集成载体。首先是技术上高端，表现为知识、技术密集，体现多学科和多领域高、精、尖技术的集成，其次是处于价值链高端，具有高附加值特征，同时它也是产业链的核心部分。

亮相第八届珠海航展的国产大型客机海鸥300。

产业园的浮现，到“龙头”中航通飞落户，这场经历15年才完成的航空产业拼图，是一场珠海和航空业的初恋。

为什么会有这场初恋？为什么历经15年才结果？解剖这个故事，它展示的是一个处于陆地交通末梢的经济特区追求产业升级的波折曲线图。

筑巢引凤

珠海航展意在航空产业

构筑航空产业版图，珠海花了整整15年。起点是1990年代后期，珠海机场的兴建和珠海航展的开办，最终开创了一种通过航展建立沟通平台，再引入产业的模式。

“1995年，珠海建这个机场是超前的，也引起了很多的争议。但从现在来看，这个决策是正确的。”珠海航展公司总经理周乐伟介绍，当时为了做大珠海机场的影响力，珠海借鉴国外经验，费了九牛二虎之力开国内航展之先河。

“办航展最终的目的还是要推动珠海市的产业升级。”周乐伟认为，最关键的还是作为一个对外展示珠海的平台和窗口，引进航空企业来珠海落户

亮相第八届珠海航展的国产大型客机C919。

发展，最终起到推动产业升级的关键作用。

“珠海发展航空产业有区位、土地、环境等综合优势。”李彦林介绍说。实际上，珠海最被人称道的是有充足的土地资源储备。

李彦林介绍，珠海航空产业园划定了99平方公里的面积，有大量预留土地，可以实施有效规划，更容易吸引大型航空项目，并保证其长期发展。珠海航空产业园规划指出，目前珠海土地使用费用是香港的1/10，澳门的1/3，广州、深圳、上海机场的1/2。珠海拟规划用地也不存在搬迁等问题。

珠海航展开办几年后，珠海成功引进了摩天宇发动机维修公司、加拿大CAE的飞行员训练中心等核心航空企业，它们成为珠海航空产业版图的雏形。但由于没有飞机制造业的支撑，珠海航展也一路顶着压力前行。“外界一度盛传珠海航展要停办。”周乐伟说。

中航通飞的到来却出乎意料地顺利。2008年下半年周乐伟和珠海市领导第一次到北京见中航工业集团的高层，“半年之内就把事情全部定了下来，抓住了中航重组后区域布局的机遇。”当年，珠海航空产业园在航展上举行开园仪式。“当时省领导就说，珠海航展坚持了六届终于开花结果了。”

龙头落户

中航通飞完成关键拼图

如今，珠海发展航空产业的“龙头”已经登场。

在珠海金湾区，中航通飞已基本建成的产业基地和机场就一墙之隔。中航通飞总经理孟祥凯向记者介绍，中航通飞在珠海建设‘一总部（公司运营总部）、两中心（研发中心和销售中心）、三基地（总装试飞基地、交付及客服基地、通航营运基地）的战略布局，以珠海产业基地建设为契机、重点围绕通用飞机研发、制造、运营与服务，高起点、全产业链发展通用航空产业。

目前通飞公司在珠海的生产基地已经基本建成，能够满足飞机总装试飞的基本需要。航展前通飞公司总部已入驻珠海，珠海分公司将

延伸阅读

高端装备制造：“中国制造”欲华丽转身

2009年底，中国商务部在美国电视有线新闻网(CNN)投放了一个时长30秒的广告，推销史上最大商品——中国制造，在这个于亚美欧地区广泛播出的广告中，中国政府提出从中国制造到世界合作的理念。而其背后，“中国制造”变身“中国创造”的渴求亦呼之欲出。

时至今日，这一华丽转身的梦想正变得越来越触手可及。2010年10月18日，国务院正式发布《国务院关于加快培育和发展战略性新兴产业的决定》，代表中国制造金字塔顶端的高端装备制造产业被列为战略新兴产业，其范围主要涉及大飞机项目、卫星产业、海洋工程和轨道交通等重大成套装备领域。

——《21世纪经济报道》（2010年11月1日）

由中国航空工业集团公司自主研制、被誉为中国轻型直升机“未来之星”的国产AC311直升机2010年11月16日在珠海航展首次亮相。

完成厂房工艺布局，开始装配生产。

孟祥凯表示，多年来，我国的通用飞机产业仅仅是利用各家航空企业的富余能力来进行研制和生产，因此也形成了产业规模小、产业成熟度低的现状。而“重组后的中航工业集团将通用飞机产业的发展提到了战略层面。”中航通飞的目标是力争到2020年，成为“国内领先、世界一流”的通用航空产业解决方案提供商。

龙头企业的落户，让珠海现有的航空企业深感不再孤独。

“珠海航空产业发展就像一幅拼图。”在珠海保税区，摩天宇航空发动机维修公司总裁兼首席执行官霍格尔告诉记者。

摩天宇是南方航空和德国最大的航空发动机维修公司MTU组建的合资公司，2003年开始运营以来，以每年40%的业务量增长速度，至今已成为国内最大的航空发动机维修企业，占有1/3的市场份额，是珠海航空产业的另一龙头企业。

霍格尔认为，珠海航空产业拼图由中航通飞、摩天宇、珠海航展和航空产业园组成。摩天宇、珠海航展和中航通飞处于中心的位置。“这三块联手会吸引很多的航空供应商落户，带来很强的聚集效应，因此珠海航空产业接下来的发展肯定会提速。”

珠海市金湾区政府有关负责人介绍，目前他们正进一步加大通用航空及相关产业的招商引资力度。珠海航空产业园建设局工程师李彦林介绍，2009年中航通飞珠海产业基地奠基后，珠海市很快便制定了《珠海航空产业园发展规划》，2010年9月已获广东省经信委的批准。

调研感言

“我们不是传统意义上的国有企业，没有司机。”在深圳中集天达公司采访时，总经理郑祖华亲自开车带记者参观厂区，他说的这句话令人难以忘却。

作为一家有国有资本背景的上市公司，正是市场化导向的灵活管理机制激活了创造力，使其在全球航空关联制造业中生存下来并实现领先。

发展战略性新兴产业，秉持一种深入骨髓的市场意识，显然是最重要的。

——陈志杰

产业起飞

收购整合杀出一条捷径

历史经验显示，民用航空产业的发展，一个是要靠市场培育，一个是靠技术自主创新。

按照既定计划，中航通飞将整合国内和国际优质资源，加快融入世界航空产业链。通飞公司成立之初，就提出了“边发展，边整合，边并购”的思路，目前已经整合了双阳、冀华、荆门、北京空际4家国内通航公司，并明确通过并购海外公司来获得国外先进技术和市场的想法。

2010年早些时候，通飞公司还收购了美国一家著名的实验类飞机制造商，该公司在工装设计和部件制造方面拥有独特的技术。此次收购还包括公司旗下4款复材通用飞机：其中两款是超轻型喷气公务机，两款为涡桨飞机。

孟祥凯介绍，通飞公司在现有四类产品的基础上，将通过消化、吸收、集成、再创新，研制出具有自主知识产权的国产公务机。研发工作将于明年年初启动，明年下半年投入生产，争取2012年年底实现适航取证。

通过此次并购，通飞在金属结构为主的飞机基础上增加了全复合材料飞机，并且直接从活塞和涡桨飞机跨入喷气式飞机行列，从原来的国内市场为主直接跨入世界通用飞机市场，实现了技术和市场上的新跨越，扩大了现有产品的市场基础。

“引进、消化、再创新的模式不能丢。”朱名宏认为，如果再创新的环节抓不好，高端装备制造业就会总差一点火候。所以“要非常注重再创新的环节。就好像鸡都杀了，最后调味品没有，所以效果不行。”

“在飞机制造上，只为国际巨头做代工，不仅难以吸收先进技术，经营成本也是惊人的，收购整合反而是一条捷径。”民航中南局通用航空处处长冯红升，也看好中航通飞的思路。

外眼看天

珠海摩天宇航空发动机维修公司总裁霍格尔：“发展航空产业要有耐心”

霍格尔，一个说话缓慢而条理清晰的德国人，他从MTU总部发展资深副总裁任上来到中国，足显国际巨头对中国方兴未艾的航空产业市场的倚重。

南方日报：你对中国发展航空产业怎么看？

霍格尔：中国商用航空飞机目前以空客和波音飞机比较多，比例超过90%。这些飞机的发动机大部分来自罗罗、普惠和GE。像中航制造的ARJ21飞机，用的就是GE的发动机。航空发动机是飞机制造里最复杂的部分，将发动机和整架飞机整合起来也是复杂的工程。

中国的发展思路是从飞机制造本身开始，先用国外的发动机，同时对这两者的整合进行研究，然后再研发制造自己的发动机，之后飞机整体制造和自己研发的发动机就能更好地融为一体。这是一个高明的策略，中国制造飞机的这些举措都在有条不紊地开展。

中国制造的C919，以后就会用中国自己制造的发动机，目前正在研发。

南方日报：你认为中国企业怎样才能尽快掌握制造飞机的核心技术？

霍格尔：像GE、罗罗和MTU，在研制航空发动机方面都有百年的历史，所以发展航空产业要有耐心。飞机对安全要求很高，如果快速研发和发展而忽视质量，就会带来质量风险。现在中国航空业发展寻求速度，同时很好地平衡了风险，所以我认为它是一个明智的过程。

南方日报：政府对航空产业需要出台哪些政策支持和引导？

霍格尔：首先是将市场的需求带动起来。从经济学的角度说，只要市场需求存在，并大幅度增长，其他问题就都不成问题，生产商就会进入这个有活力的市场。

最重要的是保持一个开放性的市场。中国现在可以跟西方国家多合作，特别是技术方面。另外一方面可以把环境变得更有吸引力，现在经济发展快速，遇到能源需求的瓶颈，希望中国政府加大力度解决这些问题，才能更好发展经济和航空产业。

记者观察

广东航空弱中蕴强

“广东航空业底子基本上趋于零。”调研中，这是记者听到的对广东航空产业的严厉评论。但这种“弱”实际上蕴藏着另一种“强”。

位于深圳蛇口的中集天达空港设备公司是一家航空关联制造“龙头”。中集天达从1989年开始生产登机桥，目前国内市场占有率90%以上，全球登机桥行业综合实力第一位，产品打入法国戴高乐机场。

中集天达的成功，直接印证了广东航空关联制造业的硬实力。据总经理郑祖华介绍，以前国内机场在采购登机桥时，偏好甚至指定只要外国货。为改变这种观念，中集天达不得不在公司附近的空地上，摆上一架登机桥实物营销。初期中集天达也曾和外企合作利用他人技术，最终财技两空，由此坚定自主创新的发展路线，并以高端产品打

亮相第八届珠海航展的天翼-1型无人机。

进发达国家市场。

郑祖华认为最重要的是，作为一家上市公司，中集天达有灵活的经营体制，而“深圳最大的优势是市场导向”。

如果将中集天达和珠海多年来孜孜以求发展航空产业的路径相联系，可以得出“广东航空产业的火种埋藏于经济特区”的结论。特区天生的改革胆识、市场导向和企业的创新冲动，以及这三者的良性互动，是培育这个火种的内核。

有学者研究，中国飞机制造史上赫赫有名的“运10”大飞机，最终未能成功的原因之一是对飞机市场需求考虑不足。现在新兴的航空产业园，更需要跳出旧有的思维定势和发展体制，真正以市场为导向，重视大布局也重视民营企业等市场活跃分子的接入。而这正是广东的强处所在。

统筹　刘健东

撰文　陈志杰　郭小戈　蔡　伟

低|空|换|挡

低空机遇扑面而来　广东能否再造神话

11月14日，国务院与中央军委一纸《关于深化我国低空空域管理改革的意见》（简称《意见》），搅热了国内甚至全球航空市场。两天后的珠海航展上，通用航空产业的发展，成为大飞机之外最热门的话题。

“《意见》有望打开世界上最大的尚未开发的商务及其他私人航空市场。”英国《金融时报》预测，未来30年，中国将成为继美国之后，全球最大的航空运输、通用航空、商务及私人飞机市场。

在民用航空中，除了公共航空运输飞行以外的航空活动，都可以称为通用航空，广泛应用于航空作业、抢险救灾、公私务旅行等领域。

“一旦实施空域开放，国内通用飞机的需求量可能会快速增长。通用航空产业发展热潮即将到来。”中航通飞公司总经理孟祥凯说。

随着未来低空空域的进一步放开，限制通用航空产业发展多年的重要瓶颈将会逐步消除。通用航空产业的发展速度在未来若干年，将从“低速挡”直接切换至“高速挡”。

对于广东来说，“低空机遇”将带来一个悬念，那就是航空产业能否复制当年的“汽车神话”？

专家观点

整个通用航空产业的发展能把我国GDP提高5到8个百分点。

——民航局对通用航空产业的预测

通用航空要发展，开放天空是第一步。

——广州民航职业技术学院副教授何艳斌

一个产业的发展，不能只是引进一个龙头企业就了事。

——广州市社会科学院副院长朱名宏

低空机遇

空域管制破冰　打开万亿市场容量

“从站在国家经济发展的高度，开放低空空域就是开放了中国一个产业。”去年10月份召开的低空空域管理改革讨论会后，民航局迅速提出加快通用航空发展的十五条具体措施。

此次国务院和中央军委的《意见》中，最值得关注的是提出了一张清晰的改革时间表。其中2011年前在长春、广州两地试点；2015年前全国将推广改革试点，在北京、兰州、济南、南京、成都飞行管制区分类划设低空空域；2020年前达到充分开发和有效利用低空空域资源的总体目标。

航空业内人士向记者表示，此次政策开放的原则上是1000米以下空域，力度不算很大。但这道“口子”的切开，已让业内人士更清晰地看到通用航空产业的曙光。

民航局预计，“整个通用航空产业的发展能把我国GDP提高5到8个百分点。”如果按2009年中国GDP计算，提高5个百分点将是16768亿元。另一个被广泛引用的预测是，2012年，我国通用航空及其带动的产业将形成1万亿元人民币以上的市场容量。

记者从珠海航空产业园方面了解到，2015年珠海航空产业基地飞机组装和维修总产值将达100亿元，通用航空运营达20亿元，航空制造达150亿元。到2020年和2025年，包括飞机总装维修、通用航空运营、航空制造、航空货运和物流、航空教育培训等在内的总产值，将分别达到950亿元和1400亿元。

有数据显示，1978年，美国放松对航空运输的管制，生产量一下就达到

在珠海航展上，通用航空产业发展成为最热门的话题之一。业内人士预测，空域管制破冰将启动广东航空业起飞的引擎。

了峰值，各型通用航空飞机交付量当年达到17811架。这也预示着我国“低空机遇”的潜力。

通用航空解套　增加数万飞机需求

“通用航空发展，开放天空是第一步。空域不开放，通用航空产业就只是在小缝隙里求生存，如玻璃瓶里的蜜蜂，看着外面的世界无限精彩，只是无法飞出去。”广州民航职业技术学院研究通用航空的副教授何艳斌，形象地指出了限制通航发展的首要原因。“甚至可以说，改革开放30年，发展最慢的就是通用航空产业。”

目前，我国航空管理体系分为民航系统与军航系统。民航系统的航路由民航管理指挥，航路外则由空军管理。并且，国内对民用飞行都采用统一无差别化管理，按照《通用航空飞行管制条例》规定，所有飞行都必须提前申请，经过批准后才可飞行。其中，划设临时飞行空域的申请，要提前7个工作日向有关飞行管制部门提出；飞行计划申请要在拟飞行前1天提出。

“这些规定，让通航飞行陷入了一种困境，飞还是不飞？”何艳斌说，通航飞行的任务多样，对时间要求相对要灵活，计划性没有运输航空那么精细。而这些，直接限制着通用航空整条产业链的发展。

据了解，截至2009年底，我国通用航空机队在册总数为907架，占全国航空器38%，每百万人拥有0.5架。同期美国，拥有23.1万架通航飞机，占总航空器的90%，为我国255倍，每百万人拥有734架。

“随着改革开放三十年来经济的发展，预计到‘十二五’末期，我国通用飞机的需求量将近万架，约占全球总需求量的10%以上，一旦实施空域开放，这种需求可能会快速增长。”中航通飞公司总经理孟祥凯介绍说，未来数十年，我国通用飞机保有量将上升到5万—10万架，每年潜在的市场规模将超过5000架。

孟祥凯现在已能掌握中航通飞新研发的“蛟龙600”等飞机型号的市场前景。“根据市场调研，‘蛟龙600’在国内近期需求量在20架左右，未来15年，国内市场的需求量可达60架。”

网友数星星

从广东的基础来看，发展航空产业似乎没有什么优势，但广东拥有一个制胜的法宝——市场。在这一点上，没有优势的广东其实拥有最大的优势，市场可以让广东航空产业从无到有，从弱到强。就如文章中的霍格尔看法一样：“最重要的是保持一个开放性的市场”。

——南方报网网友“飞天族”

差异布局

广东白手起家　瞄准高端通用飞机

面对通航飞机市场这只巨无霸的蠢蠢欲动，广东准备好了吗?

航空产业作为战略性新兴产业，近年来已经引发各地争先布局，天津、上海、沈阳、成都、西安、江西等地都大力扶持航空产业。其中，天津临空产业区以大型民机生产为核心，主打A320总装；上海依托中国商飞，以大飞机的研制和支线飞机生产为主；而沈阳将打造民用航空产业基地，把一航沈飞现有的ARJ21支线飞机和民机转包业务全部注入。

在原以军事航空为主布局中国航空制造业中，广东几乎是一张白纸。记者了解到，作为后来者，广东已在相关规划中，明确将航空产业发展核心锁定为通用航空制造产业，主要依托是珠海以中航通飞为“龙头”的航空产业园。

“珠海的定位与国内其他产业园存在差异。我们主要发展三大支柱，包括通用飞机的总部基地、配套与服务产业以及维修产业。”珠海航空产业园工程师李彦林介绍，珠海航空产业园的飞机总装项目以通用飞机为主，逐渐延伸至公务机的制造，寻求差异化发展，实现在国内通用飞机、公务机制造，并避免和国际较大型飞机制造企业直接竞争。

即便在通用飞机的小分支中，广东也跟其他地区有明显的差异。

据孟祥凯介绍，中航通飞在珠海、贵州、石家庄、荆门、深圳五大核心基地中，珠海基地主要负责高端通用飞机的部装和总装，包括公务机和水上飞机。有别于石家庄基地的农林飞机、运动类飞机的部装、总装；贵州的航空及汽车零部件生产；荆门的浮空器制造基地以及深圳的航空和非航空特种材料的研发基地。

“各地的航空产业园五花八门，大多数是在原有的基础上制定新规划。”珠海航展总经理周乐伟告诉记者，广东航空产业发展虽晚，但立足通用飞机总部基地，“分到了中航区域布局的最后一杯羹，也是最有发展潜力的一杯羹”。

十多年前，广东汽车工业在一片废墟上和质疑声中起步，最终改变国内“北重南轻”的产业格局。如果航空业能够再次“白手起家”，广东高端装备制造业弱项将为之彻底改观。相比汽车，航空制造是更高端化的战略性新兴产业。外界普遍预测，只要市场发展起来，通用航空业的拉动力将超过汽车工业。

在孟祥凯看来，广东发展航空产业拥有经济优势、政策优势和体制优势，和中航工业的技术优势、管理优势和人才优势融合起来，将能够使中航通飞在我国这一轮通用航空产业发展中成为推动者和引领者。

产业瓶颈

没有人才 神马都是浮云

“现在最大的发展瓶颈是人才。”珠海摩天宇航空发动机维修公司总裁兼首席执行官霍格尔表示，摩天宇现在正遭遇快速发展中的本土化人才缺乏难题。

摩天宇每年投入5%到10%的工作时间来进行人员培训，并与国内航空方面的大学合作，为企业培养工程师。霍格尔认为，现在让政府建立专门的培训学校并不是很现实，关键是要制定一些制度，要求企业都必须建立良好的培训系统。

中航通飞一位工程师介绍，中航通飞落户珠海之后主要是从中航总部调用人才，从广东本地招聘的极少。目前，广东并没有一个专门的航空类学校，只在广州有一个民航技术学院。他认为，广东应培养航空制造业发展的技术基础工人，可以把原有的民航学院转变扩大为航空大学。

广州市社会科学院副院长朱名宏认为，随着航空产业发展，人才的本土化将是一个趋势。“航空产业的人才储备，与汽车产业类似。广东刚刚发展汽车产业之时，同样缺乏相应的技术人才。但现在，很多主要的技术人员都是华南理工大学培养出来。”朱名宏说，航空产业的人才储备，广东一定要着眼自己的培育。一些紧缺技术人员，可以走人才引进和技术合作这条路。

有关数据显示，我国通用航空从业职工有8000多人，技术人员本科学历只占5.3%、专科学历占14.6%、中专（含高中）学历占35%，其

网友数星星

高技术新眼光，广东的未来可谓是一片大好，虽然路途遥远，困难重重，只要坚持新想法，最终得出：高技术+新政策+全民支持=广东美好未来。

——南方报网网友“新疆小姑娘”

广东航空产业如一张白纸，基础薄弱，走上了一条先“航展”后“产业”之路。如今，在中航通飞龙头带领下，产业集群效应初显，又促进了航展规模的壮大，相关产业形成了良性互动。

——南方报网网友“小二哥”

航空产业的核心还是大飞机，你看空客A380，那是什么样的气魄!广东航空要想真正走上高端，还是要进军大飞机的核心领域，小打小闹没有大前途。

——南方报网网友“天涯在哪”

他均是高中以下学历。“通用航空专业技术人员培养、引进渠道有限，流失严重，已严重影响和制约了通用航空发展。”民航中南局通用航空处处长冯红升说。

政策缺位　民企难以介入

朱名宏还关注到，前景美好的航空产业，目前仍需政策的支持。“从宏观层面来说，战略性新兴产业还缺乏一个总体的规划。一个产业的发展，不能只是引进一个龙头企业就了事。”

对于政策引导的缺位，深圳中集天达空港设备公司总经理郑祖华更是深有感受。

全球登机桥行业综合实力第一位的中集天达一直希望申请中国名牌，却吃了闭门羹。“直接的原因便是相关管理部门没有制定一个产业的政策。”

在广州机电行业协会副会长刘奕华看来，另一个至关重要的问题是：“龙头企业落户之后，如何将原有的制造业基础切入进去。”他认为，“与其他一些省份相比，广东还缺少灵活的政策。”

刘奕华还认为，广东一直以来有重视民营企业发展的传统，对国企、合资企业和民企做到一视同仁。支持企业的多元化，引导民企参与进来，这对推动战略性新兴产业发展至关重要。“不少民企的发展眼光是长线的，他们的胸怀越来越广”。

孟祥凯告诉记者，通用航空是一个开放的、市场化的产业，门槛相对较低，外资和民营资本完全可以介入，因此通航产业的市场竞争也必定是千帆竞发、百舸争流的态势。

记者观察

做航空要有做汽车的气魄

从一张白纸，逐渐被描绘成一张秀丽的风景图，如此形容广东的航空产业，一点也不为过。或许，广东要发展航空产业，很多人会持质疑的态度，一直擅长传统精细制造的广东，没有任何飞机制造基础，怎么能说发展便发展?

将时间回推10多年，长期关注装备制造业的人士或许知道，广东提出发展汽车产业之时，亦受到了外界的质疑。反对的理由同样是，广东并没有生产汽车的工业基础，为何要提出一个没有发展优势的项目。可如今，依托广东强大的市场号召，广东汽车产业集中了丰田、本田、日产、大众、PSA，以及广汽乘用车、比亚迪等企业，成为了国内汽车工业重要的一极。

从这一个角度看，今天广东提出要发展航空产业，与当年汽车产业发展的情况何其相似。

目前，广东对航空产业有了清晰的定位，将以发展通用飞机为主，逐渐延伸至公务机的制造，寻求差异化发展，实现在国内通用飞机、公务机制造方面占领先机。这将有区别于国内其它地区的航空产业，一定程度上避开了国外同行的竞争。

更重要的是，清晰定位的背后，是以未来巨大的市场作为支撑。广东，作为改革开放后国内经济最为活跃区域，紧挨港澳，可以辐射整个东南亚。从未来通用飞机市场来看，具有先天的优势，前景十分广阔。

“低空机遇”正扑面而来!要抢抓机遇，广东当前须加快制定与市场未来相适应的产业政策和人才政策，以当年做汽车的决心和气魄，向世人展示未来航空产业发展一幅可触、可摸的蓝图!

统筹　刘健东
撰文　郭小戈　陈志杰　蔡　伟
摄影　吴伟洪

调研感言

多日实地调研，探访专家，看到广东航空产业从一穷二白，到如今的规模初具，深深被这片热土的激情所折服，或套用网友的话最为贴切：“广东真敢创！”正是抓住全球产业转移的机遇，适逢国家开放低空空域，凭着清晰的产业定位，用“敢为天下先”的精神，克服一个一个困难，广东硬生生走出一条属于自己的航空路。可以说，这与广东当年发展汽车情况十分类似，一穷二白，重重困难，但前景十分光明。

——郭小戈

飞|的|时|代

明天，你可能要考一张飞机驾照

刘伯权最近声名远播。在一个并非夜黑风高的晚上，这位东莞企业家驾驶着私人直升机，抓了一回贼。

“富豪开飞机抓贼”的故事很快在网上传开。刘伯权因此获得了政府颁发的“见义勇为奖”。事件中，人们最感兴趣的是“居然开着飞机去抓贼”。而这从一个侧面，戏剧性地展现了私人飞机在现实生活中的应用。

如果这个故事还不够炫，那么曾被媒体广泛报道的杭州萧山机场上空的不明飞行物，则更为吸引眼球。

事后相关专家分析，那应该是一架经过的通用飞机。“现在发现的不明飞行物，其实都是一些小飞机。”民航中南局通用航空处处长冯红升介绍。

未来某一天，如果你站在自家阳台上突然看到一架小型飞机从楼顶上呼啸而过，千万不要感到惊奇，因为这可能只是一位厌倦塞车生活的企业家驾

东莞刘伯权与他的私人飞机。

着私人飞机赶去会见客人，或者只是私人飞机爱好者想要近距离俯视美丽的“小蛮腰”。

“80万元就可以购买一款低端小飞机，仅相当于一辆高端轿车。”冯红升说，随着经济的发展和低空空域的放开，未来会有越来越多的公司和个人拥有飞机。“实际上，现在广东通航市场增长最快的就是私照培训。”

明天，可能你就要像昨天考汽车驾照一样，去考一张飞机驾照，你的“自驾游”也会换成“自飞游”。这并不是遥不可及的梦。通用航空产业的觉醒，必将带来一个“飞的时代”。

产业神经

汶川救援大显神威　通航运营缺口巨大

让画面切回到2008年汶川大地震那些不堪回首的日子。地震发生后，民航局意识到使用直升机等通用飞机才能够连接机场和灾区，输送救灾物资和人员。“接到民航局紧急征调通知，我们连夜部署，第二天一早中信海洋直升机公司的飞机就出发飞往四川。”时任民航深圳监管局副局长的冯红升回忆说。

统计数据显示，汶川大地震中，民航国家通航单位共出动直升机35架，固定翼飞机3架，累计作业飞行514小时，1006架次，运送物资设备835吨，人员3270人。在那场生死救援中，这些通用飞机发挥了不可替代的关键作用。

航空业内人士透露，汶川直升机救灾，直接促动了中央高层决心发展通用航空产业，加强通用航空应急体系建设。2009年12月，民航局印发加快通用航空发展的通知，提出对航空作业给予补贴、放宽通航市场准入等十五条具体措施。

“亚运会开幕式总导演就坐着穗联的飞机察看全场效果。”冯红升表示，目前广东的通用航空运营已初具规模。

深圳中信海洋直升机公司和南航珠海直升机公司，是海上石油服务龙头企业，中信海直占有国内六成多的市场份额，每年利润超过1

网友数星星

看好

在我看来，通用航空应该是一个开放的、市场化的产业，而且门槛相对较低，特别是在刚刚落幕的第八届珠海航展上也出现了不少走“亲民”路线的私人飞机，价格极具竞争力。

——南方报网网友“东山少爷”

通用航空产业的发展不能想当然在短时间内奏效，不过，一旦通用航空产业发展起来，那么，它或许能起到“四两拨千斤”的作用。

——奥一网网友“阿年”

亿元，是国内最大的通航运营企业。深圳亚联公务机公司经营公务飞行、包机飞行和航空器代管。广州穗联公司则主要开展直升机私照培训和航空器代管。中山雄鹰公司兼营私照培训、航拍和空中巡查等业务。最近，中航通飞也将旗下的贵州双阳公司整合到珠海，配套飞机制造展开通航运营服务。

通用航空在广东的航拍、护林防火等方面存在着广泛的市场需求。据省林业厅有关人士介绍，该厅近期刚引进1架K-32直升机和1架M-26直升机，分别进驻清远和梅州森林航空消防基地，开展航空灭火、火场侦察、火场急救、空投空运等工作。2010年亚运会期间和秋冬森林防火紧要时期，两架直升机计划飞行232小时。

冯红升介绍，截至2009年底，中南6省在册的通航飞机有170架，共有20家公司开展通航运营，“其中广东和湖北最多，广东有66架，3/4为直升机。”

记者从民航局了解到，2006年以来通用航空作业量快速增长，年平均增长速度超过12%。2009年通用航空飞行总量近35万小时，同比年增长超过15%，首次实现了通用航空飞行总量增长速度超过航空运输。2009年全年新引进通用飞机数量超过150架。

但通用飞机的数量还远远满足不了市场需求。据了解，2009年仅航空护林、电力作业、人工降水、直升机港口引航等作业项目的飞机、直升机缺口便达到170架以上。

未来市场

私照培训悄然启动　私人买家浮出水面

通用航空最大的应用前景注定是在私人飞机市场。

冯红升坦言，以前通航给人的印象主要是农林作业、航空摄影、环境监测等传统领域，但随着这几年私照培训的兴起，个人滑翔机、动力伞、热气球、私人直升机、公务机等通用航空器也逐渐得到了市场的青睐。

来自民航局的数据显示，目前中国非经营性通用航空活动的单位和个人数量同通用航空企业相差极大。截至2009年底，中南地区登记注册的单位和个人仅有5家。而在通用航空发达国家，开展私用、自用飞行的非经营性通用

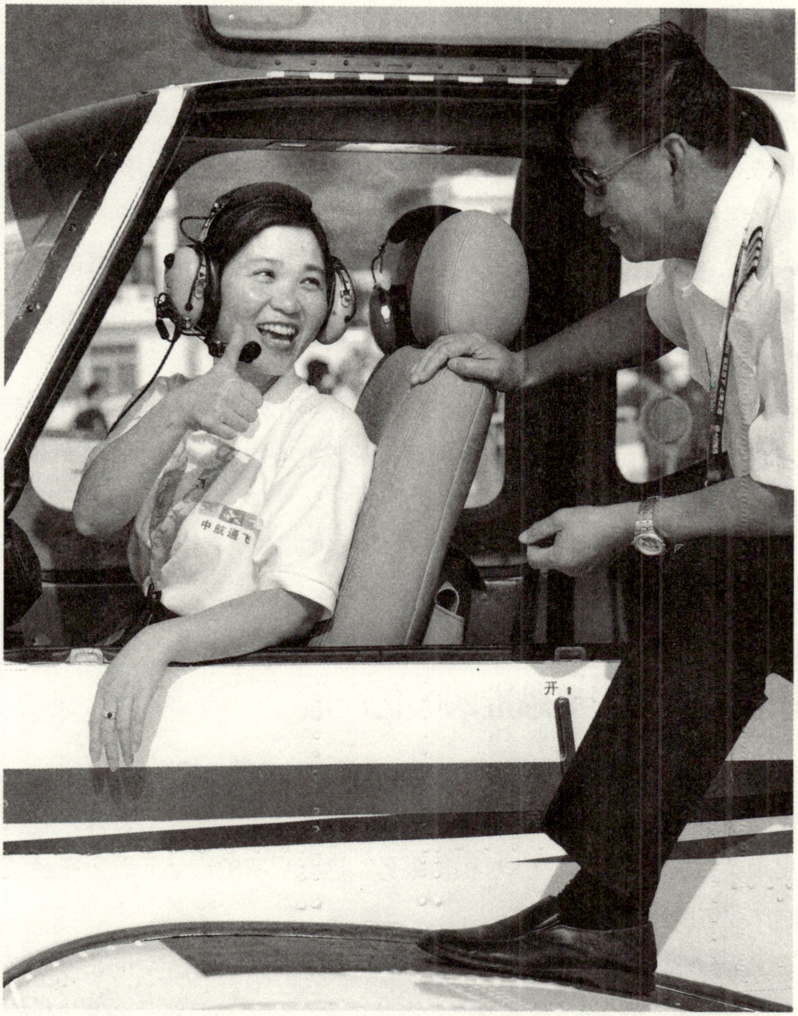

2010年11月17日，广东佛山的女企业家苏丽华(左)起飞前与飞行教官交流。珠海航展期间10名飞行爱好者相继登上小鹰-500型飞机，体验驾乘通用飞机的飞行乐趣。

航空单位数量远高于通用航空企业数量。

“在美国，拥有一张飞机驾驶证很寻常。”广州民航技术学院副教授何艳斌介绍，“国外的大型客机飞行员一般都有通航的经验。他们在考取驾驶证后，先开私人小飞机，达到一定飞行里程后，才有驾驶大飞机的资格。这一定程度上提高了航空安全。”

“在航空领域，私人飞机驾照的培训其实是最为基础的，类似于汽车驾照中的C牌驾驶证，一般只需要50-60个小时的必备课程培训，就可以拿到私人飞机驾照。”深圳航空公司一位驾驶员介绍。

网友数星星

拍砖

开飞机的梦还很远吧，现在坐飞机的价格都那么贵，还有不断跳动的燃油附加费、机场建设费，算了，还是踏踏实实在地面上走吧。

——奥一网友“周生生”

真的有一天满天都是飞机，会不会造成新一轮的环境污染，汽车尾气已经不得了了，飞机的污染也不会小吧，希望那些鼓吹产业革命的业内人士，冷静地想想我们生存的环境吧。

——新浪网友“利走运”

实际上，广东私照培训市场已悄然启动。冯红升告诉记者，“目前在广东通航市场中，私照培训增长最快，各公司都在抢私照培训的市场份额。”

广州穗联通航公司2008年开始开展飞机私照培训，到2010年9月已有67个学员成功取得私照，目前还有20多个学员在参加培训。加上中山雄鹰公司的私照培训，每年省内获得飞机私照的人数在100人左右。

业内预计，随着低空空域开放，飞机私照培训市场必定迎来发展热潮。据珠海航空产业园规划，到2015年，航空教育培训将形成40亿元的产值，到2020年将增加至85亿元。

更令人关注的是，在2010年珠海航展上，已经出现了私人通用飞机买家的身影。珠海航展公司总经理周乐伟透露，一旦低空空域逐步开放，一大批通用飞机的潜在私人买家将会浮出水面。

商业模式

通航产业链现雏形粤瞄准2000亿产值

日益膨胀的通航市场需求已经震动了一条潜在产业链的神经。

买了飞机到哪里托管和保养？有驾照但没钱买飞机又手痒怎么办？有没有可能出现类似于租车公司的飞机租赁服务？这些现实的市场问题正在挠动一条通航产业链的形成。

“在国外已成熟的FBO（固定基地运营商）模式，最近两年也在国内兴起。”冯红升介绍，FBO把分散的通航服务集中到一个公司，统一经营飞机托管、维修、清洁、航行计划安排等服务。“开飞机就会像开汽车一样便捷。”

中航通飞总经理孟祥凯将这种商业模式概括为“服务拉动制造”。中航通飞计划用10年的时间成为一家能够提供通用飞机产品及全方位增值服务的制造商、运营商与服务商，成为通用航空产业的解决方案提供商。

在产业链延伸方面，中航通飞的目标是形成研发制造、通航运营、客户支持和服务保障的全产业链发展模式，包括零部件生产、总装交付、飞行员培训、航空俱乐部、通航作业、商业航空、FBO、商务会所、维修、租赁等多种业务；在能力链延伸上，通飞公司将形成制造、运营—创新研发—维修、FBO、租赁等通航产业全价值链的商业模式。

将这种构建全产业链、集群的模式推而广之，则是广东对航空业的整体布局。据业内权威人士透露，规划期为2010年至2025年的《广东省航空产业发展规划》现已形成意见稿。根据规划，广东将以通用航空制造产业为核心，以珠海、广州、深圳为发展重点，同时涉及佛山、东莞、惠州、阳江等12个主要工业城市，在未来15年内，构建一个珠、穗、深三位一体，辐射全省的航空产业集群。

"各地将根据自身特点发展航空相关产业。预计到2025年，广东航空产业将形成2000亿元的总产值。"上述人士表示。

权威访谈

民航中南局通用航空处处长冯红升：“十二五”规划新增1000架通航飞机

为适应国内通航市场的发展，民航局去年恢复了通用航空处，2010年又在各地区管理局单独设立通用航空处。

新上任的民航中南管理局通用航空处处长冯红升说，"我现在虽然还是光杆司令，但对通航的发展充满信心。"

南方日报：如果我买了一架飞机，到通航处来登记会很麻烦吗？

冯红升：私人飞机登记门槛低，只要具备飞机适航证、国籍登记证、电台执照，并且有依法取得执照的航空人员和相关的保障设施，

杭州私人飞机4S店内一架待售的滑翔机。

调研感言

供职于南方报业已经接近5年，作为冲在一线的记者，自己平时更多的还是主要将精力放在"跑线"，很难有机会能够正儿八经地来参与"战略性新兴产业大调研"这类大型策划专题报道的采访写作。

不过，两个多月的实地调研采访写作着实让自己受益颇丰，也为自己的记者职业生涯添多了一道亮丽的风景线。

采访过程中，自己感受最为深刻的莫过于每次采访都会"吓到"采访对象，由于部门高度重视，特地抽调了三位骨干，结果，每次一见到采访对象，对方第一句话便是：我原以为你们记者都是单枪匹马作战，这次居然一下子来了三个！汗！

——蔡伟

很快就能办理。如果是超轻型飞行器就更加简单。民航局要求简化非经营性通用航空登记程序，支持社会力量购买私用、自用航空器，确保“买得起、用得起、飞得起”。

南方日报：低空空域逐步开放，是不是就能“飞得起”？

冯红升：低空空域开放的步伐不会迈得太快，需要一个渐进的过程。目前东北地区比广东推进得更快。现在的问题是使用空域的审批环节比较多，不仅涉及多个单位而且涉及各个单位里面的多个层级。另外使用空域成本也大，起降服务和航路费用比较高。

南方日报：发展通用航空还要解决哪些问题？

冯红升：问题很多。现在国内通用机场和临时起降点很缺乏，全国只有200个左右，中南6省仅有28个。通用航空机场的建设、管理长期沿用航空运输机场的审定标准，建设周期长且资金投入巨大。通用航空飞机进口关税、增值税达到23%，导致企业运营成本居高不下。通用航空油料供应渠道有限，设备设施欠缺，油料供应没有保障。另外现有通用航空法规、规章长期沿用航空运输的原则、标准，不符合通用航空发展的需要。

南方日报：在“十二五”期间，民航局对通用航空有哪些重点计划？

冯红升：以往民航的五年发展规划中，涉及通用航空的只是寥寥几句，2010年民航局已明确要制定通用航空发展的“十二五”专项规划。航空服务站及FBO建设、通用航空补贴、发展通勤航空、降低市场准入门槛、低空空域运行管理和服务保障体系建设等都列为重点内容。整个“十二五”规划新增1000架通航飞机。现在正在制定通航机场建设标准，要和国际对接，此后起降场建设才能加快和规范。

南方日报：在低空飞行中有哪些问题要引起注意？

冯红升：现在出现一些私人飞机违法违规飞行的现象，有些已影响到民航的正常运行，甚至威胁国家的国土空防安全。去年以来，民航会同部队、公安等部门，查处了6起通航违法违规飞行事件。2010年上半年，国内通用航空发生了飞行事故1起，事故征候5起，不安全飞行事件27起，死亡1人。航空迷一定要遵章守法，充分重视飞行安全。

统筹　刘健东　陈志杰

撰文　蔡　伟　陈志杰　郭小戈

5 新能源产业

新能源赛阳江抢跑
刀剪之都华丽蝶变

粤新能源马力十足
携制造力强势挺进

新能源不能再走低端路

积极研发新一代核能技术和先进反应堆，发展核能产业。加快太阳能热利用技术推广应用，开拓多元化的太阳能光伏光热发电市场。提高风电技术装备水平，有序推进风电规模化发展，加快适应新能源发展的智能电网及运行体系建设。因地制宜开发利用生物质能。

——《国务院关于加快培育和发展战略性新兴产业的决定》

开篇语

掌握清洁能源的国家将引领21世纪

进入新世纪，随着以中国、印度等为代表的发展中国家工业化的加速、能源需求的迅速增长与传统能源的渐趋枯竭、经济发展与环境保护之间的矛盾日益尖锐，寻找和开发新的清洁能源的任务显得迫在眉睫。

金融危机之后，国际经济秩序面临重组，各国纷纷将新能源产业作为带领本国走出危机，并在新经济秩序中占领制高点的法宝。美国总统奥巴马去年在国会演讲中称："掌握清洁、可再生能源的国家将引领21世纪。"美国计划10年内投资1500亿美元开发清洁能源，并创造500万个与之相关的工作岗位。英国首相卡梅伦访华，能源合作是重要议题。中国也在不久前出台的《关于加快培育和发展战略性新兴产业的决定》中将新能源列为重点发展的新兴产业之一。

时不我待，有专家称，国际新能源产业的重组将在三五年之内完成，不仅世界各国在开展新能源竞赛，国内各省区市也纷纷将新能源作为支柱产业发展。国际能源署称，到2035年，中国新增风能、太阳能和核能发电能力将超过任何其他国家。目前，江苏、上海等地在新能源产业方面已走在前面。

在这场新能源竞赛中，作为中国过去30年改革开放前沿的广东必须继续发扬敢为人先的精神，先行一步，在新能源技术、新能源生产、新能源消费、新能源产业（装备制造）、新能源服务等新能源经济的各个方面全方位发展，力争成为全国乃至全世界的新能源重镇。广东必须在这场竞赛中抢得先机。

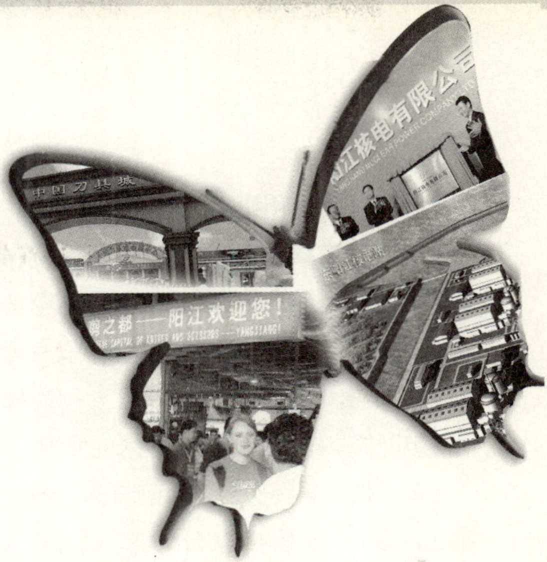

转|型|突|围

新能源赛阳江抢跑
刀剪之都华丽蝶变

在互联网上打开GoogleEarth，点击珠江口南侧，可以清晰看见：蔚蓝色的大海边，有一个方圆数公里的喇叭形大工地这，就是阳东县东平镇沙环村，阳江核电站所在地。

正是这座核电站，刷新了中国核电发展史上的一项项纪录：在建规模最大，效益最优，自主化程度最高。

“核电巨无霸”落户阳江并非偶然。放大视野，人们就会发现：在阳江这块宽口马蹄形的土地上，核电、风电、水电、海洋能等各类新能源产业已全方位推进，而阳江核电站作为最耀眼的亮点，正不偏不倚位于马蹄掌心。

这是一个惊人的蝶变。当人们对阳江的印象还停留在刀剪之都时，实际上它已华丽转身，正向广东新能源城的目标迈进。

走发展新能源之路是阳江人的理性选择。阳江市委书记林少春向南方日报记者介绍：“阳江的工业堆头不大，本是劣势，但也为发展留出了较大的空间，这对新能源产业反而是优势。我们看准了这一点。”

名词解释

智能电网是在发电、输电、配电、用电等环节应用大量的新技术，最终实现电用的优化配置、以及节能减排。中国的智能电网定义为坚强智能电网，涵盖发电、调度、输变电、配电和用户各个环节，是一个闭环系统。国家电网公司正在全面建设坚强的智能电网，即建设以特高压电网为骨干网架、各级电网协调发展的坚强电网，并实现电网的信息化、数字化、自动化、互动化，在供电安全、可靠和优质的基础上，进一步实现清洁、高效、互动的目标。

跑马布局
“宽口马蹄”建新能源网络

走马阳江，宏伟、现代的新能源项目建设场面到处呈现。

阳江核电站。一条高速公路直达建设工地，地处幽静，面朝大海，花香宜人。阳光映照之下，数个蛋糕状核反应堆的厂房大穹顶熠熠生辉，挖掘机来回奔忙。

中国广东核电集团副总经理张炜清告诉记者，广东能源的特点是缺少能源，同时又是能源消费大省，从这个角度来讲，发展核电是最有利于广东的。核电清洁，不排放二氧化碳，没有运输压力，一年发电所用燃料只需要25吨到30吨，一辆卡车就运完了。同时核电比风电太阳能更加稳定，能稳定地向电网提供电力。随着核技术的发展，目前核电也很安全。

阳江核电站将安装6台百万千瓦级核电机组，是我国目前在建最大的核电项目。国家一次核准建6台机组，这在中国核电建设史上也是首次。每千瓦造价仅10700元人民币，是目前我国在建核电工程中，投资最低的项目。项目全部建成后，每年可提供450亿千瓦时清洁电力。此外，阳西县上洋镇也拟建装机总容量达600万千瓦的核电站。

华润阳西龙高山风电场。55米高的风机巨人般挺立山头，叶轮迎风旋转，与青山绿水相得益彰。指挥室窗明几净，电脑台一尘不染，鼠标一点，所有数据尽在掌握之中。阳西、海陵、阳东三个风电项目累计完成投资5.97亿元，超出计划投资四倍多……

阳江海陆风电装机容量为300万千瓦以上，规划装机容量可达272万千瓦。目前，由国电集团投资建设的海陵岛风电场、由华润集团合作开发的阳西龙高山风场已正式开工。大唐国际、华能集团、华电集团、中广核集团、中航集团投资建设的风电场项目，均已动工。

阳东东平浪能试验基地。2010年第11号台风“凡比亚”过后，仍然风高浪大，科研人员紧张地进行浪能发电试验，分析试验数据，更新设计方案。

在中长期发展规划中，阳江全市新能源规划总装机容量将达到3000万千瓦。其中以核电为主，风电、抽水蓄能、太阳能发电、海浪能等各类清洁能源全面开花。为做大做长产业链，阳江还加紧建设新能源上游成套设备企业、科研企业、下游电力输变送企业。

新能源产业正成为阳江“调结构、促转变”的一个重要突破口。

量身定做

有条件打造新能源之都

阳江新能源城也非一朝一夕成就。

2008年12月16日，阳江核电项目正式开工。

早在20年前，在阳江刚刚撤县建市的时候，专家们就看好阳江作为核电站的选址，经过多年的勘测和反复论证，最终阳江核电站终于在2008年正式开工建设，这也让阳江最终找准了新能源产业之路。“阳江具备发展新能源的有利条件，可将它作为新的经济增长点。”阳江市陈华康副市长介绍。

天生丽质难自弃，阳江的地理条件简直就是为发展新能源产业量身定做的。就核能而言，阳江沿海有着优良的核电站厂址资源。经专家评估，阳江沿海适合建设大型核电站的场址至少有3处。就风能而言，阳江地势北高南低，向海倾斜，属海风、季风富吸富回流地形结构，风能资源相当集中。阳江海域经常性浪高、浪大，海浪能开发潜力巨大。阳江的地热资源也相当丰富，全市已勘测探明的可利用地热资源有32处之多，其中多处可深度开发为地热电能源。

国务院《珠三角改革发展规划纲要》明确提出，要构建清洁安全可靠的能源保障体系，“积极开发新能源和可再生能源，重点建设风力发电场和太阳能利用工程。”

天时、地利、人和，阳江打造新能源的目标可谓踏准了节拍。2010年7月，阳江市能源产业发展调研座谈会召开，提出“阳江完全有条件打造中国新能源之都”。

网友数星星

现在有些地区已经开始普及太阳能了，这是个很好的既节能又环保的资源，一定要重视。太阳能有很好的发展前景，必将会成为后续发展的热潮呀。

——长江苦力7号

还要大力度地来扶持这个新能源，是一个很好的路子。国家有这些能源就应该利用起来，现在不是全球都在实行环保理念吗？就要花精力在这些无污染，能量转化方面多下功夫。

——天下第二福哥

太阳能在北方已有很多家庭都投入使用了，夏天使用很方便，但到了冬天要对太阳能设备进行外壳保暖，在这方面应该进一步改良。

——小阿妹子

新能源开发也要多为偏远地区考虑一下。

——福音

技术先行

推动核电工业自主创新

然而在全国很多地方都在搞新能源的背景下，阳江如何能脱颖而出？阳江的经验是：一方面要重视技术上的自主创新；另一方面要加强对企业的服务。

做法与专家观点如出一辙。中科院广州分院、广东省科学院院长陈勇认为："2030年以前应主要注重新能源、可再生能源的技术发展。"厦门大学中国能源经济研究中心主任、"长江学者"特聘教授林伯强指出，缺乏原料并不要紧，新能源产业"掌握了技术，就能领先全国"。

"阳江核电站项目中，技术自主化程度目前全国最高，充分体现了自主设计、自主制造、自主建设、自主运营，项目采用具有我国自主品牌的压水堆核电技术CPR1000、CPR1000+，国产化率达到85%，主要关键设备是中国制造。该项目还将对整个中国核电工业的自主创新产生推动力。"张炜清介绍。

华润阳西龙高山风电场场长刘征宇也告诉记者，该风电场的不少技术便依靠自主创新。

为帮助新能源企业解决技术难题，阳江加强建设新能源公共技术研发和

2009年9月，阳江核电站一号核反应堆厂房已建设到15米高。

服务平台，建立了共性技术创新服务平台、产品研发中心、公共检测服务平台、产品展示中心。

新能源上、下游项目都属于技术、资本密集的产业，对于民营企业来说，资本是道门槛。目前，解决企业资金难问题已纳入阳江市政府的工作重点。

动力前瞻

新产业牵一发而动全身

若把时间向前拨进10年，我们将看到阳江新能源项目对于广东能源结构和环境保护的重大意义。届时，阳江的新能源项目每年将减少标准煤消耗6650万吨，减少二氧化碳排放1900万吨、减少二氧化硫排放190万吨。

对于阳江本身而言，新能源技术及产品覆盖面广，涉及工业、农业、交通、服务业、公共设施、家庭等几乎所有领域，涵盖能源、材料、装备、日用消费品整个产业链，既能带动传统产业升级更新，又能形成新兴产业，新能源项目建设正给阳江的经济和社会发展带来多重牵引和拉动。

投资带动。以阳江核电站为例，有人算过一笔账：阳江核电站总投资近700亿元，按9年的建设周期分摊，每年就有近80亿元。投资拉动效应按照1：3来估算，可拉动240亿元的GDP增长。

消费带动。成千上万的国内外专家和施工人员进驻阳江新能源企业的各个工地，后勤服务与供应将形成一个规模不小的产业，给阳江的消费市场带来巨大商机。

产业带动。新能源产业需要上下游配套，阳江有望建成配套工业，甚至培育出规模化的核电、风电、太阳能工业园区。

形象带动。阳江是中国优秀旅游城市，阳江新能源建设又将成为一张金灿灿的名片，进一步提高阳江的知名度，吸引更多的国内外游客来这里进行滨海度假、文化观光、温泉休闲和现代工业旅游。

人才带动。新能源项目需要一大批高精尖技术人才，阳江正在形成一块“洼地”，吸纳海内外英才，让阳江实现各项产业的大幅迈进。

观念带动。新能源项目开工会带来滚滚资金流、信息流，带来先进的技术、新颖的理念，正在阳江干部群众的头脑中引发一场“观念革命”，为阳江的改革开放注入一股强劲的推力。

中科院广州能源研究所能源战略研究中心的专家认为，因紧邻珠三角，扼粤西要冲，阳江新能源城将会为华南地区提供充足的低碳电力能源，优化广东电源结构，节约运力，同时有效改善珠三角地区的环境质量。

记者观察

广东必须抢跑新能源

在新能源产业开锣起跑的背景下，广东能否抢先一步，率先在国内乃至世界上建立起区域优势？能源经济专家判断，若能将我省强大的制造能力科学地引入到新能源领域，不仅可以找到新的经济增长点，而且可以使我国在新一轮国际竞争中冲在前面。

广东是能源消费大省，去年消费能源2.47亿吨标准煤，约占全国能源消费总量的1/12，随着经济的发展，广东的能源消耗还将持续增长。而广东在传统能源资源方面却是小省，100%的煤和80%的油品要从省外或国外输入，这让广东的能源安全受到诸多条件的影响。

在新能源领域，广东的资源却相当丰富，无论是风能还是太阳能，可开发储量都居全国前列，开发潜力很大。加大新能源比重有利于我省能源消费的均衡和多元化发展，更好地保证能源安全。

在节能减排的压力之下，新能源是必然的选择。作为新兴的工业化国家，我国能源消费的快速增长引起了世界的关注，而全球气候变化也让温室气体减排成为各国共同的责任，我国已向世界承诺“2020年非化石能源消费占一次能源消费比重达15%，单位GDP二氧化碳排放量比2005年下降40%—50%”，要实践这一承诺，必须大力发展新能源。

2009年，广东包括核能、太阳能、风能等全部新能源在内的消费仅占全部能源消费的4.17%，不要说与新能源利用的先进国家，即使与国内其他省市相比也处于较低的水平，有很大的增长空间。

2010年8月，阳江核电1号机组反应堆厂房钢衬里穹顶吊装完成。

新能源是广东转型升级，转变经济发展方式的突破口。现在看来，国际金融危机的影响将长期存在，以前那种中国生产，世界消费的经济模式将难以为继，广东大量出口导向型的企业和制造能力将面临生产什么，为谁生产的难题。而以新能源为代表的新兴产业正是解决这一难题的极好出口。

统筹　王进江　韩　浩
撰文　胡亚柱　毕式明　范　琛
通讯员　许广企
摄影　毕式明　贾江利　王　辉

调研感言

大调研之前，我的新能源常识相当贫乏，甚至到了闹笑话的程度。比如，我不知道风车可以发电，更不知道汽车可以充电，总以为核能就是造原子弹。

经过调研，我几乎熟知了所有的新能源项目，并能侃出不少门道，更明白新能源对于整个战略性新兴产业是何其重要！

星星之火，可以燎原。对于党报，这八个字未免让人过于耳熟。但现在我发现，也只有用这八个字，才能够经典概括广东战略性新兴产业的特质，同时准确表述我历经调研后的爆炸式知识扩充。

——胡亚柱

双|轮|驱|动

携制造力强势挺进　粤新能源马力十足

新能源产业的星星之火在南粤大地正成燎原之势。

——在阳东县东平镇沙环村，谋划20年的蓝图今成现实。阳江核电站拔地而起，如果不是蛋糕状核反应堆的厂房穹顶在阳光下熠熠生辉，人们会误把这里当作高档楼盘。

——沿着广东东西两翼的海岸线行进，两旁逶迤起伏的青山上，时不时出现一座座乳白色的风车，如同巨人般挺立山头，叶轮迎风旋转，与青山绿水相得益彰。

——一排排太阳能热水器安装在现代化厂房屋顶、住宅小区阳台，水龙头一扭，热水倾注，让人畅享新能源带来的实惠；一个个太阳能路灯装在闹市，白天叶片发电，晚上灯光通明，让人感受新能源带来的情调。

无论在珠三角，还是东西两翼、粤北山区，新能源产业正大步前进，不仅大大改善广东的能源结构，而且逐渐成为广东新的经济增长点。

改革开放30多年来，广东积累了强大的生产制造能力，成为价廉物美的“中国制造”的发源地之一。目前，这种强大的制造能力正在进入新能源领域，成为广东新能源发展的巨大优势。

广东提出以新能源项目带动新能源产业链建设的“双轮驱动”发展模式，就是为了充分利用自身制造能力强的优势，如果再加上新能源消费和新能源科技两个轮子，广东新能源这辆四轮车可谓马力十足。

起步新能源

核电装机容量全国居首

广东是全国发展核能最早的省份之一。早在20世纪80年代，广东就开始为核电站建设筹划选址。1994年，国内第一家大型商用核电站——深圳大亚

国内第一家大型商用核电站——深圳大亚湾核电站至今已安全高效运营16年。

湾核电站建成，至今已安全高效运营16年。

目前广东省内已建成核电装机容量约500万千瓦，约占全国的50%，在建核电项目约1200万千瓦，成为拥有在运和在建核电项目最多的省份，除已经建成的大亚湾及岭澳一期之外，岭澳二期、阳江、台山核电站正加紧建设。经多年勘测，广东的核电站备用厂址储量居全国第一。

驾车出汕尾城区往东北方向行驶没多久，两旁起伏的青山上开始出现一座座乳白色的风车。

"那就是石碑山风电场，装机容量10万千瓦，总共有近200台风机。风机每转动一圈，可以发一度电，整个电厂的发电能力可以满足2万多个家庭的用电。"惠来县工作人员介绍，在惠来，同等甚至更大规模的风电场还有3个，目前正在规划在海上建设一个装机容量100万千瓦的巨型风电场，预计总投资265亿元。一旦建成将成为我国第一大海上风电场。

据省发改委介绍，目前我省已建成风电场23个，总装机容量75万千瓦；在建风电场总装机容量78万千瓦，还有一批风电项目正在筹备中，风电场选址也逐步由沿海地区向云浮等内陆山区扩展。

阳西龙高山风电项目副总指挥刘振宇大胆预测："广东的风速状况大致和世界第一风电大国——德国差不多。只要条件具备，到2020

数字说话

●广东已建成核电装机容量约500万千瓦，约占全国的50%，在建核电项目约1200万千瓦。

●广东已建成风电场23个，总装机容量75万千瓦；在建风电场总装机容量78万千瓦。

●广东到2020年实现风电装机2000万千瓦，相当于一座大型城市全年的用电量，每年可以减少二氧化碳排放量2900万吨。

●广东拥有4300多公里的全国最长海岸线，近岸10公里区风电装机容量资源占全国的1/5，海上风电装机可达1200万千瓦。

年实现风电装机2000万千瓦，是一个合理并可行的目标。”这是一个令人惊讶的规模！这相当于一座大型城市全年的用电量，每年可以减少二氧化碳排放量2900万吨。

本着“统筹规划、有序推进”的原则，以核电、风电、太阳能利用为重点，同步发展海洋能、生物质能、地热能，广东正朝新能源强省的目标迈进。

延伸产业链

三大核电产业园初成形

制造业一向是广东的强项，在新能源领域这一优势同样有所表现。

广东发展核电较早，在核电设计、装备制造、工程建设、生产运营、共用技术服务等方面已形成具有一定比较优势的产业基础。中广核副总经理张炜清介绍，广东核电是“双轮驱动”，从单一能源需求到把核电装备制造作为新产业，延伸核电产业链，扶植配套企业。

综观全省，三个各有分工的核电产业园初步成形：广州南沙核电装备产业园重点发展核电重型核心设备；台山核电装备产业园积极发展核电辅助设备装备、核电辅助设备设计研发；深圳核电产业基地重点发展核级关键配套设备研发和技术产业化。广东核电产业链初具规模。

10月1日，北京时间21时30分，明阳风电集团董事长张传卫在纽约证券

亚运城投资1.8亿元打造成太阳能城。

华润阳西龙高山风电场的风机已开始运转。

深圳一家新能源公司的太阳能路灯已经“上路”。

交易所敲响明阳风电首次公开发行股票的钟声，一面鲜艳的五星红旗在这座资本圣殿里飘扬。中国新能源企业在国际资本市场得到青睐。

中山市的明阳风电是广东风电制造业的领军企业，拥有我国首台拥有自主知识产权的1.5兆瓦风力发电机，目前已实现批量生产。张传卫认为，各路资本对明阳风电如此追捧，看中的不仅是这家企业本身的潜质，更看到了中国风电未来蓬勃发展的大趋势，风电装备制造业的发展正面临一个难得的机遇期。

广东太阳能产业的发展速度同样迅猛，众多相关太阳能企业不断冒出。深圳拓日新能源科技股份有限公司是国内技术最先进的非晶硅太阳电池制造商之一；深圳南玻集团是国内最大的生产太阳能光伏玻璃的企业；珠海兴业太阳能公司和汕头金刚公司在玻璃幕墙、太阳能建筑一体化方面居全国前列；东莞五星太阳能公司是国内最大的太阳能中央热水系统生产企业和华南最大的太阳能热水器生产企业。

各类行业协会和新能源研究机构在推广新能源技术应用上同样有不可忽视的作用。中国科学院广州能源研究所、广东省电力设计研究院、深圳中广核工程设计有限公司等科研机构将科研与生产结合起来，持续不断地为广东新能源产业发展提供强大的理论、技术支撑。

广东多年积累的强大制造能力与雄厚资金正挺进新能源领域。

案例分析

亚运城里"太阳"多

广州亚运城也是个太阳能利用城。全天24小时不间断提供的生活热水都来自太阳能，太阳能及水源热泵综合利用项目总投资约1.8亿元，重点推广应用太阳能光热、光电综合利用技术。

据了解，本次广州亚运会中亚运村及运动场馆的建设基本都是采用国内提供的平板太阳能供应系统，这是国产平板太阳能第一次大规模运用在亚运场馆建设上。

从2008年北京奥运会奥运村采用德国生产的平板太阳能产品，到2010年广州亚运会采用中国制造的平板太阳能热水器，这一系列事件对于中国太阳能行业的发展有着积极的推动作用。

突破新科技

核心技术短板亟待弥补

在新能源技术方面，广东近年不断有所突破。

核电设备的国产化率不断提高，16年前建成的大亚湾核电站国产化率只有1%，到岭澳核电站一期时，国产化率达到30%，预计阳江核电站5、6号机组建成时，国产化率可以达到90%。据中广核集团有关负责人介绍，目前该公司已经形成了拥有自主品牌的中国改进型压水堆核电技术CPR1000，其主要技术经济指标已接近世界先进的第三代核电技术水平，成为当前国内核电建设的重要选择之一。

而我省企业在太阳能电池、太阳能玻璃及太阳能建筑一体化方面的技术也正在逐步提高。东莞五星太阳能公司董事长胡广良告诉记者，广州亚运会的亚运村及运动场馆就采用了该公司提供的平板太阳能热水供应系统，而两年前的北京奥运会时还只能用德国的产品。

尽管有所突破，但总体来说，我省在新能源领域还缺少核心技术，难以支撑起风起云涌的新能源产业，如不能尽快取得突破，我省的新能源产业有可能像传统产业一样，滑入低端制造的怪圈。

同样，新能源消费比例偏低也成为制约我省新能源发展的一块短板。据省发改委提供的资料，2009年我省能源消费总量为2.47亿吨标准煤，其中新能源（包括核能、风能、太阳能、生物质能等）所占比例仅为4.17%。有专家指出，没有消费的带动，新能源项目建设的积极性将难以持续。

以太阳能为例，省太阳能协会常务副会长郑乐朋介绍，广东的集体单位，如宾馆、学校、员工宿舍等的太阳能热水器普及率较高，但家庭用太阳能的普及率较低。总的来说，我省在太阳能利用方面仍比较滞后。

目前风能、太阳能等新能源发电不够稳定，对传统电网的运行有影响。对此，我省正采取措施加快智能电网建设，完善新能源用电企业的网络建设，加快配套步伐。随着新发电装机容量中新能源所占比例的加大，新能源消费比例偏低的状况将得到改善。

预计到2020年，广东省将走上能源资源多元化、资源渠道多样化的发展道路，具有广东特色的能源产业和能源装备工业将全面形成。

记者观察

抢滩新能源　广东有优势

开发新能源和发展新能源产业，广东有很多有利的条件。

广东新能源的储量丰富。无论是太阳能还是风能，广东的可开发利用储量均居全国前列，广东拥有4300多公里的全国最长海岸线，近岸10公里区风电装机容量资源占全国沿海风资源的1/5。按电力部门、气象部门联手初步编制的广东海上风电场工程规划，我省海上风电装机可达1200万千瓦。核能利用方面，无论沿海还是内陆，均有不少适于建设核电站的场址，经过中广核集团多年的勘察，已开工建设和储备适合建核电站的厂址居全国第一位。而在更新的潮汐能、海浪能方面，广东的条件也是得天独厚。

广东对新能源的需求量大。广东是能源消费大省，却是资源小省，大部分能源依靠外运，运输成本很大，广东急需发展新能源来提高能源自给率，并实现节能减排目标，保护环境。

广东发展新能源的产业基础较好。在核能方面，广东拥有国内第一座大型商用核电站——大亚湾核电站，拥有全国在核电建设及运营方面最有经验的企业——中国广东核电集团，中广核目前手握18台核电机组的建设许可，在全世界的核电企业中位列第一。我国三大动力企业之一的东方电气集团在广州南沙建成核产业园，生产具有自主品牌的核电机组，性能达到或接近国外最先进的第三代压水核反应堆的水平，深圳和台山的核产业园也正在建设之中。

在太阳能方面，我省在非晶硅（薄膜）太阳能电池、太阳能玻璃及太阳能建筑一体化的技术和生产方面居于全国前列。在风能产业方面，我省的风电设备整机制造水平全国领先。在科研方面，广东省电力设计研究院、深圳中广核工程设计有限公司等都具有较强的新能源科技开发和服务能力。

此外，我省的外向型企业正在寻找转型的契机，只要国家加以正确的引导，就会有相当庞大的资金和生产能力挺进新能源领域。可以说，我省在各个方面已经做好了新能源产业大发展的准备。

广东各地对发展新能源热情高涨，以刀剪和风筝著称的阳江如今正在谋划产业升级，着力打造清洁能源基地，汕尾市也提出要打造重要电力能源基地，预计数年之后，汕尾将形成1200万千瓦的发电能力，主要以核电和风电项目为主。

国家相关政策支持广东新能源产业先行一步。《珠三角改革发展规划纲要》明确提出要构建清洁安全可靠的能源保障体系，“积极开发新能源和可再生能源，重点建设风力发电场和太阳能利用工程。”

统筹　王进江　韩　浩

撰文　胡亚柱　韩　浩　宋季华

范　琛　赵文君

摄影　毕式明　贾江利　郑东升

调研感言

此次参与新能源产业的调查，最担心的是会不会又滑到低端制造的老路上去，没技术，没创意，一轰而上，说是新能源，不过是换了条生产线而矣，所谓路径依赖，想要摆脱不是那么容易的。

另一个担心是一些处于试验阶段的新技术能否获得足够的支持？既然是新兴产业，就不应该有什么条条框框，如果一上来就讲效益，讲GDP，新技术又从何而来呢？

——韩浩

产|业|之|路

新能源不能再走低端路

新能源产业呈爆发式增长，类似于传统产业的重复建设、产能过剩、供需失衡等弊病开始出现，多晶硅、风电设备等已被国务院列为产能过剩行业

“不少新能源产业技术还不成熟，远未到大规模产业化的时候。关键技术没有突破，不要急着形成产业，目前应主要注重新能源、可再生能源的技术发展。”广东省科学院院长陈勇说。

我省不少新能源企业仍在走传统的简单加工组装的老路，满足于圈地造厂，赚取加工费，随着国家遏制过剩产能的措施，这类企业已逐渐陷入困境。

强大的生产能力是广东的优势，可如果不与技术创新和品牌创新结合起来，就无法打破传统路径依赖，依然会滑落到低端制造的老路上去，名义上是新兴产业，实际上不过换了条生产线而已。

广州市民李先生最近被“太阳能”烦恼了一把。家住番禺某大型楼盘的他原本打算将新买的太阳能热水器安置在自家天台，但小区物业管理处却以“影响外观”为由加以阻挠，并以断水断电相威胁。

李先生的遭遇只是新能源产业推进中遇到诸多困难的一个普通案例。

中科院广州能源研究所能源战略研究中心的专家认为，广东新能源产业虽有一定发展，但仍然处于起步阶段，无论是科研水平、开发规模，还是产业发展，都与国际水平存在较大差距。

尽管“低碳”一词日渐流行，尽管相关项目蜂拥上马，但从数据上看，我省新能源产业潜在的资源优势还未转化成经济优势。

更令人担忧的是，新能源产业的一些领域重走“低端制造”老路的苗头已经开始显现。广东的新能源产业刚起步就站在了十字路口上。

2010年的深圳高交会上，比亚迪太阳能路灯闪亮登场。

风光背后

盈利能力弱　赔本赚吆喝

广东风电能源颇受关注。目前广东沿海地带的风能资源开发进行得如火如荼，广东沿海适宜风力发电的区域几乎已被数家电厂瓜分完毕。业内人士认为，“数年内广东的风电能力将翻几番。”

然而，风光背后却是“赔本赚吆喝”的尴尬。在项目招标时，一些企业拼命压低价格，最终导致运营出现困难。

华润阳西风电场的负责人告诉记者，国内风电场中能盈利的很少，大部分处于亏损状态。风电场具有投资规模大，技术含量高等特点，属于微利行业。阳西风电场投资约10亿元，要18年才能收回成本，而风电场的使用寿命也仅有25年左右。

惠来县的石碑山风电场由于常年亏损，部分机组已经处于关闭状态。“主要是电价太低。”负责人张尤军说，石碑山风电电价是按照当时中标价每度0.48元定价的，这直接导致了亏本经营。此后华润风电公司开发的风电场按照调整后的新电价，涨到了每度0.68元，基本可以实现正常运转，但是由于风电固定资产投入比例较大，设备折旧费用比重高等因素，其盈利能力依然较弱。

2004年，我省规定风电电价为“每度0.528元”加“送出工程成本

网友数星星

301调查真正受损的是美国，只会将美国对本国新能源产业补助更多地暴露在世界面前，美国打不赢这场贸易战。

——森林朝晖

中国发展清洁能源对全球是件好事，美国、欧洲等国家和地区对中国出口量很大，这有利地解决他们的失业和出口问题。

——大国崛起

只许州官放火，不许百姓点灯。美国是世界上对新能源补助最多的国家之一，但美国企业从这些补贴中实际受益很少。

——身在南方

中国风电设备制造早已实现本土化，同时国内需求消化了中国风电设备制造的95%以上的产量，美国的制裁对中国风电产业影响将十分有限。

——丁丁

电价”。现在看来，这一标准明显偏低，不止一家风力发电场负责人表示，希望政府能够对风电加大补贴，使得最终电价能够达到每度0.6元以上。

太阳能产业的发展同样存在难题。省太阳能协会常务副会长郑乐朋认为，光伏发电遇到的最大问题是成本太高，一度电成本超过一块钱，老百姓就用不起。目前国内的光伏产品除了出口，就是使用在国家示范工程上，大规模应用还没有形成。

政策缺位

整体规划少　产能过剩多

与国内其他地区相比，广东家庭太阳能热水器的使用相对滞后。西藏、云南等地区，太阳能热水器的普及率已达到30%，即使在江苏、浙江等太阳能条件远不如广东的省份，也有近20%的使用率，而广东的使用率离全国10%的平均使用率尚有距离。

“很明显，其中的政策作用很关键。浙江、海南等很多省市都已出台强制性政策支持太阳能产业发展，广东在这方面有欠缺。”东莞五星太阳能股份有限公司董事长胡广良分析。

专家纷纷呼吁，新能源产业能否健康有序发展需要整体规划。

我国多晶硅产业已经出现生产过剩势头,图为江西升阳光电科技有限公司员工在检测多晶硅片。

据业内人士介绍，迄今为止广东仍没有制订明确的太阳能热水器推广规划。记者曾向广州市规划部门求证，得到的回答是：目前尚无此类规划，市民在安装太阳能热水器前最好先到就近的规划分局咨询或者报装。

记者了解到，目前已安装的散户基本是在没申报的情况下“偷”装的。而居民小区的物业管理处一般也是反对住户安装。

从全国来看，随着低碳概念的流行，新能源产业呈爆发式增长，类似传统产业的重复建设、产能过剩、供需失衡等弊病开始出现。目前，多晶硅、风电设备等已被国务院列为产能过剩行业。

新能源虽然整体上清洁环保，但也不是完全没有弊端。惠来县县委书记林旭群表示：“风车转动造成的巨大噪音和风力，不仅使附近居民生活受到干扰，也使得很多鸟类、蜜蜂甚至野生动物迁徙，同一生物链上的昆虫、植被也会受到影响。这种对于生态的影响隐蔽而缓慢，但是后果一旦形成不可挽回。”

自主研发

技术未突破　不急做产业

在核能、太阳能和风能三大新能源领域中，广东核能优势最为突出，无论规模、效益还是技术，都一直走在全国前列。2008年，广东就提出要打造全国首个“核电特区”，批量推进广东核电规模化发展。

广东核能之所以能够领跑全国，与其重视技术自主创新密不可分。广东电力设计院是中国电力部门最早开展大型核电站前期研究、最早开展大型核电站常规岛设计的科研机构。

与核能相比，广东其他新能源产业却显得技术支持不足。我省多家风能企业坦承，其发电核心技术、装备制造仍然依靠丹麦、荷兰、德国等风能强国；目前风机机型近百种，大多从欧洲国家引进，很少有自主设计的产品。

郑乐朋表示，我省光伏产业的基本模式是“两头在外”，“原料是进来的，产品是出去的，我们做的只是中间的代工环节”。我省的

案例分析

绿色壁垒很凶悍

中国的新能源国际贸易如履薄冰，近期美国对中国进行的301调查，就是给中国新能源设置的绿色壁垒。

10月15日，美贸易代表办公室宣布，应美国钢铁工人联合会（USW）申请，启动对华清洁能源有关政策和措施的301调查。

美方认为，中国政府给予新能源企业大量补贴，且中国在新能源项目招标中排斥美国企业。该调查将涉及中国的风能、太阳能、电池及节能汽车行业。

如果USW胜诉的话，对于中国新能源行业来说，首当其冲造成影响的是光伏行业。中国九成以上的光伏产品均要出口至国外。

地热能开发利用也仅仅停留在温泉疗养等低技术含量的利用方式上。海洋能项目则因为技术的原因，多数处于规划阶段，迟迟难以开工。

技术支持不足让新能源在产业化道路上显得捉襟见肘，尽快提供公共技术平台支持的呼声日隆。“现在不少新能源产业技术还不成熟，远未到大规模产业化的时候。关键技术没有突破，不要急着形成产业，目前应主要注重新能源、可再生能源的技术发展。”中科院广州分院、广东省科学院院长陈勇认为。

可喜的是，我省一些地方已开始着手构筑公共技术平台。2007年12月，在太阳能产业已初步形成集群的东莞，东莞太阳能技术研究院成立，这是我省首批省部产学研结合示范基地。

突破创新

鼓励新思路　包容怪想法

广东并不缺乏新能源产业的星火企业。

中山的明阳风电集团有限公司一直坚持“以我为主、联合开发、自主产权”的技术路线，不仅在中山总部有研究院，还在丹麦成立了一个研究中心，短短4年，已发展成为年产值超百亿元的企业，跻身全国风电企业五强。

然而记者在调研中发现，我省不少新能源企业仍在走传统企业简单加工组装的老路，满足于圈地造厂，赚取加工费，随着国家遏制过剩产能的措施，这类企业已逐渐陷入困境。

“改革开放以来，没有多少广东新能源企业能够进入大产业、大项目，其中最大的原因在于融资模式上出了问题。”明阳风电的董事长张传卫分析。

有关人士呼吁对新能源产业要实行倾斜性资金支持，不断拓宽新能源示范推广试点，鼓励民间资金流入新能源产业，理顺企业风险投融资体制。

2009年11月，留美归国博士张建军创立的广东高空风能技术有限公司落户广州开发区。该公司的“天风”技术很有想象力：将特制的类似大风筝的集风设备放在几千米至上万米的高空，利用高空风能拉动缆绳发电。

张建军的计划是，在广东建立首个国内高空风能研究中心及风洞实验

屋顶太阳能公共照明系统亮相2009年的深圳高交会。

室，并在广东建造首座10万千瓦级高空风能发电系统。2009年底，张建军顺利地拿到了5000万元的民间投资。然而，在申请政府的资金支持时，却遭到评审专家的否决。

业内人士建议，既然是鼓励新技术，就要能够包容一些看起来有些异想天开的方案，新技术的发展是没有固定模式的。

记者观察

警惕跌入"低端制造"陷阱

过去20年，中国特别是广东以强大的制造能力在国际上扬名，靠为全世界生产价廉物美的商品而在全球化中获益。应该说，这是根据中国国情选择的一条现实的道路，并且获得了巨大的成功。但是在中国已经发展到今天这个阶段，在金融危机已经将世界经济发展不平衡的弊端暴露无遗的时候，新兴产业绝不能再走低成本生产、仅仅赚取一点加工费的老路，要避免再次陷入低端制造者的怪圈。

这不是杞人忧天，苗头已经开始显现。我国目前已是世界上最大的光伏产品制造和出口国，但有一半的光伏电池原料需由国外进口，60%—70%的光伏电池生产设备来自国外，可以说光伏产品的核心技术还是掌握在外国人手里，而国内的生产厂商还在一哄而上，光伏产

调研感言

就在几年前，到新疆旅游、公干的访客，从乌鲁木齐出发到吐鲁番，路经达坂城，未必可以一睹美丽的姑娘，却一定会惊讶于一片由风力发电机组成的白色海洋，那就是亚洲最大的新疆达坂城风力发电场，绵延几近五公里。

时隔几年，在粤东，从汕尾至惠来再至汕头，从绵延的海岸线到深汕高速两边高高低低的山冈，我看到一列列巨大的风力发电机宛若一排排纪律严明的列兵，仿佛他们从达坂城长途跋涉来到了南方。我明白，中国人开拓绿色能源的努力掀开了波澜壮阔的新篇章。

——宋季华

11月18日，广州大坦沙污水处理厂办公楼太阳能应用并网光伏发电工程竣工。

广东的太阳能产业发展仍然遭遇技术和市场等困难，图为东莞五星太阳能公司的生产车间。

品每年翻倍增长，已有过剩之虞。强大的生产能力本是我们的优势，可是如果这种优势不与技术创新和品牌创新结合起来，那么就无法打破传统路径依赖，依然会滑落到低端制造的老路上去，名义上是新兴产业，实际上换汤不换药，不过换了条生产线而已。

其实在新能源科技方面，我们与发达国家的差距并不算大。新能源对我们是新的，对外国人一样是新的，很多技术仍处在发展初期，以中国人的聪明才智，加上我们已经具备的良好的产业基础，特别是中国巨大的能源需求，只要我们真正地尊重科学，具备长远眼光，就一定可以产生出新能源领域伟大的技术和企业。

不久前，美国启动了针对中国新能源企业的所谓301调查。此事件表明，国际新能源领域的竞争日趋白热化，各国都在使用各种手段抢占先机。

广东的新能源科技已经出现了一些可喜的突破，在这场竞争中不能犹疑退缩，必须主动出击，以已有的制造能力为基础，以发展新能源自主创新能力为重点，以新能源项目带动新能源产业的发展，尽快占领新能源的制高点。

统筹　王进江　韩　浩
撰文　胡亚柱　宋季华
　　　范　琛　赵文君
摄影　周　游　李细华　刘力勤
　　　苏仕日　丁　玎

6 新材料产业

“一群小孩”织出超材料“隐身衣”

新材料源头创新需要更多“光启”

广东不能沦为新材料“代工厂”

产业集群正在形成

大力发展稀土功能材料、高性能膜材料、特种玻璃、功能陶瓷、半导体照明材料等新型功能材料。积极发展高品质特殊钢、新型合金材料、工程塑料等先进结构材料。提升碳纤维、芳纶、超高分子量聚乙烯纤维等高性能纤维及其复合材料发展水平。开展纳米、超导、智能等共性基础材料研究。

——《国务院关于加快培育和发展战略性新兴产业的决定》

开篇语

“隐形衣”，中国造

在人类发展的历史上，新材料总是伴随着新能源、新技术改变着世界。

外形如一条黄色浴巾，由数以千计的类似人造玻璃纤维的“超材料”组成，它可以“抓住”微波并改变其方向。

“深圳光启”的一帮“小孩”通过超材料技术研究，研制出英国女作家J·K·罗琳在《哈利·波特》中描绘的“隐形衣”。

这一成果在去年1月16日的《科学》杂志刊登，引起世界轰动。

2010年7月14日，以明末著名科学家徐光启名字命名的“深圳光启高等理工研究院”挂牌，来自美国、日本、北京、香港等国内外知名院校的专家们齐聚一堂。

光启研究院核心团队——5名青年科学家的亮相，使现场专家大有众星捧月之势。

院长刘若鹏，27岁，中国最年轻的研究院院长，美国杜克大学电子与计算机工程系的博士。其核心团队的5名成员中，年纪最大的也只有33岁。

在2010年9月8日召开的国务院常务会议上，新材料被明确为中国战略性新兴产业的发展方向之一。

无法回避的事实是，我国在新材料核心技术的掌控上，远远落后于美国等发达国家，而且相关领域的知识产权覆盖也基本结束，要想赶超，只有在源头创新上寻求突破，深圳光启的“这帮小孩”做的就是这个工作。

聚|焦|光|启

“一群小孩”织出超材料“隐身衣”

深圳光启研究院一年内打造
广东新材料产业源头创新亮点

科技突破

超材料“隐形衣”轰动世界

外形如同一条黄色的浴巾，50.8厘米长，10厘米宽，厚不足2.5厘米，由数以千计的类似人造玻璃纤维的“超材料”组成，“隐形衣”的原理是让微波“转向”。

“听完他们慷慨激昂的陈述后，我恍然体味到当年钱学森回国的味道。”这是2009年10月，刘若鹏核心团队给深圳科工贸信委主任王学为留下的第一印象。

“真是热血沸腾，类似当初我从内地跑到深圳创业时的激动。”王学为将“这帮小孩”的归国与深圳草创期的闯劲，联想在一起。

光启团队（从左至右为赵治亚、刘若鹏、张洋洋、季春霖、栾琳）。

延伸阅读

什么是新材料？“新材料”是指新出现的或正在发展中的具有传统材料所不具备的优异性能和特殊功能的材料；或指在传统材料基础上通过新技术（工艺、装备）处理所获得的性能明显提高或产生了新功能的材料；一般将能够满足高技术产业发展需要的一些关键材料也界定为新材料的范畴。

新材料的分类是一个复杂的问题，至今尚无定论，国家亦未出台相关的标准。根据新材料材质，中国高新技术产品目录（2006）将新材料分为金属材料、无机非金属材料、有机高分子材料和精细化工4个大类。为了为使分类更加直观，根据《新材料的界定与分类》一文，综合应用领域、材料性质和研究热点等，将新材料分为电子信息材料、新能源材料、纳米材料、先进复合材料、先进陶瓷材料、生态环境材料、新型功能材料、生物医用材料、高性能结构材料、智能材料、新型建筑及化工新材料等12个大类。

刘若鹏核心团队在新材料方面的研究成果，被国际公认为突破性技术，并引起了各国科研机构及世界著名公司的高度关注。

“刚开始我也觉得有点忽悠，但看完材料，尤其是见了一面后，大吃一惊。”深圳市科协主席周路明也是一个被光启“激动”了的人。

“刘若鹏团队很年轻，都有一流的教育背景及相应科研经历，并在新型材料、传感与网络、建模与计算等科研领域取得了核心尖端技术，且还将继续产生面向未来、领先国际的尖端技术，将应用于工业、医学、生物、环境等各个领域。”

周路明留意到，2009年，还在美国的刘若鹏率领团队，利用超材料等技术成功研制出“隐形衣”。这有点类似英国女作家J·K·罗琳的《哈利·波特》系列小说中，经常会出现主人公披上隐形衣，瞬间遁形的场面。

这一成果在2009年1月16日的《科学》杂志刊登，刘若鹏是第一作者，在中国乃至世界都引起了轰动。

其团队设计的“隐形衣”外形如同一条黄色的浴巾，50.8厘米长，10厘米宽，厚不足2.5厘米，由数以千计的类似人造玻璃纤维的“超材料”组成，其原理就是让微波“转向”。

刘若鹏介绍，与光和雷达波一样，微波探测到物体的原理是物体阻挡了微波通过的途径，使其产生阴影，从而显形。而光启新研制出的隐形材料可以引导微波“转向”，避开仪器探测，从而防止物体被发现。

对于这一成果，在同一领域进行研究的英国伦敦大学帝国学院理论物理学家约翰·彭德里爵士认为具有里程碑的地位，他预期军方可望在5年内利用这种技术，来避免船舰和坦克被雷达的微波探测系统发现行踪。

这一技术在民用上更有广阔的空间。据介绍，此项技术可广泛应用于无线通信、医学成像、无损检测、汽车防撞雷达等很多方面。

光启研究院的5位创建团队成员，4名毕业于杜克大学，另外一名则是牛津大学的博士，均来自世界顶尖研究机构，并在光领域取得过重要科研成果，至今已在《科学》、《物理学快报》等世界顶尖科技期刊以及国际会议上发表学术论文120余篇。

记者了解，超材料研究从2000年开始出现，发展到现在只有10年的历史，2009年刘若鹏团队通过交叉学科，实现了超材料应用。

更激动人心的并不仅仅在于“隐身衣”材料的研制，在刘若鹏的设想中，他要成立的研究院，定位于超材料、通信信息、统计学等新兴交叉学科的尖端突破性技术研究。采用国际领先的科研创新视角和世界前沿的多学科交叉科研创新模式，推动高端原创技术走向市场，产业链更长、难度更大，如果成功，所带来的效益巨大。

落户广东

要做新材料产业的“母鸡”

光启成功入选广东省首批引进创新科研团队计划，这是唯一一支海外回粤落户的自建团队，获得4000万元专项经费资助，深圳市更是大手笔支持。

光启团队想做的是新材料产业的“母鸡”，正是看中这一点，广东省和深圳市才下定决心给“这帮小孩”一个机会。

“出钱让他们回来，以前没有这个做法，有人说不合规矩啊。”但下决心要促成此事的深圳市科协主席周路明“开了弓”，就不准备有“回头箭”。

“原来经济发展的拉动力量是市场，参与主体是企业，政府营造环境。现在转变方式，根本上说就要建立完整的创新体系。”

“通过引进技术完善创新体系是个误区，真正完善必须根扎在这里，有自主知识产权，这才有前途。”喜欢研究大国崛起的周路明讲起历史，17世纪英国靠蒸汽机带动新产业，创造数百年优势；19世纪德国也靠新技术突破，辉煌了很长时间，近代美国更是如此。

更何况国家、广东、深圳已经确定新材料产业为重点发展产业，引起刘若鹏这样的团队对广东的新材料产业占据产业高端具有举足轻重的作用。

“现在中国必须突破重大关键技术，从源头创新，进而走向产业高端。”2009年8月，深圳市科协和科工贸信委联合组织了一次小型论证会。刘若鹏和现任光启研究院常务副院长的张洋洋两人回来，清华研究生院、清华研究院、风险投资人士以及行业内的几位专家听了他们报告。

延伸阅读

“新材料产业”包括则新材料及其相关产品和技术装备。具体涵盖：新材料本身形成的产业；新材料技术及其装备制造业；传统材料技术提升的产业等。与传统材料相比，新材料产业具有技术高度密集，研究与开发投入高，产品的附加值高，生产与市场的国际性强，以及应用范围广，发展前景好等特点，其研发水平及产业化规模已成为衡量一个国家经济、社会发展，科技进步和国防实力的重要标志，世界各国特别是发达国家都十分重视新材料产业的发展。

得到论证会的肯定，深圳市科协和科工贸信委联名给深圳市委书记王荣写了封信，言辞恳切，希望将这个团队引到深圳。

省科技厅厅长李兴华得知这一消息后十分兴奋，他告诉王学为："这个事深圳单独干还不行，省里将出台创新科研团队和领军人才引进的项目，可以放到里面"。

李兴华兴致勃勃地开始构思团队引进后应如何使用，他想到了打造民营研究院，还亲手画了一张架构图——最终，这个"民办官助"的"光启高等理工研究院"从纸面照进现实。

王学为对市委书记王荣说："我来深圳23年来，如此执著而强烈地向领导推荐项目，是唯一一个。"他对王荣说："这真会成为深圳未来发展亮点，是今后可持续发展重要支撑。"

在现场听完刘若鹏团队的讲述，市委书记王荣、市长许勤做了两点指示：一是要给予大力支持；二是给予一次性充分支持。这是深圳首次明确表态，欢迎刘若鹏团队在深圳落地。周路明说，"这帮小孩的事情有了眉目。"

2009年底广东启动首批创新科研团队和领军人才引进工作，刘若鹏的团队到北京接受高层次的评审会。

评审会展开了激烈的交锋，不少专家对其产业化前景表示怀疑，但一半以上专家表示认同，专家组组长、两院院士王越也大力支持，持续4小时的评审程序后，光启团队最终通过论证。

于是，广东省和深圳市达成共识：充分支持刘若鹏尽快成立研究院，实现团队目标。

光启成功入选广东省首批引进创新科研团队计划，而且是广东省唯一一支海外回粤落户的自建团队，获得4000万元专项经费资助，深圳市更是大手笔支持。

深圳决定从该市的软件大厦中，划出12000平方米作为光启研究院的实验室，政府出资2000多万进行装修，给予800万房租补贴，并计划投资近5000万购置实验设备。

学科交叉

烛照新材料产业化大势

现在的光启已然头顶光环，外界甚至谣传光启团队集“万千宠爱”于一身，网上炒作他们“有路子，有亲戚，会忽悠。”

周路明，以一种睥睨的态度面对信息不对称下的猜测和非议。“光启的落户，看似偶然，实则必然，这是发展的大势所趋。”

“深圳已经确定新材料产业为重点发展产业，而光启的到来与深圳可谓一拍即合。”

最吸引政府的是，刘若鹏的团队致力于研究新兴交叉学科领域。不管是周路明还是王学为，都提到了科技界的一个共识：重点学科发展面临的天花板障碍。

“每一个领域扎得都很深了，很难出成果，而重大创新往往都发生在交叉的边缘领域，通过交叉产生新的碰撞、新的火花、新的思想，从而产生新的成果和新的产品。”华南理工大学学院教授吴建青说。

光启研究院充分融合了材料科学、电子信息、生物光子、数理统计等多学科的先进技术，“他们核心团队的搭配非常有趣，谁跟谁学得都一样，更不是同一个实验室，这让我们觉得容易产生成果。”王学为说。

产业化路径逐渐开始清晰起来。光启已经和国民技术股份有限公司联合成立了智能无线互联联合实验室，计划未来5年投资2.5亿元，创造5000个核心知识产权和专有技术，实现对新兴技术在关键点上覆盖。

算上周末，未来5年每天需要产生三个核心知识产权和专有技术，这让光启背上很大压力。但刘若鹏却自信满满，“这一个月来，我们已经有三十多个知识产权。”

光启正在与众多知名企业商谈成立合作公司或与企业直接合作技术研发等，生产新材料的衍生品，比如微波拉远、波束调制、天线小型化、超材料的自主创新技术，合作对象有华为、中兴等耳熟能详的名字。

专家观点

见到这个团队，我恍然体味到当年钱学森回国的味道。

——深圳科工贸信委主任王学为

“隐身衣”成果具有里程碑的地位。

——英国伦敦大学帝国学院理论物理学家约翰·彭德里爵士

通过引进技术完善创新体系是个误区，有自主知识产权，这才有前途。

——深圳市科协主席周路明

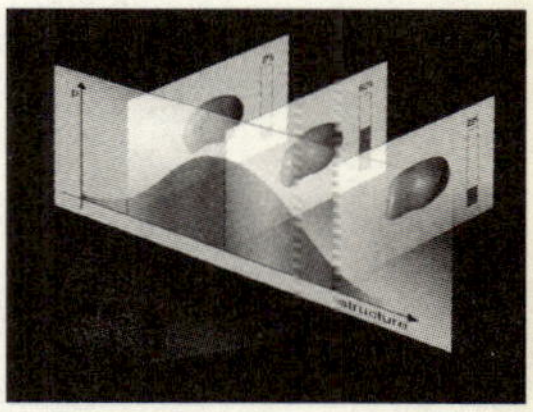

计算与建模。

超材料。

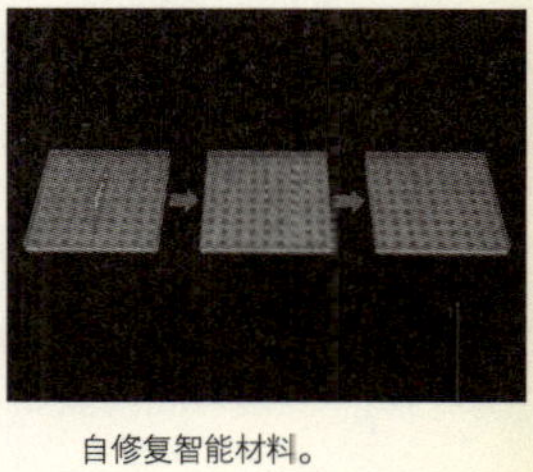

自修复智能材料。

光启正在进行的天线小型化研究，通过核心关键材料的创新改造，可有效扩大天线性能，从而缩小天线体积。此项技术科广泛应用于无线发射基站、手机天线等领域。

光启预计未来3年内搭建一个融合科技研发、人才培养、科技成果转化的大型平台，致力于在中国形成一批波音、苹果、甲骨文、谷歌这样的企业。

“这事至少需要10年，但我们一定要朝着这个方向走，不会动摇。”刘若鹏说。

人物特写

刘若鹏：工作狂人　科研牛人

几乎所有受访者都说，“这帮小孩”能有今天并非偶然。

深圳中学副校长赵立是刘若鹏高中的物理老师和竞赛辅导老师，对这个学生，他赞不绝口：当时刘若鹏的知识储备已完全超出了高中学生的涉猎范围，不单物理方面表现突出，且综合素质非常高，和人打交道的能力特别强。

时任班主任的李剑新老师说，刘若鹏当初进入深圳最好的高中时，成绩并不顶尖，分在了普通班。但第一次期中考试，他却考了年级第一。李剑新希望刘若鹏能一直把好成绩保持下去，可令人惊讶的是，刘若鹏却说只要成绩保证在前十名就够了，并不想花时间去争第一，没意义。

不解之余，李剑新发现刘若鹏确实像他自己所说，做了更多更有意义的事情。除了管好自己的学习，他看了很多文学名著，并专注于物理学习，还组织和参与很多的班级活动。

物理老师钮志红老师还记得，从高一开始刘若鹏就非常喜欢物理，担任学习委员时，他很喜欢组织同学讨论研究问题。

“当时班上有5个人参加了全国物理知识竞赛，刘若鹏等3个都拿了一等奖。”

“一次数学考试，他不仅早早答完试卷，还一题多解，让老师目瞪口呆。”

被保送到浙江大学竺可桢学院后，刘若鹏进入混合班学习，前两年班上没有学科之分，可以按照自己的兴趣选择导师。该学院世界级优秀导师的指导，为刘若鹏在超材料领域成就奠定了基础。

他选的老师是原麻省理工大学的教授，在超材料领域非常有名的人物。在导师指导下，刘若鹏大三时就开始接触这项新技术。很快，他迷恋上了这个领域，认为它“以后非常有前途”。

刘若鹏夜以继日地在机房推公式，做仿真，研究异相介质的东西。混合班的师兄说，刘若鹏做起实验来不要命，经常连续三四天不休息，一休息也是三四天。

于是，他被同学们公认为是狂人——不是“狂妄”的狂，而是“疯狂”的狂。

“很多人，包括一些博士生都不认同它的前途，但他还是坚持做。”现在美国亚利桑那州立大学读研的师兄彭博说。

2006年从浙大毕业后，他获美国杜克大学研究院全额奖学金，在电子工程系（ECE）硕博连读。他的导师是超材料创始人之一，进一步引导他走进超材料世界。

外形如一条黄色浴巾，由数以千计的类似人造玻璃纤维的“超材料”组成，它可以“抓住”微波并改变其方向。这便是刘若鹏和其团队呕心沥血三年发明的“隐形衣”。

在《科学》上发表论文的消息不胫而走后，浙江大学炸开了锅——论坛评论都带着两个字：牛人。

研发团队中，杜克大学博士季春霖是“半Bayesian统计半工程”的专家，是刘若鹏绝佳的交叉学科搭档。后来，他成了光启研究院的副院长。其他几个核心成员，也是他们在国内外参加科技竞赛人时认识的，有的已合作十几年。

刘若鹏成了名人，每年都会回母校给他的学弟学妹作讲座。但他最爱讲的还是如何培养研究兴趣，产生自己的想法，而不是很多人期待的如何考高分。

私下里，科技部原部长徐冠华对周路明说，“应该好好研究下我们的教育体制，如何能培养出像刘若鹏这样的领军人才。”

调研感言

现代社会解构了理想，如法国人勒庞在名著《乌合之众》中的描述，个人一旦进入群体，个性便湮没了，群体思想占据统冶地位。所以我们看到，现在的人们理想愈发飘渺，年龄越长，理想越淡。

但这次采访，我却看到了另外一面——一群“80后”科学家和“60后”官员的凝力，为了又一次科技大变革。“光启”这个名字本身就饶有意味，寄寓着我们将重归世界科技前沿。

如果自己到了中年，看到了新兴产业的星火燎原，定会为2010年的四下深圳感到自豪！

——赵洪杰

记者观察

光启团队特有星火味道

经过30年的高速发展，广东严重依赖土地与人口资源的发展模式已遭遇了严重瓶颈。经济发展受中国原创性技术太少的掣肘越来越明显，以无线通讯为例，中国在2G、3G的产业化应用上，已经向发达国家交了上百亿元甚至上千亿元的学费。

虽然中国的经济总量已经超越了日本，成为世界第二大经济体，但主要仍靠市场拉动，在模仿跟踪先进技术的老路上奋力前行，不久前曾有媒体预测，中国跟日本在自主创新实力上的差距至少50年。

因此，在后工业化时代，中国尤其是广东面临如何转型的挑战，而解决这些挑战的关键必须依赖科技创新。

通过引进有形产品和技术来完善创新体系是个阶段。但要归根结底，必须让创新力量的根扎下来，产生自主知识产权，这样才有远大的前途。

也正因如此，光启团队特有星火味道，特别有希望能成自主创新的燎原之势，我们需要为其发展壮大鼓与呼。

从最源头的自主创新一直到产业化的市场，这个战线很长，需要政府和企业足够的耐心，并克服以往的急功近利，只有做到这一点才能把握未来几十年发展的战略机遇期，甚至创造出技术发展、社会形态和人类文明的大变革。

既如是，光启的“超常规”落户，体现了政府在源头创新领域布局的魄力。突破现有引才体制的桎梏，我们应为执政者超越任期的眼光和务实鼓掌。

统筹　胡　键

撰文　赵洪杰　胡念飞　王巧爱

权威解读

新材料源头创新需要更多“光启”

南方日报聚焦深圳光启高等理工研究院一群青年科学家，报道他们成功研制超材料“隐身衣”并回国创业，为广东新材料产业源头创新布局积极贡献的故事。

头顶无数光环，已经受到了重点扶持的光启，能否真正走出一条自己的路，从而推动广东新材料产业取得创新突破?

南方日报特别专访省科技厅厅长李兴华，请他权威解读“光启模式”，剖析广东新材料产业发展之路。

李兴华

光启优势

创新才能喷涌的黄金期

南方日报：为什么会看重光启这么一支年轻的团队?

李兴华：首先，光启团队成员是具有较高的学术水平和明显创新潜力的青年科学家，研究成果具有较高的原创性和产业化潜力。光启研究团队成员平均年龄30岁左右，正处于创新才能喷涌的黄金期。

第二，团队研究方向符合广东产业发展要求，他们掌握的超材料等尖端核心技术和原创成果已站在世界新兴领域的领先位置。超材料的研究成果可广泛应用于无线通信、医学成像等战略性前沿领域。该团队的研究领域和掌握的核心技术对广东乃至中国的军事国防自主创新也具有重要价值。

第三，光启来粤创新的模式和经历，有可能给广东引进海外高层

网友数星星

广东的官员们能有勇气去做这样一件在不少人看来是不靠谱的事情实在难得。战略产业不是靠招商引资就能搞定的，战略靠的是真正的战略人才。

——奥一网友“南方不败”

广东人一直有一个缺点，干什么事情都只顾眼前利益，说好听了就是比较务实。但有战略眼光的东西不多。我倒是希望，广东人能在发展新兴产业上，少点务实，多点理想，要有给子孙后代留下未来的理想。

——南方网友“我是谁”

在全球经济格局中，发达国家占据着产业链的上游，我认为新材料产业每个领域都存在这样的问题。徐光启之后，中国的科技与西方拉开了距离，以“光启”命名，可见这帮小孩想提升光启研究院的雄心，不管怎样，实现美国梦的他们能回国创业，就值得我们挺一把。

——南方报网网友“京畿”

次人才产生巨大的示范效应，我们希望通过光启的示范效应吸引更多有志回国创新创业的青年科学家落户广东。

南方日报：听说总书记和总理也高度重视光启的落户？

李兴华：在庆祝深圳特区成立30周年时，胡锦涛总书记视察深圳时专门参观了光启研究院的技术演示，总书记鼓励他们继续创新，寄予厚望。

2010年8月，温家宝总理来深圳调研，现场考察了光启研究院近期人才引进与产业化项目进展情况并听取汇报。

光启团队是入选广东省首批引进的12个创新科研团队中最年轻的团队，也是唯一一支自荐团队成功入围。汪洋书记、黄华华省长在光启团队引进过程中都给予了重要批示。后来，汪洋书记还专门询问光启研究院资金到位情况，并鼓励光启团队再接再厉，加快发展速度。

科技部部长万钢则与光启团队进行长达3个小时的座谈，并转达温总理对光启团队的殷切希望，万部长说："温总理对光启青年科学家义无反顾，放弃国外舒适条件回国报效祖国深表欣慰，光启青年科学家不仅继承了老一辈留学生的优良传统，同时也为80后中国留学生回国报效祖国做出了表率。"

创新掣肘

资金链不完整是致命伤

南方日报：光启的引进对广东正大力发展的新材料产业具有什么意义？

李兴华：具有重要的战略意义，光启的成立有可能使广东一举抢占国际新材料研究领域的前沿阵地。

广东的新材料产业虽然具有良好的产业基础和市场空间，但在一些核心技术的掌握上，还十分不够，目前多数新材料产业的核心技术都被国外垄断。所以，广东要想做大做强新材料产业，就需要更多可以在源头创新的"光启"。

"光启模式"参考了美国顶尖科研机构的决策制度、成果输出、基金运作及发展模式，它的成立不能简单理解为一家新的研究机构的诞生，深圳在引进这个创新团队的过程中体现了很多新的思路、新的理念。

原科技部部长徐冠华说，该院采用"官助民办"的运作方式，有利于构建一个开放的国际化研究平台，在国际范围内整合人才资源，最终形成达到国际水平和符合国际惯例运作的高水平研究机构。

当然，光启研究院目前才刚刚起步，还需要探索，努力成为深圳的硅谷“肖克利半导体实验室”。

南方日报：我们在调研中发现，广东发展战略性新兴产业面临创新链条长、融资环境恶劣、移民环境不够理想等问题，如何去克服？

李兴华：在整个创新链中，资金链不完整是致命的问题。政府的科研部门对自主创新的前期做了一些支持，但真的是杯水车薪，有太多的需求了。特别是风险投资这一块，虽然广东在全国范围内已经做得不错了，但我个人觉得还是太欠缺了。光启研究院的架构巧妙地解决了这些难题。研发生态不完善的问题已经引起了我们的重视。这几年广东已经在着力打造自主创新的生态链条。

当然，这些都需要时间，需要全社会去培育，否则，星火就没办法燎原。南方日报的报道为助燃自主创新的“星火”开了一个好头。

广东启示

可先行先试建绿卡制度

南方日报：光启团队对广东引进战略新兴产业人才有什么启示？

李兴华：光启致力成为深圳乃至中国人才引进创新的第一站，与企业相联合引进人才是这个模式的重要特点。

“光启模式”应该是，给真正有才华的年轻人实现最大才华和抱负的机会，将所有智力成果贡献给国家，这和引进兼职、功成名就的诺贝尔奖获得者是两个完全不同的概念。正因为这样的科研创新人员的创造力没有爆发，如何判断谁最有才华？政府难于判断，这就需要一个对自己负责的民间机构，这种思路就是“光启模式”的内涵。

南方日报：广东在下一步引进战略性创新科研团队上有何考虑？

李兴华：对于今后创新科研团队的引进，不能仅局限于留学生、院士、长江学者，还要更开阔一些，将国际顶尖科研团队引进来。在创造移民环境方面，我建议广东先行先试，比如率先建立绿卡制度，

网友数星星
让创新天空布满
“启明星”

《“一群小孩”织出超材料“隐身衣”》刊发后，引起了读者的巨大反响和网友们的热议。南方网友“一笑”说，广东要想在未来能够风流依旧，就要多出现类似光启这样的“启明星”。这样的星星多了，才能照亮广东发展的天花板，启示广东的未来。

深圳光启研究院让我们看到了广东新材料产业创新的突破和希望。广东新材料产业之路，交融着务实与战略，也充满了光荣与梦想，就像奥一网友“南方不败”所感慨的，广东的未来不是梦！

解决外国科学家的后顾之忧，让他们专心做研究。

广东2010年又拿出5亿元揽才，现在我们既要重视投入真金白银的硬条件建设，更要重视大力吸引培育创新人才来粤创新创业的软环境建设，让广东产生自主创新的土壤。

纵深

民间资本　专项规划“助燃”新材料

“大力发展包括新材料在内的战略性新兴产业，无非是两大命题：怎样产生原创性的成果？怎么产业化原创性创新成果？”李兴华说。

“由于中国自主创新体系并不完善，造成了从源头创新到市场化应用间太多脱节，这是目前制约战略性新兴产业发展的瓶颈所在，也是破解这两大命题的关键所在。”暨南大学产业经济研究院院长朱卫平说。

“西方创新体系比较成熟，产业链分成了很多段，科研人员在实验室发现新的现象，形成理论，完成专利后就有人花钱买，为他们的工作埋单，使其击鼓传花式地延续下去。但在国内我们必须2次开发甚至10次开发，制造产品、找到应用、形成产品，然后大规模生产，开拓市场。”光启高等理工研究院院长刘若鹏分析。

也就是说，从源头创新一直到商业化，我们都要自己干，“能赚钱”之前没有埋单者。‘如果不从最遥远的头一直到市场，做东西只能是山寨、跟踪，发达国家知识产权已经覆盖了，你始终处于落后地位。”刘若鹏说。

创新链症结　完善研发生态考验政府和光启

“最主要的原因就是投融资环境太差，没有研发配套生态。”李兴华对此深有感触，“国内很多公司打着风险投资、资本投资的旗号，做的事情却是等企业快上市了才投资，希望一下子赚大钱。”

以光启研究院为例，其实在落户过程中，最大的困难一开始就存在了：投融资环境。

政府扶持必须按程序走，资金并不能马上到位。如何马上落户成了最棘手的问题。去年，深圳市科协主席周路明和深圳科工贸信委主任王学为帮着想到一个办法：找民间投资。

周路明带着刘若鹏团队选了3家有实力的风投公司——深圳清华研究院、深港产学研创业投资有限公司、鹏瑞投资有限公司。一开始，一位公司老总觉得周路明在“忽悠”，但看了资料，仔细听了介绍后，疑虑顿消，并当即拍板决定：别人不管，我投1000万元。一个星期内，3家公司分别将1000万元打到刘若鹏团队的账户上。

不难看出，3家风投的背后，有着浓厚的政府支持色彩，但依照目前的国内风投环境，这是最有效的途径。

刘若鹏说，他们要走的路还很长，如果能够吸引更多社会机构，创新产业链的平台就可以由大家合作共同搭建。

即便是创造“光启模式”，巧妙地缓解中国创新链过长的问题，光启仍受此桎梏。无论是新材料产业还是其他战略性新兴产业，如何尽可能地完善研发生态，考验着光启，也考验着政府和社会的力量。

规划新出路　瞄准投融资环境鼓励民间投资

政府的科研部门对自主创新前期工作给予了一些支持，但是杯水车薪。李兴华认为理想的状态是，研发的每一个环节由很多个公司负责，从研发到市场开拓形成产业，将自主创新变成服务业。“不完善的问题已经引起了我们的重视。”朱卫平认为，广东一定要重视不同产业阶段需要采取不同阶段的扶持措施。

具体的措施也在规划当中。“十二五”期间，广东将结合国家加快培育和发展战略性新兴产业的决定和规划，研究出台政策措施，支持产业投资基金、风险投资基金发展壮大。

记者了解到，为了促进广东省的新材料产业进一步发展壮大，克服现有的制约因素，省经济和信息化委原材料工业处、省材料研究学会以及各方材料研究专家们，正在联合编制《广东省新材料产业发展专项规划》。据悉，这些规划措施将于11月底对外公布。

记者提前获悉，战略性新兴产业发展规划中，已明确提出支持发

网友数星星

改革开放30年，深圳特区留下的最大财富是什么？我认为，最大的财富是留下了大批极具创新意义的大型民营企业，华为、中兴……这个名单很长。光启的出现，让我看到了深圳未来30年的发展愿景，深圳有胆识这么做，证明深圳有前途!广东有前途!

——奥一网友“俺是深圳人”

现在的问题是，我们一方面缺乏核心技术，缺乏掌握核心技术的人才，另一方面也缺乏将这种技术推广到实际应用中的能力。这两者都是我们当前经济模式的短板。但‘光启模式”既能吸引到最牛的人，也能创造出让创新链循环的科研环境，让我看到了希望，相信光启会是自主创新的启明星，孩子们，加油!

——南方报网网友“万象宾客”

展创业风险投资，规划中将列出研究设立省级创业投资引导基金，促进国内外风险投资基金投向我省战略性新兴产业，鼓励民间资本投资战略性新兴产业等具体措施。另外，规划还将列出支持利用资本市场融资。

参与新材料产业发展规划制定工作的省材料研究学会理事长梁振锋透露，广东将进一步采取改善投融资环境等重点措施，为新材料产业吹氧助燃，重点支持有比较优势的企业，进一步做大做强；大力扶持具有很好市场前景，位于产业链前端的产业；积极培育高端新材料产业，加大科研投入。

梁振锋认为，“在促进新材料产业发展上，我们一定要明白一个道理，越前端的产业越需要长期扶持。在这点上一定要处理好投资方的关系，有没有战略眼光，能不能坚持到底是最重要的。”

“光启模式”能否复制

任何事功，要成为一种成功的经验是容易的，但要成为一种模式却很难，因为“模式”不仅首先是一种成功经验，更要是一种可复制的、可推广的具有开创性的成功经验。现在说光启是一种“模式”为时太早，因为它还只是一把有前途的“星火”，并没有燃成燎原大火。但光启团队的引入及其与企业和政府的关系却已经成为一种模式。如广东科技厅厅长李兴华所说，一个研究院不仅需要技术上的创新，还需要管理上的创新、模式上的创新、体制上的创新。光启研究院的成立不能简单理解为一家新的研究机构的诞生，在引进这个创新团队的过程中体现了很多新的思路，新的理念。

在我国，创新链之所以难以形成，一个重要的原因就在于科技人员、学院、政府与企业之间无法形成良性循环。我们可以大致描述一个理想的创新链如何运转：首先，科研团队与相关企业、投资机构联合成立科研成果产业化公司；其次，通过科研机构授权，科研机构取得的成果以技术合作等方式在专门的项目公司进行产业化；最后，公司将科研成功产业化中取得的收益按一定比例返回科研机构，以支持其科研和日常运作。在我国的旧模式下，企业没有耐心培育和开发创新产品，具有良好技术和理论知识的科技人员没有足够的创新动力，而政府的投资除了在类似于航天技术等领域外，在一般领域也没有持久性。企业、科研机构和政府无法形成以科技创新为核心的有

7月13日，深圳光启高等理工研究院正式挂牌成立。

机体，必然导致创新链的断裂。

要形成良性运转的创新链就要形成创新的内在机制，之所以说光启可能成为一种模式，主要原因就是光启正在尝试从引进人才、建立科研机构的旧模式中走出来。“官助民办”的运作方式有利于其起步，但起步后，主要却并不完全依靠政府哺养，而是与企业实现深度合作，与市场需求直接挂钩，这样就保证了资金链不断裂，保证了光启具有充分的科研动力。光启模式另一个值得称道的地方在于，团队的组建并不完全依靠政府的奖励，这个团队本身具有自发性，而且是一个开放性团队。我们过去最头痛的就是优秀人才无法引进，这是因为人才的引进不仅要靠物质的奖励，更要靠软环境的吸引。光启研究院内部的决策制度、成果输出、基金运作及发展模式都参考了国外的成熟经验，这些都有利于人才的引进。

“光启模式”的可能性，取决于我们能否给它以成长的大环境，同时，也取决于它自身的努力。需注意的是，我们不应该将它捧成“温室的花朵”，仿佛成了模范，政府就不应该让它倒，哪怕它无法持续下去也要让它勉力支撑，我们应该让它到真正的市场化环境中接受市场的锤炼。它目前还只是在人才引进上成为模式，最终能否成为名副其实的“模式”，就要看它能否在市场中大浪淘沙、炼出真金。

（朱迅垚）

统筹　胡　键

撰文　赵洪杰　胡念飞　陈葵香

调研感言

一帮和自己年龄相仿的“光启小伙子”凭借着理想和执著实现了在别人看来为“不可能之梦”。这至少说明一点，干什么事情，虽然有了理想也未必行，但没有理想肯定是万万不行的。

所以，还是得承认，理想是理想者的通行证！要想在巨大机遇与巨大风险并存的战略性新兴产业领域脱颖而出，绝对要有理想！

——胡念飞

前景剖析

广东不能沦为新材料“代工厂”

一家物流公司应用了“物联网”系统的货车，当装载超重时，汽车会自动提醒，并告知超载多少；若还有剩余空间，则告诉你轻重货怎样搭配；当搬运人员卸货时，一只货物包装可能会说：“亲爱的，请你不要太野蛮，可以吗？”

战略性新兴产业的未来，让看似梦幻的“物联网”时代场景变为实现。然而，物联网领域所有的系统技术都离不开作为高新技术基础和先导的新材料产业。

新材料产业已然成为世界各国综合实力竞争的制高点。6月7日，胡锦涛总书记在两院院士大会上，把新材料产业列为新的经济增长点和国际经济科技制高点。

一个月内，南方日报记者采访了新材料领域十几位专家，走访了江门、深圳等地几家具有星火味道的新材料企业，对广东省新材料产业展开深度调研。

调研的结果不容盲目乐观。广东的新材料产业发展已显隐忧，不容忽视的短板已摆在面前，我们不得不思考：如何避免沦为国际新材料产业的“代工厂”？

隐忧困扰南粤新材料

2003年起，我国的新材料产业每年都以20%以上速度增长。经济实力发达的广东，各产业的发展和转型更是须臾不可离开新材料。

可以用这样一组数据来说明新材料产业对于广东经济发展的意义：去年广东新材料产业规模3600亿元，年产值超亿元的企业有300多家，“十一五”以来，广东省新材料产业增长了145%。

国家新材料行业生产力促进中心主任吴玲介绍，由于技术进步速度加

江门真明丽集团是国内外唯一一家拥有“外延片—芯片—封装—应用”垂直完整产业链的半导体照明生产企业。

快，新材料大规模应用市场正在形成，急需上中游规模化生产能力的扩大和产品性能的提高。但值得警惕的是，地方低水平盲目投资现象严重，导致产业过度竞争，集中度低，技术支撑不够，产品质量良莠不齐。

广东新材料产业专家们也看到了发展过程中的隐忧：前沿性的新材料研发权重不高；产业链集中在中下游且非常不完善；产业集聚后出现了同质化严重的现象，差异化竞争没有形成，一窝蜂现象严重。

以锂离子电池和镍氢电池为代表的新型二代电池来说，这个原本代表深圳优势产业，虽然产量约占全球总产量的40%，但产值仅占25%。梁振锋认为，这是因为企业缺乏具有自主知识产权的核心技术，一直对低水平技术反复复制。

在高分子材料方面，广州改性塑料产业规模全国最大，需要大量树脂原材料。一个尴尬的事实是，除少量合成树脂外，原材料大量依靠进口或者来自外省市。“如果广州近期不突破或引进合成树脂产业化关键技术，塑料原材料生产滞后的局面在相当长时间内不会改变。这对广州高分子材料产业及其下游相关产业持续发展是一个危险信号。”省经济和信息化委员会原材料处调研员张友林说。

短板阻碍新产业腾飞

产业链集中在中下游更是让广东企业支付了高昂的“代工费”。

“以广东LED产业为例，在上游的芯片外沿、中游芯片、下游封装与应用各环节均已进入量产阶段，但相应的关键设备方面还非常薄弱，外延和芯片制造的关键设备主要还是严重依赖进口。”江门真明丽集团CEO叶国光向记者介绍。

叶国光透露，一个LED大型企业若无外延和芯片制造技术，一年要向美国、日本等国家支付2亿—3亿元的购买费，成本比自己生产高出30%—40%。

产业聚集原本可以扩大产业基础，对与产业的长远发展有着积极意义，但广东新材料产业却在产业集聚后出现了同质化严重的现象。

还是以LED产业为例，叶国光预测，LED手电筒现在市场价是5元一个，由于地方政府盲目投资，明年极有可能出现产能过剩，“2元一个都可能没人买”。

广东一位不愿意透露姓名的专家披露，目前广东在新材料领域的科技创新体系尚未形成，跟踪仿制多、自主创新能力弱，而材料技术集成能力差，加工技术及装备制造水平低，是广东新材料产业技术最薄弱的环节。从某种意义上讲，广东还只能算是新材料产业的“代工厂”。

广东新材料产业发展的短板已经摆在我们面前，让我们不得不思考该如何摆脱这一尴尬局面。

目前，广东亟需提高新材料产业的规模和产业集中度，培育一批具有国际竞争力的龙头企业，形成以企业为创新主体的新材料工业创新体系。实现新材料产业由资源密集型向技术密集型，劳动密集型向高效经济型的转变。

在这种背景下，广东需给新材料产业吹什么氧，助什么燃，值得考量。

吹什么氧？助什么燃？

要想不沦为“代工厂”，广东亟需在国际分工中突破源头创新。但记者在采访中发现，即使是像光启这样以国际化方式打造的研究机构，也不能免俗地要适应中国国情。政府虽然已经大力度支持，但总希望能尽快产生成果，尽快产业化应用。所以，在科研创新和产业化这两者之间，必须找到平衡点。

深圳科工贸信委主任王学为坦陈，政府在某种程度上肯定是急功近利的，你说这么多钱砸下去，等了几年还不出什么成果，人大代表问起来都不好说。

这一的良苦用心，从共出资3000万的风险投资公司身份就能看出来，这3家公司全都是国内较著名的风投企业。

之所以如此安排，就是担心光启在今后科研，尤其是产业化运作、企业上市工作中会遇到很多棘手的问题，而在处理和解决这些难题时，创建团队可能由于年轻而经验不足，因此“这帮小孩”需要“老江湖”一路扶持。

为了尽快实现产业化，光启团队选择了一个折中的办法在做好基础研究，保证成果意义尽量大的同时，在科研上尽量选择在短期内最有可能实现应用的技术领域。

虽然政府一路绿灯，创造了自主创新体系载体建设的“光启模式”，其实在幸运背后，他们依旧面临着诸多困难和挑战。

年轻的光启科学家们提出了两点希望：一是，希望政府对新兴的战略性产业不要急功近利，对未来的转型给予必要的时间；二是，人民币在不断升值，成本在不断上升，单纯靠以前的发展模式难以为继，企业在投资新兴产业上，要对项目认同，并给出等待期。

“如果无法容忍战略性新兴产业在赚钱上比山寨机来得慢，给了钱，下一年财政报表就要赚多少倍，战略性新兴产业很难培育。”光启团队说：“让新材料产业的‘脊椎’先长出来，才有可能真正实现‘弯道超车’。”

深圳市科协主席周路明认为，发展新材料产业等战略性新兴产业，吹氧助燃某种意义上就是要给予他们足够的燃烧空间和时间。

广东现状

产业集群正在形成

2009年底，广东对高新技术产业进行了重新认定，全省共有新兴技术企业473家，占全省的14%，在8个高新技术产业中排名第4。

网友数星星

政府支持必要，但应有边界

政府的支持必不可少，但要有边界。政府需要提供必要的政策支持，打造适合创新的技术、产业、金融、生活环境，提供市场融资的资本市场，搭建必要的创新平台。在有必要时，政府可为创新者提供必要的资金，但需要符合相关政策，遵循必要程序。

创新的产业化道路更为关键。对创新企业放松市场准入条件，支持创新型企业开拓国际、国内市场，以市场化路径促进企业的持续发展，是保证持久创新的基本途径。

合力构建机制化的创新路径。自主创新需要构建以企业（或个人）为主体、以市场为主导、以政府为推动力、以资本市场为纽带、以技术及其市场化为目标的创新机制。在这一机制里，企业、政府、个人和市场自司其职，各自发挥其应有作用，这样整个社会的创新活力才能源源不绝地迸发出来。

——奥一网友谌毅兵

（作者系深圳龙岗区委党校教师）

国家发改委宏观研究院对外经济研究所博士王海峰表示，广东省生物医药和电子信息等高新技术产业已进入了一个高速发展时期，这必须依靠新材料产业技术的进一步发展作为基础。

“广东既是新材料需求大省，也是生产大省。”省新材料研究学会理事长梁振锋说。

在这种供需皆十分强劲的情况下，广东涌现出了一大批龙头骨干企业，使新材料产业的支撑能力得到提升。

在新电池材料领域，深圳市贝特瑞新能源材料股份有限公司，这个8年前还只有投入没有产出的企业，2010年出货量首次超越日本企业日立化成，排名全球第一，成为全球锂电负极材料行业内的龙头企业。

在化工领域，广州金发科技股份有限公司是迄今国内改性塑料行业中唯一一家上市公司。其石化新材料品种规格全国最重，研发科技向更高级的新材料产品进攻，三至五年内，该企业大型商用飞机轻质高强结构材料碳纤维有望下线生产。

在集成电路线板领域，以生产电子陶瓷材料和片式电子器件为主的风华高科，实力位居全球第五，是我国集成电器线路板方面的主力军。而同一领域的深圳的顺络电子股份有限公司，也不甘示弱成为世界第三大片式电器的生产商。

在LED芯片材料领域，江门真明丽集团是国内外唯一一家拥有“外延片—芯片—封装—应用”垂直完整产业链的半导体照明知名生产企业，产品超过一万种，销售网络遍布全球上百个国家和地区。

有了龙头骨干企业，广东省新材料产业的集聚态势也正在形成，拥有国家级材料基地15个，省级特色产业基地30多个。

广东省新材料产业的研发创新能力也不容小觑，目前广东已有新材料领域的5个国家重点实验室，11个国家重点工程中心和30多个省级工程中心。例如，致力于场致发射平板显示材料、一维纳米材料的中山大学光电材料与技术国家重点实验室，以及华南理工大学材料科学与工程学院，拥有聚合物新型成型装备、金属材料近净成形、人体组织功能重建等3个国家工程（技术）研究中心。

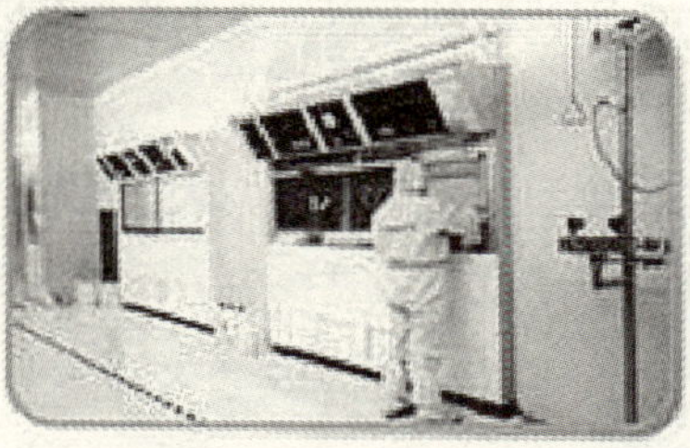

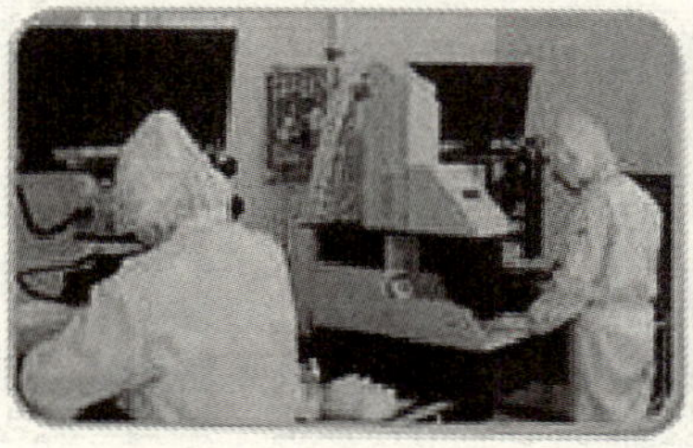
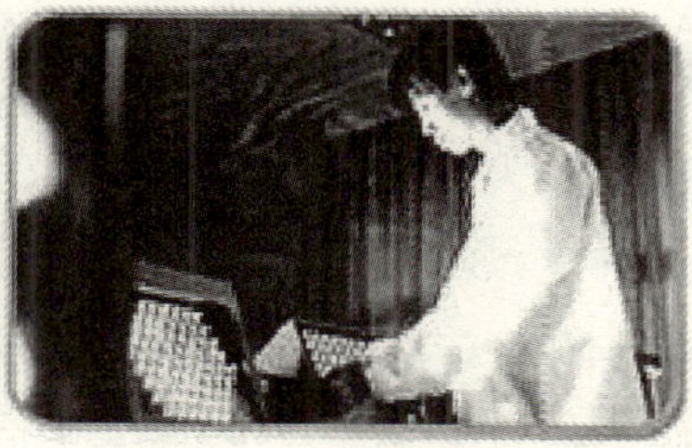

三问“新材料”

1.新材料是个啥?

新材料与信息技术、生物技术一起成为二十一世纪最重要和最具发展潜力的领域，那么到底何为新材料？新在何处？

新材料是指从20世纪中叶开始的大规模的材料革命至今，新发现的性能相较于传统材料更加优越的材料，或对原有传统材料进行物理或化学形态变革以后所形成的新型材料。

新材料作为高新技术的基础和先导，应用范围极其广泛，目前，按应用领域和当今的研究热点可以把新材料分为以下的主要领域：电子信息材料、新能源材料、纳米材料、先进复合材料、先进陶瓷材料、生态环境材料、新型功能材料（含高温超导材料、磁性材料、金刚石薄膜、功能高分子材料等）、生物医用材料、高性能结构材料、智能材料、新型建筑及化工新材料等。

2.为何高度重视?

由于新材料的基础性作用，新材料产业对推动其他产业增长的作

网友数星星
国内科研不该排斥交叉学科

光启研究院的刘若鹏2010年在民政局和我有一面之交，当时我没有太在意这个研究院，因为深圳的民办研究院太多了。没有想到这帮年轻人正在研究世界最前沿的技术：超材料。

根据媒体公布出来的数据和情况，我认为光启研究院的这些年轻科学家，在大方向上是完全走对了，当今科学技术的发展，走交叉研究很有前途，大的技术突破往往是在学科交叉的边缘地带出现的。可惜的是，国内有些大学和研究机构有很多所谓的权威，他们对相邻、交叉领域的知识了解很少，而且往往还排斥做边缘、交叉学科研究的科学家。

光启研究院在得到政府给予的启动资金后，今后应该依靠自己的知识产权、研究成果转化，面向市场发展，把交叉研究的优势充分发挥出来。祝福、盼望深圳市能够诞生一个台湾工研院级别的新技术孵化器。

——南方网友罗兵
（作者系深圳市产业经济研究会秘书长）

用是十分巨大的，有时甚至使某些产业产生几何级数的发展，对于其他产业在市场规模扩大上有着“乘数效应”。

学者陈建勋在《中国新材料产业成长与发展研究》中介绍，从发展趋势上看，中国制造在全球处在从垂直分工向水平分工的转型过程中，而新材料最有可能首当其冲，它也是我国在国际水平分工中可能突破的第一大领域。

3.中国有何动作?

在由科技部火炬高技术产业开发中心批准的120余个“国家火炬计划特色产业基地”中，以新材料为重点方向的约占1/3。而在每年申报和批准的国家火炬计划项目中，新材料的比重大于1/4。同样，在53个国家级高新技术产业开发区中，约有1/3把新材料作为重要方向。

2009年底，国务院总理温家宝发表题为《让科技引领中国可持续发展》的讲话，明确将新材料产业列为国家战略性新兴产业之一。

时过一年，国务院总理温家宝主持召开国务院常务会议时，审议并原则通过《国务院关于加快培育和发展战略性新兴产业的决定》，决定指出了需要集中力量、加快推进的七个重点产业领域，新材料产业成为我国重点发展的高新技术之一。

统筹 胡 键

撰文 赵洪杰 胡念飞

王巧爱 张 娜

7 新能源汽车产业

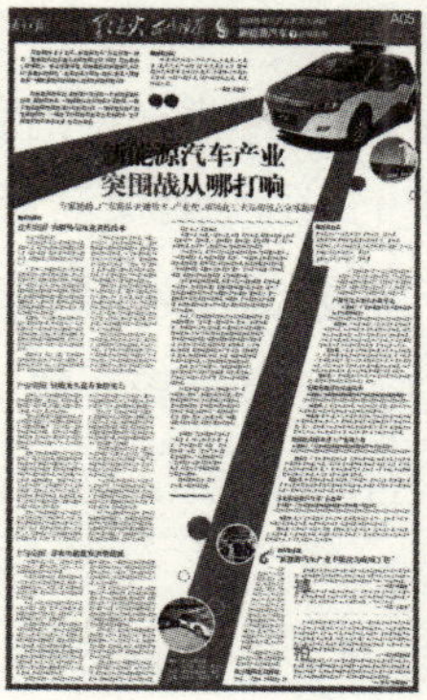

新能源汽车产业突围战从哪打响

5年后产能有望突破60万辆

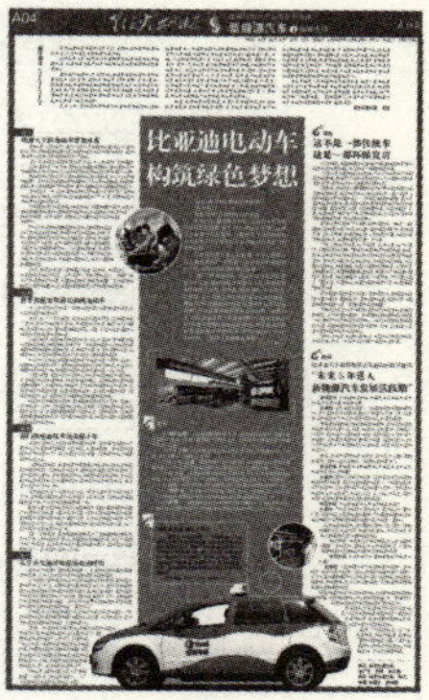

比亚迪电动车构筑绿色梦想

着力突破动力电池、驱动电机和电子控制领域关键核心技术，推进插电式混合动力汽车、纯电动汽车推广应用和产业化。同时，开展燃料电池汽车相关前沿技术研发，大力推进高能效、低排放节能汽车发展。

——《国务院关于加快培育和发展战略性新兴产业的决定》

开篇语

新能源汽车：全球汽车产业的新支点

世界正在押注新能源汽车产业，中国正在聚焦新能源汽车产业，广东正在发力新能源汽车产业。

以混合动力车、纯电动车和氢燃料电池车为代表的新能源汽车，正在成为全球汽车产业的新支点和低碳经济的重要突破口。

据权威机构预测，到2015年，全球各种新能源汽车年销量将达到560万辆，2020年将达到1730万辆，日本、美国、欧盟等发达国家和地区纷纷将新能源汽车产业作为技术研发和未来产业布局的重头戏。而已成为全球最大汽车消费市场的中国，更提出2020年新能源汽车产业化和市场规模将达到世界第一的宏伟目标。

11月5日，第25届世界电动车大会将在深圳举行，这标志着世界又一次将新能源汽车发展的焦点对准了中国，对准了作为中国第一经济大省和重要汽车生产基地的广东。目前，广东新能源汽车产业正处在大发展的前夜，掌握了动力电池、电机、电控和充电设施等新能源产业链上关键环节的自主技术，并达到全国乃至全球的领先水平；同时，作为中国主要汽车生产基地之一，广东在汽配、整车生产和技术研发等方面具有巨大优势，新能源汽车产业化已箭在弦上；再者，以深圳为代表的珠三角发达城市出台了领先全国的新能源汽车补贴政策，并制订了庞大的充电设施建设计划，广东新能源汽车大规模推广应用的格局已渐次铺陈。

但是，机遇面前也有隐忧。目前广东新能源汽车产业还存在着龙头企业带动能力不强、动力电池总体生产水平不高、新能源汽车产业标准缺失、人才和科研力量不足、充电设施接口标准不统一难以成网、动力电池二次回收技术和体系不成熟等诸多难题。能否突破这些瓶颈，关系着广东能否在2020年实现电动汽车“产业规模、品牌影响和技术水平均进入国际前列”的目标，也决定着广东未来能否成为全国乃至全球最重要的新能源汽车产销基地之一。

为全面展现广东新能源汽车发展全局，透析广东新能源汽车产业在全国乃至全球产业格局中的优势与劣势，进而探求广东新能源汽车产业未来发展之路，分“战略先锋”、“战略决策”、“战略前景”三个篇章对广东新能源汽车产业进行深度解读与剖析。

战|略|先|锋

比亚迪电动车构筑绿色梦想

“比尔·盖茨和王传福谁更聪明？”

“王传福！”

这是“股神”巴菲特给出的答案。

作为比尔·盖茨的老朋友，巴菲特从来没有买过微软的股票，却于2008年以18亿港元认购了比亚迪10%的股份，从而把这个当年在国际汽车领域名不见经传的中国汽车企业推进了行家的视野。

巴菲特当然不是心血来潮。作为在股票市场上屡战屡胜的“不倒翁”，这位信奉价值投资的大师，从来不买没有把握的股票。

“独门”铁电池技术，可让电动汽车续航达到300公里，领先国际水平至少5年；成熟的双模电动汽车技术，可满足“短途用电、长途用汽”的需求，这一创新让沃尔沃的老总也为之叫好；随着F3DM双模电动汽车的批量生产以及E6纯电动汽车在深圳出租车市场上的应

延伸阅读

图1 各种新能源汽车

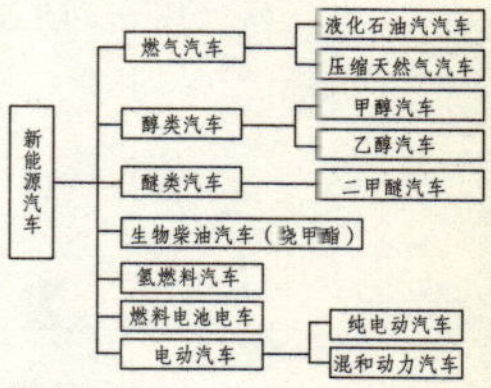

数据来源：莫尼塔

图2 部分国际车厂的新能源汽车

公司	车型
丰田	普锐斯混合动力轿车
通用	Conver插电式混合动力轿车、 Volt插电式混合动力轿车
欧宝	Ampera插电式混合动力轿车
宝马	宝马7 Active混合动力轿车 Mini E纯电动轿车
奔驰	Smart纯电轿车
三菱	i-Miev纯电动轿车
雷诺	ZE系列纯电动轿车
日产	Leaf纯电动轿车
本田	Insight混合动力轿车

数据来源：莫尼塔

用，“技术为王”的比亚迪公司正在新能源汽车领域大放异彩，并逐渐显现出领跑者的姿态。而比亚迪的终极梦想正是品牌的内涵：BYD（Build Your Dreams）——构筑人类的绿色梦想！

破茧

电池大王的电动车梦想成真

2003年1月23日，毫无汽车生产经验的比亚迪公司宣布以2.7亿元收购西安秦川汽车有限责任公司77%的股份，成为继吉利之后第二家民营轿车生产企业。

生产电池的企业要进军汽车行业，世人都惊叹“王传福疯了”，比亚迪股价一泻千里。然而王传福的梦想是，通过电池生产领域的核心技术优势，打造中国乃至世界电动汽车的第一品牌。

电池技术+汽车技术，打造创新的电动汽车技术。从介入汽车领域的第一年开始，比亚迪就每年招收上千名大学生组建庞大的研发团队，着力于新能源汽车的研究，其中前期研发投入就超过20亿元。

仅仅过了一年，比亚迪自主研发的电动汽车就开到了2004年的北京车展上。2005年，比亚迪燃油车F3上市，F3E电动汽车的样车也随后面世。

如果能实现“长途用油，短途用电”，那新能源汽车对充电设施的依赖就会减少。按照这样的理念，比亚迪又开始了创新技术的研发，并于2007年推出了双模电动汽车F3DM的样车。

F3DM具有纯电动模式和混合动力模式两种独立运行或混合运行功能，最高时速可达到150公里/小时，总续航里程可达到500公里以上。F3DM于2009年开始对个人发售。如今，深圳已经有108个家庭拥有了属于自己的新能源汽车——比亚迪F3DM。到2010年，深圳市民又坐上纯电动出租车——同样来自比亚迪的e6，50辆比亚迪e6奔跑在深圳街头，成为一道别样的靓丽风景。

目前，深圳比亚迪已经掌握了电池、电动机、电控这三大电动车的核心技术。“2010年生产一千辆，明年生产一万辆”。依托广东成熟的产业链，比亚迪在惠州、韶关等地建了电动车相关的生产和实验基地，比亚迪的新能源汽车产能将不断提高。

▶ 技术

世界续航里程最长的纯电动车

在大多纯电动车还是一种概念的时候，深圳普通市民已经可以体验到纯电动车。

上车，按一下开关按钮，没有启动马达的声音，车辆就完成了启动，拨到D挡，松开刹车，车辆就动了起来，踩下油门一瞬间，发动机强大的“推背感”瞬间即至。日前，记者在比亚迪坪山基地亲身体验纯电动车e6。

记者了解到，目前e6的售价约为30万元，比亚迪汽车销售有限公司副总经理王建均透露，这其中有一半是电池的成本，而由于国家和深圳两级政府的高额补贴，e6最高可享受12万元/辆的补贴，这意味着e6上市后消费者可以以18万元左右的价格购买到。

e6之外，比亚迪目前推向私家车市场的只有F3DM，这是一款插电式双模电动车，采用电动和混合动力两种模式，混合动力能够提供传统2.4L发动机的动力，而排气量只有1.0L左右。

“我们发现，私家车对于中国人有代步和郊游的双重功能，于是我们形成短途用电，长途用油的模式，也就是现在F3DM双模的模式”，王建均说，2008年，F3DM拿到国家公告目录，这两年逐步向市场开放，这是目前国内唯一上市的双模电动车，目前深圳路面上已经行驶了108辆这种新能源私家车。

F3DM采用插电式充电，普通的家用电就可以充电，充满一次电约8个小时，可以跑60公里。在深圳，F3DM的车主多在晚间充电，60公里的续航里程可以保证上下班的距离，长途时就依靠燃油保持动力，而只要车辆在行驶，燃油发动机还会源源不断地为电池充电。

数字说话

◎300公里

比亚迪纯电动车e6充满一次电的续航里程，出租车司机反馈e6充满一次电大概能跑230-240公里，有网友8小时体验得出的数字是267公里。

◎1.5小时

比亚迪e6充电如选择中充方式，充电时间为1.5小时，快充只要20分钟到40分钟。

◎0.3元/公里

“的哥”罗保东计算，纯电动e6出租车每公里的耗电成本是0.3元/公里，而燃油出租车每公里超过0.6元，成本节能1/3以上。

▶ 领跑

独门铁电池技术领先超5年

与目前全球已上市的另外两款电动车，采用锂电池的日产聆风（Leaf）和通用雪佛兰Volt相比，比亚迪是唯一采用铁电池技术的电动车生产厂家，也是目前全球唯一实现铁电池大规模商用化的企业。

“与锂电池相比，铁电池具有高容量，高安全性，低成本和绿色环保的特点”，王建均告诉记者，锂电池在高温、挤压的状况下有可能发生爆炸，而铁电池则不会，同时铁很容易分解，电池回收不会造成污染，尤为重要的是，铁电池的寿命相对较长，基本上可与汽车寿命一致。

王传福此前曾表示，e6投入出租车市场已经3个月，目前最长里程的车已经达到了3万多公里，但电池容量丝毫没有下降，与比亚迪实验室数据一样。

曾多次参加世界电动车大会的深圳市节能与新能源汽车推广应用办公室负责人蔡羽告诉记者，世界上其他纯电动车的续航里程没有能达到160公里以上的，比亚迪的电动车技术水平领先行业3年以上。而比亚迪高层则更加自信地告诉记者，这一技术至少领先世界5-10年。

“除了比亚迪，没有哪家新能源汽车厂商能够同时拥有汽车生产技术和电池生产技术，这就是比亚迪的优势；而对于传统汽车厂商来说，电动车研发生产基本是重头再来，这就是比亚迪的机会”，一位受访的业内人士说。

推广

从公共交通开始迎接电动时代

电动车市场推广面临哪些瓶颈？一是充电配套设施还需建设和完善，二是人们对于汽车的消费观念还需要转变。

从2010年起，深圳逐步加大对于新能源汽车的补贴，纯电动车最高补贴12万元，双模电动车最高补贴8万元，将比亚迪新能源汽车的价格拉到燃油汽车的价格区间，而与此同时，深圳宣布2010年在深圳建设7500个充电桩，到2012年建2万个，为新能源汽车发展提供配套设施，“2012年力争充电设施网络密度突破深圳现有加油站密度的50%”，蔡羽表示。

万事俱备，比亚迪选择公共交通作为电动车的突破口。“电动车商业化过程很重要的路径就是公共交通，因为出租车、公交车的使用范围相对固定”，王建均表示。

“很多人对电动车没有概念，而现在在深圳坐出租车就可以亲身感受电动车，这也是改变人们消费观念的很好的介入方式”，王建均说，“先让e6

投入出租车运营也是为了检验产品，如果用在出租车都没有问题，那私家车就更没有问题。明年纯电动出租车跑到15万公里，如果电池的性能仍能保持良好，那么电动车时代就来了”。

“2015年，成为中国汽车生产销售量第一，2025年，成为全球第一……”王传福对比亚迪的未来信心十足。

特写

这不是一部传统车　这是一部环保宣言

红白相间，颜色鲜艳的比亚迪e6纯电动出租车穿行在深圳的大街小巷，成为特区一道靓丽的风景。

作为全球首批纯电动出租车，它们不仅得到了深圳市民的热捧，更吸引了全球关注的目光。它们同时向世界发出宣言：深圳从此步入新能源汽车时代。

罗保东，深圳巴士集团鹏程电动汽车出租有限公司五星级驾驶员，爱心车队队长。他也是世界上第一批开上纯电动出租车的驾驶员之一。罗保东感到很骄傲，自从开上纯电动出租车，他总是不厌其烦地向乘客介绍它的好处：安静、提速更快、环保、可实现零污染；不论是起步、行驶，还是刹车，都非常平顺；对乘客而言，还可以少交2块钱的燃油附加费，更加经济实惠。

罗保东给记者算了一笔账：深圳出租车一般为1.8L排量，按照百公里10升油计算，油价就是60元。而电动车跑100公里需20多度电，按1元电价计算，100公里只需20多元，运营成本要节省一半还多。

数字说话

◎12万元

消费者在深圳购买比亚迪纯电动车e6可享受到的最高补贴。e6上市价格估计在30万元左右，消费者的购车成本在18万元左右。

◎50%

比亚迪纯电动车e6的电池部分成本占到整车成本的一半。

◎7500个

深圳宣布2010年在深圳建设7500个充电桩，到2012年建2万个充电桩，到时深圳充电设施的密度有望达到加油站密度的50%。

◎30辆

一辆传统燃油大巴车的尾气排放大概等于30辆私家车排放，一辆电动大巴相当于减少了30辆私家车排放，比亚迪的电动大巴即将下线。

“10个乘客打车有11个说好。为什么是11个？第11个就是我自己啊。”罗保东的同事卢仕明笑道。他说，有些女乘客对打车有点怵，因为传统动力车里面汽油味很浓，有些人会晕。但坐上电动车，不仅没有汽油味，而且乘坐空间大，舒服很多。他说：“深圳经常堵车，以前开手动挡燃油车，需要频繁踩离合换挡，时间长了脚发麻。现在开电动车，劳动强度大大减轻。一按开关，车子就启动了。”他认为，比亚迪e6的动力起码相当于3.0L排量的传统动力车。

卢仕明说，刚开始开e6时，老怕没有电，稍微远点的地方都不敢去，就围着几个充电站周边跑。现在对车子的性能和续航能力有了把握，连机场也敢跑了。

开纯电动汽车近半年时间，说到对e6有些什么建议和意见，几个师傅总结说：一是希望电池的续航能力再强一些，他们可以少跑回公司充电；二是汽车后座的脚垫扳有点高，若能稍微低点乘客会更舒服。对此，比亚迪公司正在积极组织技术攻关解决。

目前，已经有50辆比亚迪e6出租车行驶在深圳的大街小巷，再过一个多月，这个数字将达到100辆。

对话

比亚迪汽车销售有限公司副总经理王建均
“未来5年进入　新能源汽车发展活跃期”

南方日报：比亚迪的F3DM双模电动车和纯电动车e6投入市场后遇到哪些问题？

王建均：出租车司机提出，一是希望续航里程能够更长，对于出租车司机来讲，他们不希望车子停下来，但装更大的电池对于车子来讲是不经济的，价格会很高。

再者是充电时间，他们希望充电更快，特别是快速充电站的建设再多一些。目前，e6快充也需要20分钟到一个小时，而充电只达到60%-80%；深圳市区有100多个充电桩，大多是在政府部门的停车场里；充电时间在2-3个小时的具有中充功能的专业充电站，则主要设在出租车公司。

还有，很多F3DM的车主提出，这种车子太静，驾驶没感觉，对路人也没有提示，“悄悄的来很害怕”。

南方日报：新能源汽车群雄逐鹿，未来是否会产生充电标准不统一的问题？

王建均：国家工信部、科技部、发改委去年已启动起草电动车的标准，我们是起草组的成员之一。标准包括电动车插座等，工信部明确“手机充电接口不统一的失误在电动车上不会出现”。而企业方面，中石油、中石化、南方电网、国家电网等都在启动这样的项目。

南方日报：广东新能源汽车产业的根基怎样？

王建均：广东在全国处于领先水平，很多电池厂都在广东，包括我们也是做电池起家的，产业根基很雄厚。比亚迪从事的产业和政府扶持促进的产业方向是一致的。

未来电动车会进入快速的发展期。可以预见，其他品牌的产品也会在明、后年陆续登场，并在未来5年进入新能源汽车发展的活跃期。

我们判断，未来相当大精力将是在公共交通领域推广电动汽车，包括公交大巴和出租车，比亚迪愿意做城市交通电动化解决方案的提供商。

南方日报：政府应该如何鼓励新能源汽车行业发展？

调研感言

接到“星星之火，可以燎原”的策划任务后，我们对深圳新能源汽车行业进行了全面、深入的调查研究。

通过采访，我们发现了一个很有意思的现象：比亚迪的王传福是研发传统电池的科研人员，五洲龙的张景新是做汽车配件起家的农民企业家，世纪新能源的王明钧原本是香料行业的龙头老大……这些“敢于吃螃蟹”、目前在新能源汽车领域做得比较成功的企业家，几乎没有人有传统汽车行业的背景，他们来自社会的各个领域、各个行业，但是他们最终都选择了新能源汽车成为自己事业全新的起点。

环保、低碳的新能源汽车，正在成为有远见、有抱负的企业家们心目中的“香饽饽”，它也必将成为未来市民出行最为主流的选择。

——刘丽

王建均：一是鼓励公共交通资源逐步采用一些电动车，补贴不是针对某个企业，而是补贴某项技术。同时，对个人购买新能源汽车，政策上可做一些倾斜，包括减免购置税、停车费等。在日本就有新能源汽车减免停车费和高速公路收费的规定。

再者，电动车的认定应该有标准，应考虑电池组的续航里程、对环境的影响、节约能耗等因素，把一些采用已经淘汰电池技术的“伪电动车”淘汰出去。

技术研发方面，政府可以有针对性地在一些技术取得成果的情况下再加以引导和扶持，或者成果转向商业化的过程中加以引导和扶持。

此外，广东在项目引入时一定要有技术、环评的标准，只有设置相对较高的门槛，才能引进高技术、高资本型的企业，才能保证这一产业可持续发展。

统筹　姚燕永　姚伟新

撰文　曲广宁　刘　丽　南小渭

摄影　鲁　力

战略决策

5年后产能有望突破60万辆

粤新能源汽车产业链初露峥嵘

“20万辆产能是保守数字！”省发改委副主任张军在详解未来五年广东新能源汽车发展蓝图时抛出这样一句话。据了解，到2015年广东新能源汽车产能至少将达到65万辆，届时将满足中国新能源汽车需求的3/5，全球的1/10。

广东新能源汽车产业的优势不仅仅体现在产能，更体现在技术。

这预示着，广东新能源汽车产业链已初露峥嵘，站在了大发展的前夜。但客观分析，广东新能源汽车产销还存在着龙头企业带动能力不强等诸多难题。

广东新能源汽车将通过怎样的路径继续保持比较优势？今天本报对新能源汽车产业的调研继续深入，剖析广东在发展新能源汽车产业的战略决策。

三大优势

提升粤新能源汽车动力

技术优势

核心环节技术自主研发

广东新能源汽车的研究和发展，可谓起了个“大早”。

“我省从‘八五’计划中期就开始了新能源汽车的研究，是全国最早深入此类研究的省份之一。”广汽集团副总经理、广汽研究院院长黄向东介绍。到目前为止，广东在国家863计划电动汽车专项实施中，取得了350项专利，其中发明专利166项，分别占总专利数的44%

网友数星星

“南方日报开展战略性新兴产业调研具有前瞻性和现实意义。广东经济要转型，靠什么？只能靠新兴产业。”

——网友“匿名”

“电动车质量不能只靠企业的数据和试驾者的体验来说话，要有第三方权威检测。另外18万元的价格还是有点贵。”

——网友“一路微尘”

新能源汽车是一个大产业，大生意，大买卖，就是汽车产业的3D时代商业大片，搞新能源汽车需要大决心大魄力，不能搞小手段玩小聪明，小打小闹没戏，投机取巧也没戏，要玩就玩大的。

——网友“任盈盈”

和40%。

在动力电池产业链的部分关键环节上，广东具有垄断性技术优势。

“没有实现国产化之前，隔膜的成本占到锂电池的30%左右，每平方米需要3美元，而我们的产品面市后，成本的比例下降到15%-20%，价格约1美元。”佛塑集团总工程师、金辉高科董事长吴耀根告诉记者。

隔膜，是锂电池生产的关键部件。目前，金辉高科的锂电池隔膜二期已经动工。深圳的星源材质科技股份有限公司锂电池隔膜制造基地，预计在2013年全部建成。目前国内对电池隔膜的年需求大概是1.3亿平方米，未来广东两家企业生产能力为1.8亿平方米，有望实现替代进口。

“2010年有望销售新能源汽车电机1000台，2012年将达到年产3万套大功率永磁同步电机的水平。”中山大洋电机高层告诉记者。

未来，广东在新能源汽车产业上的技术优势有望持续发力。目前，广东已先后建立了国家电动汽车试验示范区、广汽研究院、省汽车工程重点实验室、东莞中山大学研究院等研发和检测平台，为新能源整车和动力电池、电机等关键零部件提供了相应的研发平台。

产业优势

打造广深珠三大产业基地

作为全国主要汽车生产基地之一，强大的配套能力和深厚的市场积累，成了广东发展新能源汽车的独有基础优势。

黄向东介绍，广汽集团无疑是广东汽车产业的龙头，目前广汽集团已经计划到2015年，新能源汽车年产量达到20万辆，其中涵盖微混、中重混混合动力车和纯电动车，车型涵盖轿车、大巴、SUV和专用车等。

黄向东说，广汽集团今后自主品牌车都将生产新能源版，未来还将把微混作为标配，“就是说广汽的自主品牌车都是新能源汽车。”

未来广东有望形成广州、深圳和珠海三大新能源汽车基地：在广州，2015年广汽自主品牌新能源汽车产能将达20万辆，东风日产计划2013年实现“聆风”纯电动车国产化，产能为5万辆；深圳则计划未来5年投入600亿建设新能源汽车产业基地，产能将达20万-30万辆；珠海的银通新能源基地二期工程建成后，新能源客车产能将达10万辆。到2015年，中国大陆新能源汽车的年销量将达到百万辆，全球各种新能源汽车年销量将达到560万辆。以此计算，广东新能源汽车产能将满足中国大陆新能源汽车需求的3/5，全球的1/10。

市场优势

推广补贴力度全国领先

新能源汽车产业的发展壮大，最终需要市场终端的消费者接受。

到2012年，深圳充电桩将突破2万个，密度达到加油站的50%。同时，深圳新能源汽车用户还可以随意选择5处经常停车的区域，由南方电网免费提供5个充电桩。这一创新模式将大大解决新能源汽车用户的充电瓶颈问题。在广州，占地1500平方米、可满足30辆纯电动公交客车充电的大学城充电站将在年内投入使用。

为了激发消费者对新能源汽车的热情，广东在补贴方面也居全国领先水平。作为全国最早实施新能源汽车补贴的城市，除了国家补贴部分，深圳还对双模电动车追加补贴3万元，对纯电动车追加补贴6万元，在深圳买纯电动汽车，最高补贴可达12万元。

目前，广东还把珠海、佛山、惠州、东莞、中山、汕头、韶关、湛江、潮州、茂名等市纳入新能源汽车示范推广城市范围。随着广东新能源汽车大规模推广应用格局的逐渐铺陈，未来数年，数以万计的新能源汽车将全面上路。

权威访谈

省发改委副主任张军

抢占电动汽车产业话语权

南方日报：我省提出新能源汽车产业的发展目标是：到2015年，广东省将形成20万辆新能源汽车综合生产力。这个目标的制定是出于怎样的考虑？

张军：就广州、深圳两地的发展情况和规划目标来看，这两个城市的产能就能达到50万、甚至是60万辆。那我们为什么会提出“20

“经济要转型，只能靠新兴产业”

“星星之火，可以燎原——战略性新兴产业南方大调研·新能源汽车”首篇报道刊出后，在网络上引起巨大反响，南方报网一位网友表示：“南方日报开展战略性新兴产业调研具有前瞻性和现实意义。广东经济要转型，靠什么？只能靠新兴产业。”

比亚迪汽车销售有限公司公关一部经理徐安则表示，“感谢南方日报对电动车推广的支持!从这组报道的策划来看，企业也感受到所从事的产业、行业和政府的规划、发展都很贴切，比亚迪能够利用自身的技术和社会发展做到同步，这样的报道也能加快社会对于电动车的认识，加快电动车推广的进程。

万”这么一个保守的目标呢？原因就在于，新能源汽车的发展对于配套设施、市场接纳程度的要求都非常高，这就造成这个产业的发展必然要走过一段艰难的道路。因此，这是一个结合市场接纳度得出的数字。

南方日报：市场接纳度的高低，在相当程度上与基础配套设施的建设有关。广东如何整体规划新能源汽车基础配套设施布局？

张军：目前来看，南方电网、中海油、中石化、中石油等企业投资建设充电充气设施的积极性很高。省政府刚刚和南方电网公司就电动汽车充电设施建设签署了战略合作框架协议。这是一个很好的开端。下一步，广东会以试点城市为重点，加强配套服务设施的建设；同时抓紧制订我省新能源汽车充电充气设施建设总体规划，并纳入城市建设规划。

南方日报：目前，全国各地对于电动车的一系列国家标准争夺激烈，在这方面，广东有何打算？

张军：大力组织新能源汽车骨干企业、高校和科研机构研究制定地方标准，尽快形成比较完善的地方性标准体系。大力推动具有自主知识产权的地方标准上升为行业标准和国家标准。同时，积极参加国际国内标准化研究和制订，力争在新能源汽车领域抢占话语权。

六大隐忧

制约广东电动汽车上路

起得早，也要“身体”好。广东新能源汽车产业尽管“赶了大早”，但在调研中记者了解到，产业目前还存在“一枝独秀”难以带动整体产业链的局限。

东风日产总经理松元史明阐述了新能源汽车实现大量生产和销售的三个必备条件：首先，新能源汽车要能作为一个正常车辆的功能进入普通家庭，要做到和普通车完全没有区别；第二，必须有基础设施来支撑供电；第三，合理的成本。

广东的新能源汽车产业的技术水平、产业规模和市场销量距国际先进水平还有很长的路要走。

一忧

产业龙头带动能力弱

一方面整个产业处于起步阶段，另一方面产业链需要龙头整车企业的带动。比亚迪是世界上少有的自己生产电池的新能源汽车企业，这一方面体现其强大的研发能力，但更是周边没有配套产业支撑的无奈之举。同时，广汽集团、东风日产集团的新能源汽车目前还都没有进入量产阶段，难以起到龙头带动作用。

二忧

电池产业整体水平低

目前，国内动力电池整体与国际水平仍有较大差距。而在广东，比亚迪虽然技术领先，但电池产品尚不对国内供应。黄向东向记者透露，目前国内大的汽车生产企业的动力电池的合格供应商主要有三家，天津的力神集团，浙江的万向集团和深圳的比克电池公司，而深圳比克电池的动力电池生产基地却设在天津，这显示出广东整体电池供应能力堪忧。目前广东动力电池企业的产品劣势主要体现在一致性差，即寿命短、易爆。

三忧

标准缺失“鱼龙混杂”

目前，广东乃至全国还没有制定统一的动力电池和新能源汽车标准，也没有权威的检测中心，导致市场上出现了“鱼龙混杂”的局面。比亚迪高层告诉记者，目前国内市场上出现了很多“伪动力电池”，采用的是很落后的技术，例如采用日本等国家淘汰的铝酸电池，这样的电池实际会造成新的污染，还扰乱了市场秩序，阻碍动力电池和新能源汽车产业的发展。

四忧

充电站接口标准空白

目前广东充电站接口标准尚未统一，制约了插电式混合动力车和纯电动车的推广。松元史明表示，希望政府和电网企业能够尽快坐下

网友数星星

“目前新能源汽车推广存在两大问题：一是观念，目前大众仍未意识到这是一项利国利民的大事；二是充电点不普及，民众对此存在顾虑，不敢放手购买。解决这两大问题的关键是政府要重视，一是要在资金上支持购车者，二是要建设充电点。”

——网友“我是传奇”

“作为上下班代步和节假日近距离休闲的工具，电动汽车还是很有希望的。人们购买私车，90%以上就是这个用途。”

——网友“家在北疆”

“推广电动车当然是好事，电动车的普及必定以充电站网络建设为前提。如果建设太阳能充电站综合服务中心，可以同时解决能源供应短缺和电动汽车基础设施短缺的问题。”

——网友“平安南粤”

来一起协商，制订统一的标准。另外，在推广期，新能源汽车数量有限，公共充电设施还不具备盈利的模式，有必要制定特殊政策加以扶持。

五忧

电池回收体系不成熟

广东动力电池的回收利用体系如何建设，如何避免电池造成二次污染，这些问题还没有解决，需要引起足够的重视。目前，江门芳源等企业在镍氢电池回收方面已居于全国领先地位，深圳也正在筹划建设动力电池使用跟踪和回收体系，政府应给予更大的关注。

六忧

消费者还未体会便利

目前新能源汽车要实现量产还有很多制约。譬如，新能源车必须具备一定的规模才能量产，上了规模才能通过规模效应带来价格的合理化，消费者才能买得起。而当前电动车推广的最大障碍，在于消费者看不到便利，体会不到实惠，接触不到示范。

扫描产业链重点企业

整车企业

◎广汽集团

5年后，广汽集团自主品牌车全部实现混合动力，基本上实现节能与新能源汽车的产业化，建立竞争比较优势。

◎东风日产

2010年3月在日产总部发布纯电动汽车“Leaf”（中文名聆风），广州市政府目前正在加快推进聆风国产化，力争2013年在广州量产。

上游企业

◎佛山金辉高科

锂电池隔膜二期项目已经动工，预计产能将达到6000多万平方米。

◎中山大洋电机

与北京理工大学共同研制的具有自主知识产权的大功率续流增磁电机驱动系统，综合技术经济指标达到国际领先水平。其自主研发的永磁同步电机已进入批量生产，2年之后达到3万套产能。

◎珠海银通

2010年8月，世界上产能最大、自动化程度最高、设备最先进的动力、储能锂离子电池三条生产线正式投产。二期工程完工后，电池产能将达到10亿安时。

◎中山中炬森莱

国内最大的镍镉、镍氢动力电池生产商，汽车动力电池占全国36%市场份额。

下游企业

◎ 深圳奥特迅

国内将高频开关电源技术引入直流操作电源系统的首创者，也拥有充电站用充电模块自主成熟技术，未来在全国有望至少占30%的市场份额。

统筹　姚燕永　姚伟新
撰文　陶达嫔　刘　丽　王　军
　　　何又华　沈文金　由广宁
摄影　鲁　力

调研感言

从某种程度上来说，新能源汽车对大众而言仍是一个“概念”，对于汽车行业来说也是一个正在积极探索的新领域。而高密度而扎实的调研，让我们重新对新能源车尤其广东的具体情况有了更深入的了解和认识，也让我们快速成为“专家”。

因此，这样一次深入调研非常及时也必要，对于仍然停留在“概念”上的大众而言，我们随后的系列报道为他们打开了一扇深入了解新能源汽车的窗口；而对于车企而言，正在“摩拳擦掌”暗中使劲的它们，仍然存在诸多困难和困惑，我们的走访调研，为他们提供了一定的行业指引以及声音传递的渠道。

——陶达嫔

战|略|前|景

新能源汽车产业突围战从哪打响

专家把脉，广东需从关键技术、产业化、市场化三大层面抢占全球制高点

无论拥有多少光环，新能源汽车“其实就是一辆车”，要满足作为交通工具的性能法则；同时，无论多热心环保的人，都会掂量荷包，价格高昂的新能源汽车好比“悬崖上的鲜花”，美丽但遥不可及；当然，更没人愿意去买一辆能量耗尽后却难以找到充电站的电动车。

对普通居民来说，新能源汽车还是一个相对遥远的馅饼。道理很简单：一辆虽然拉风但性能不足的车，一辆价格远超同性能燃油汽车的电动车，一辆没电后找不到充电站的车，一辆去了别的城市就没法充电的车，估计再坚定的环保主义者，也无法接受。

2020年，广东某城市。

早晨8时，你走入住宅小区车库。汽车旁边，智能充电桩上显示“充电完毕”。显示屏上，续航里程、耗电量以及电费等一目了然。你拔掉电源，打开车门，轻按开关，电动车便悄然启动。

行车在街头，窗外不时闪过充电站的身影，在那里只要等上一两支烟的工夫，电动车就能“吃饱”。一些道路上甚至还建有无线充电感应器，爱车可以边行驶边充电。因为是电动车专行道，一路特别顺畅，无塞车之虞。打开窗户，几乎听不到身下车辆的噪音，清新的空气扑面而来，让你精神抖擞……

这不是科幻电影画面，更非天马行空的臆想。在新能源汽车时代，这或许就是广东城市极普通的生活场景。基于广东目前的新能源汽车产业规划、产业基础、发展决心，梦幻的绿色汽车生活将水到渠成。到那时，广东将成为产业规模、品牌影响和技术水平均进入国际前列的世界电动汽车产业基地。

如今，广东新能源汽车的产业大戏已奏响序曲，主角陆续登场：“这不是一部传统车，而是一部环保宣言”，带着这句口号，比亚迪e6电动出租车正奔跑在深圳街头；9月19日，比亚迪奇瑞新能源合肥包河专营店开始试营业，这是全国首家新能源汽车直营店；近年来，比亚迪、星源科技、金辉高科、大洋电机、奥特迅、珠海银通等众多广东企业，在整车制造、电池、电池隔膜、电机、充电、储能等新能源汽车产业链节点上，已经领先全国甚至全球。

但是，集万千宠爱于一身的新能源汽车，也并非近在咫尺的产业盛宴。在技术攻关、产业化、市场化三大环节，还有众多鸿沟等待跨越。

无论拥有多少光环，新能源汽车“其实就是一辆车”，要满足作为交通工具的性能法则；同时，无论多热心环保的人，都会掂量荷包，价格高昂的新能源汽车好比“悬崖上的鲜花”，美丽但遥不可及；当然，更没人愿意去买一辆能量耗尽后却难以找到充电站的电动车。

如果把广东新能源产业比作一条巨龙，核心技术就是“龙头”，产业链如同“龙身”，市场就如同“龙尾”，巨龙飞舞，需要全身联动。广东新能源汽车产业要抢占全国乃至全球制高点，在这三个层面的突破已是迫在眉睫。

虽然荆棘丛生，但这必定是一条光明大道。

技术突围

内联外引攻克共性技术

技术！还是技术！

无论是汽车企业、研究机构还是观察人士，他们念叨最多的就是这两个字。抓住电池、电机和电控等关键技术，就捏准了新能源汽车产业的七寸。

广东珠三角地区在动力电池及其管理系统、牵引电机系统、动力系统等环节已经奠定局部优势，并涌现出一些先行企业。比如，比亚迪公司拥有领先全球的铁电池技术，星源科技、金辉高科拥有国内最先进的电池隔膜技术，大洋电机、奥特迅、比亚迪以及珠海银通分别是国内电机、充电、储能行业领先者。

就像是一只木桶，局部长板往往被众多短板拖累。专家直言，广东新能源汽车产业链部分关键技术和环节亟待突破。比如，动力电池隔膜、电解液用高纯度六氟磷酸锂、车用功率开关部件（IGBT）等产品仍主要依靠进口。

电池技术，被认为是广东新能源汽车最大拦路虎，广东动力电池产业整体水平并不高。从市场的选择来看，广东电池供应能力堪忧。

“汽车研发成本非常高，动辄以十亿元计，企业不敢贸然投入。这就需要体系和制度层面推动，政府的鼓励扶持非常重要。”对于技术突围，华南理工大学机械与汽车工程学院博导、教授李礼夫举了“两弹一星”的例子，依靠全国力量来推动技术攻坚。同理，广东也可通过“产学研”联盟或产业联盟的方式来突破共性技术。

“整车生产企业可以联合起来扶持几家电池企业。”黄向东的观点很有代表性。对广东来说，很有必要通过扶植本地电池生产企业，并引进国内先进的动力电池生产企业在广东设立生产基地，形成强大的动力电池生产能力。同时，集中研发力量，对产业链上的关键薄弱环节进行集中研发，打开技术瓶颈。

网友数星星

广东发展新能源汽车不能太乐观。一是目前在国际国内还算不上先进，尤其是技术攻关上还有很长的路要走。二是各地蜂拥上马新能源汽车产业，有跟风和功利化的趋势，发展新能源汽车产业要尊重产业规律，不能沦为政绩工程和获取政府补贴的工具。三是虽然珠三角地区居民的环保观念相对较好，但要务实、精明的广东消费者愿意购买，仍然要多想办法。

——南方报网网友

目前新能源汽车产业形势虽好但仍有风险存在，投资者和企业不能盲目乐观。分解新能源汽车的整条产业链会发现，锂电池制造是其最核心的技术。而现在与磷酸铁锂电池有关的大多数专利被美国注册占有。中国磷酸铁锂电池生产厂商仍需破解自主技术壁垒。

——网友‘假眼镜蛇”

“国内各层级的科研机构产业化倾向明显，导致在技术研发上难以深入。高校因缺乏资金也是心有余而力不足。”有专家对当前新能源汽车人才资源匮乏表示担忧，并建议广东省尽快建立全省级层面的新能源汽车产业创新平台，集合全球智力资源，对共性技术进行重点突破。

产业突围

扶植龙头提升集群实力

如果说，几年前新能源汽车还是汽车盛宴里的一盘点心，现在毫无疑问是一道主菜。而要让这道主菜走上餐桌，产业化是必由之路。

“要让消费者买得起电动车，就必须要实现量产，用规模化去降低成本，但要实现量产，又必须有一定的市场容量去支撑。”东风汽车有限公司副总裁、东风日产乘用车公司总经理松元史明如此描述产业化中的循环关系。

当前，制约新能源汽车产业化的瓶颈之一是成本较高，要破解则有赖于技术进步基础上的批量生产；另一个瓶颈是动力电池、电机等关键零部件的产业链尚未形成，难以支撑产业化要求。如何破解这一瓶颈？对此，李礼夫多次提到“必须遵循汽车产业基本规律”。他指出，在汽车产业链上，整车制造、零部件制造、服务贸易、相关工业等环节紧密关联，但重在整车制造环节这个龙头带动。

可惜，广东新能源汽车产业缺乏龙头企业已是不争的事实。目前，全国发展新能源汽车的省市都有自己的龙头企业，例如北京的北汽、上海的上汽、长春的一汽、安徽的奇瑞和安凯客车等。反观广东，广汽集团、东风日产的新能源汽车还未进入量产；比亚迪因选择自主生产零配件，尚没有带动广东产业链整体发展的能力。

因此，对广东来说，帮助广汽集团、比亚迪等龙头企业尽快做大做强，打造以骨干企业为核心的新能源汽车产业链显得异常迫切。同时，还应避免低水平重复建设和恶性竞争，以打造龙头强劲、配套能力强、结构合理的新能源汽车产业区域和产业集群。

尤其是在混合动力汽车方面，广东应扶植广汽集团、五洲龙、飞驰客车等在混合动力车方面有一定产业基础和宏大规划的汽车生产企业尽快赶上全国发展水平，打造广东自主混合动力品牌。

产业发展，标准先行。汽车业内人士也呼吁，广东省尽快制定统一的动力电池和新能源汽车标准，并设立广东省新能源汽车检测中心，明确新能源汽车发展的路径和技术标准，规范市场秩序，引导良性发展。

对于产业链的竞争力提升，专家们普遍推崇的路径之一是建立省级新能源汽车产业联盟，形成合力共同发展。全国乘用车市场信息联席会副秘书长崔东树甚至建议，广东新能源汽车企业可以整合全国资源，引领产业发展。

市场突围

寻求突破激发消费潜能

“就像手机一样，以前是大老板用，后来人人都可以用。”业内人士如是判断新能源汽车的前景。

与发达国家相比，我国的新能源汽车市场化进度显然落后。譬如，日本普锐斯自进入市场以来，全球销售超过百万辆，而2009年在我国销售仅几百辆。

不过，由技术发端的市场化学反应正在进行。广东珠三角新能源汽车的市场应用、示范推广及政策补贴，均走在了全国前列。

更具意义的是，广东初步找到了市场化的突破口：一是从公共交通领域切入，形成示范效应。二是加快充电站等基础设施建设，奠定市场化基础。这两者，均以深圳试水最深。

虽然市场持续发酵，但对普通居民来说，新能源汽车还是一个相对遥远的馅饼。松元史明以纯电动汽车为例表示，要实现大量销售涉及三大因素：性能、基础设施和价格。

道理很简单：一辆虽然拉风但性能不足的车，一辆价格远超同性能燃油汽车的电动车，一辆没电后找不到充电站的车，一辆去了别的城市就没法充电的车，估计再坚定的环保主义者，也无法接受。

目前，在市场化上广东当务之急要做好几个方面的功课。首先是配套设施建设，应该从省的层面，推动电网、新能源汽车生产企业共同研究制定充电站统一接口标准，并对充电设施建设给予政策扶持；同时大力推进全省特别是珠三角基础设施建设，打造标准统一、连片成网的充电设施网络。

用车成本，永远是消费者最敏感的因素。业内人士建议，除了推出补贴政策外，广东可效仿日本、美国等发达国家，在税收、停车、路桥费用等方面针对电动汽车等新能源汽车给予相应优惠。

也有专家表示，要警惕动力电池二次污染问题。在这方面，广东可先行一步，率先建立动力电池跟踪和回收利用体系，保障新能源汽车产业可持续发展。

网友数星星

新能源汽车事业成功与否，在很大程度上将取决于对策是否得当。发展新能源汽车是世界大趋势、大潮流，世界汽车工业竞争的焦点之一。同时，也是中国追赶乃至超越世界先进水平的一次难得机遇。

——网友“程振彪”

对新能源汽车发展要充满信心，只要付出努力和方式方法对头，就有赶超世界先进水平的可能。但在具体的科研试验和生产实践中，则无任何捷径可走，该做的功课，一节也不能少。

——网友“丁是非”

圆桌会议

国家信息中心信息资源开发部主任徐长明

全国乘用车市场信息联席会副秘书长崔东树

华南理工大学机械与汽车工程学院博导、教授李礼夫

全国知名汽车评论人贾新光

全国知名汽车评论人张志勇

产业化还有很长的路要走

话题1：广东新能源汽车产业在全国处于怎样的地位？

崔东树：从整体来讲，广东并没有占据超级有利地位。比如说北京为代表的北方地区，拥有技术和政策优势，江浙一带拥有良好的配套链条。广东目前还没有形成社会化的产业链。广东发展新能源汽车产业不要封闭起来做，不要追求小而全。

张志勇：广东最大的优势就是日系车企比较集中，产品体系覆盖了混合动力和纯电动车，可以带动广东的配套能力。第二个优势就是比亚迪，它有先进的技术，可以带动上下游产业发展和基础设施建设。但广东的劣势也很明显，就是工科教育薄弱，学术支持弱。

贾新光：广东新能源汽车的产业化还有很长的路要走。最突出的表现是没有形成产业链。

关键难题还在电池技术

话题2：当前制约新能源汽车产业化的关键难题有哪些？

徐长明：主要是电池问题，如何达到大容量、低成本和长充电周期。其次是电控的安全问题还没有解决。

张志勇：首先，技术上还有很多问题，比如说安全性的问题还没彻底解决；其次，还面临价格过高和基础设施不完善的问题；第三，政府要从公共服务的角度承担责任；第四，销售模式还有待多元化，比如说整车租赁，电池租赁等业务就要尽快开展。

鼓励民间资本进入产业链上游

话题3：广东未来应该如何推动新能源汽车产业发展？

贾新光：广东发展新能源汽车，不要全面突破，要集中自己的优势和资源重点突破。首先，可以在电池隔膜方面重点突破；其次，可以在充电技术领域突破，第三，要率先推动电力企业介入产业链，形成顺畅的供电模式；第四，可以在电机方面重点突破。

张志勇：现在的补贴政策有问题，只补整车，不补上游。新能源汽车产业发展的资金来源应该是财政加民间基金，鼓励民间资本介入新能源汽车产业链的上游，才会形成更大的产业浪潮。

调研感言

要形容新能源汽车，只需改编一下《喜洋洋与灰太狼》的歌词。“别看我只是一辆车，绿草因为我变得更香，天空因为我变得更蓝，白云因为我变得柔软。”

刚采访调研新能源汽车产业，就跟第一次看IMAX大片一样，很美很震撼。但不同的是，看完大片意犹未尽，但调研完新能源汽车产业后心情却很纠结。从汽车企业老总、专家们描绘的“大戏”旦回到现实，看着满大街奔涌的燃油汽车，两厢对比，有些落寞。

见报的稿件中，我用一段十年后的新能源汽车生活畅想作为开头，真希望这不只是虚构的梦想。

——何又华

未来新能源汽车是“必选项”

话题4：广东应该如何推动新能源汽车的推广和应用？

崔东树：我认为不能迷信示范工程，发展新能源汽车不一定要多少补贴，关键是发展技术成熟、成本低的电动车，就会形成很强的社会需求。

李礼夫：市场推广不是大问题，关键还是怎么降成本，说到底是技术问题。从长远来看，汽油能源枯竭，新能源汽车技术成熟了，消费者就必然会选择使用新能源汽车，这不是可选项，是必选项。

统筹　姚燕永　姚伟新
撰文　曲广宁　刘　丽　南小渭　何又华
王　军　陶达嫔　沈文金　曲广宁
摄影　鲁　力

8 文化创意产业

让你的电脑像你一样思考

惟少软实力
不缺硬基础

文化创意越界融合
吹氧助燃各行升级

做大做强以创意内容为核心的文化服务业。重点发展文化创意、平面传媒、广播影视、出版发行、演艺娱乐、文化会展等六大文化服务业，到2015年，文化服务业增加值达到2200亿元，占文化产业增加值的比重超过45%；到2020年，文化服务业增加值达到4000亿元，占文化产业增加值比重达到50%，使我省成为国内主要的文化内容生产与创新基地。

——《广东省建设文化强省规划纲要（2011-2020年）》

开篇语

文化创意：21世纪的朝阳产业

在国务院下发的《关于加快培育和发展战略性新兴产业的决定》里，七大战略性新兴产业并不包括文化创意产业。

但这并不表明否认文化创意产业的战略性。实际上，该文件不多见地将“文化创意产业”直接写入了“新一代信息技术产业”里，要求“大力发展数字虚拟等技术，促进文化创意产业发展”。

而在广东，文化创意产业已被明确纳入战略性新兴产业范畴。在《广东省建设文化强省规划纲要（2011—2020）》中，省委省政府提出，要“着力培育文化领域的战略性新兴产业”，“让文化产业成为我省的重要支柱产业和战略性新兴产业，广东成为全国乃至亚太地区具有核心竞争力的文化产业中心”。

文化创意产业已经成为21世纪的朝阳产业，富有的发达国家越来越意识到创意对增长的贡献。而在广东，文化产业已经成为新的经济增长点和支柱产业之一，并在全省经济转型和产业结构优化升级中充分发挥了战略带动和牵引的作用。2009年，广东文化产业逆势飘红，实现增加值2149亿元，连续第七年名列全国榜首。

随着《纲要》的出台，广东文化创意产业迎来前所未有的发展机遇。

今天起，本报推出“战略性新兴产业南方大调研”之文化创意产业。首篇“创意先锋”中，我们在动漫、特殊影视技术、互联网等众多广东领先的行业里，选择呈现一个尚不为太多人知道的“星星”：引领下一代互联网核心技术的语义智能搜索技术。

比起那些已经成熟的“庞然大物”，这一技术虽然还待字闺中，却在未来有着无限宽广的可能性。面对这一全世界梦想破解的难题、全中国努力攀登的高峰，广东占据了世界领先的战略制高点。

创|意|先|锋

让你的电脑像你一样思考

"世界上最远的距离，就是我们俩一起出门，你去买苹果4代，我去买4袋苹果。"自从Iphone4面市以来，这句话就开始在网络流行。

事实上，比这还远的距离可能是：为了买苹果4代，你输入"苹果"搜索，百度却可能给你"范冰冰佟大为《苹果》完整版浴室戏"。

目前的网络搜索，即使强大如Google，也仅仅能够反馈给用户夹杂着各种噪音和无用信息的"大包裹"。有没有一种技术，能够精确地分析、挑选出你想要的信息？

答案是肯定的。广东汕头大学出版社社长胡开祥告诉记者，他们开发的以语义搜索为核心的"TAI信息内容综合处理技术"（以下简称TAI语义智能搜索），可以让你的电脑像你一样会思考。"你要一滴水，就给你一滴水，而不是一条河，更不是一片海。"

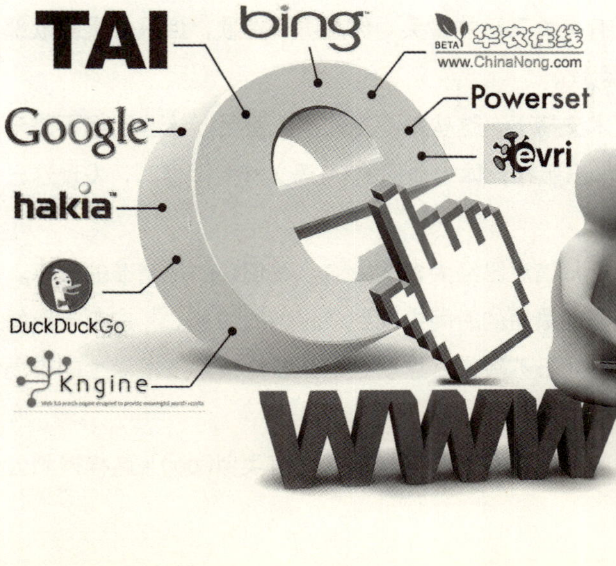

政策动向

2010年10月，党的十七届五中全会明确提出要推动文化产业成为国民经济支柱性产业，这一定位把文化产业提到了前所未有的高度。全会通过的《中共中央关于制定国民经济和社会发展第十二个五年规划的建议》在描绘"十二五"时期我国经济社会发展主要目标时，专门写入了"文化事业和文化产业加快发展"，这在历史上是第一次。

目前，文化部正在根据《中共中央关于制定国民经济和社会发展第十二个五年规划的建议》起草《"十二五"时期文化产业倍增计划》，提出5年内文化部门管理的文化产业增加值比2010年翻一番的发展目标。

胡开祥说，语义智能搜索技术更准确的说法应该是“语义智能信息处理技术”，不仅仅基于关键词检索，而是能够理解WEB页面的内容，并进行逻辑推理来完成复杂的查询任务，最终返回精确的结果。

语义智能搜索属于下一代互联网的核心和基础性技术，相关研究在国外很多。其实际应用，最广为人知的，可能是微软新推出的搜索引擎“Bing”（中文翻译为“必应”）。但胡开祥说，Bing呈现出来的技术，只达到他们已掌握的技术的7%。

体验智能

你的电脑懂得你需要啥

未来某一天，你想带女朋友去看红叶，于是你打开搜索引擎，输入“红叶”二字。你想得到的也许是香山红叶，也许是井冈山红叶，也许是香榭丽舍大街的红叶。没关系，你不用一条一条翻阅，电脑会自动为你分门别类，让你精确地找到想要的信息。

你想重温《红楼梦》，可只想看与“宝黛爱情”有关的部分，于是你打开资料库，输入“宝黛爱情”，于是《红楼梦》里只要是宝黛爱情的部分，都给你提取出来。

你看一篇论文，想迅速了解它的主题思想。没问题，电脑会帮你准确地总结。甚至，你想看电影《哈利·波特》，但只想看有关骑着扫帚飞行的部分，计算机就给你所有有关飞行的镜头；你想听一首歌，但只想听副歌部分，那么机器就给你唱副歌。

在语义智能搜索技术支持下，这些都不是幻想。甚至，这些已经不是未来了。记者走进汕头大学出版社，体验他们的TAI语义智能搜索时，发现这已经是近在眼前的现实。

“现在的人不缺信息，信息已经太多、太滥，我们缺的是精准的信息。于是需要一个技术，能够在最短的时间内找到最正确的信息。”广东省新闻出版局科技与数字出版处处长苏毅说，这就是语义智能搜索技术诞生的市场和需求基础。

但目前在全球范围内，语义智能搜索技术并没有类似Google这样得到公认的权威代表。2010年5月发布的《国家发改委办公厅关于当前推进高技术服务业发展有关工作的通知》中，提出加强语义智能搜索引擎研发及应用的要求和目标。

语义智能搜索总体还处于摸索阶段。

世界难题

语义搜索时代若隐若现

语意搜索不仅是中国的，也是世界性的课题。当关键词搜索带给大家越来越多信息的尴尬时，人们就开始期待下一个搜索技术，它具备人脑的逻辑与分析能力，能够理解人类语言的表达方式，搜索结果与用户需求实现更精准的匹配。

为了这个目标，人们研究了几十年的“人工智能”、“人类语言处理技术”，希望让这张网更智能，能“看明白”人类的自然语言。但到目前，世界范围内语义智能搜索的时代还只是若隐若现。除了Bing，至少出现了7个类似的比较优秀的语义搜索引擎，包括Kngine、Hakia、Kosmix、DuckDuckGo、Evri、Powerset、Truevert。体验后的读者可能会发现，这些距离人们想象中的智能信息处理依然遥远。

在国内，语义智能技术也有所成就。“华农在线”网站依托自主产权的智能语义理解技术（HNC），在一定程度上做到了基于语义的智能化垂直搜索。比如用户输入“西红柿”，检索结果不仅有“西红柿”的相关信息，还能检索出关于“番茄”的信息。计算机通过知识库，能够知道西红柿与番茄是同一事物。不过，HNC目前收词范围仅限于农业行业，不涉及与农业无关的词语。

苏毅透露，这方面，广东走在全国的前面，可以说占领了战略的制高点，“国家提出一个目标，我们广东已经有成果，只需要转化了。而且，广东的技术是全世界NO.1。”

苏毅所说的成果，即是汕头大学出版社自主研发的TAI语义智能搜索技术。胡开祥告诉记者，从已知的研究成果来看，TAI语义智能搜索在全国是最成熟的，在全世界也是一流的，“Bing的技术只相当于我

名词解释

语义智能搜索技术

语义智能搜索，更准确的说法应该是“语义智能信息处理技术”，属于下一代互联网的核心和基础性技术。它不仅仅基于关键词检索，而是能够理解WEB页面的内容，并进行逻辑推理来完成复杂的查询任务，最终返回精确的结果。

语义智能搜索技术把数据库的信息碎片化再进行智能自动整合，你要汪洋大海的一滴水，就给你一滴水，不像一般的搜索，给你的是长串清单，那还是一条河。

——广东省新闻出版局科技与数字出版处处长苏毅

如果说Google是把原油从地底抽出来，语义智能搜索技术提供的就是分解好的汽油或柴油。

——汕头大学出版社社长胡开祥

们已掌握技术的7%”。

“Bing用到了语义搜索技术，但它是在一句话的邻近两个词的关系做语义的分析，处在语义搜索的初级阶段。所以，虽然Bing研发出来，但大家还是用Google。”胡开祥说。而TAI语义智能搜索技术中，现代汉语2亿多字词都被按照知识本体和计算机编码的方式一一定义，已经可以准确地分析和搜索处理。这些词条还在依据现实发展不断更新。

“如果说Google是把原油从地底抽出来，我们的技术提供的就是分解好的汽油或柴油。”胡开祥说。

初尝果实

未来图书不再是一本书

从20世纪80年代开始，胡开祥和一群志在研究计算机智能化的研究生聚集到一起，开始了语义智能搜索技术的研发。研究团队由不同学科领域、不同院校的研究部门的上百人组成，其中有学计算机的，有学哲学的，还有语言学专家。

研发过程之初，政府没有扶持，依靠部分企业和团队成员支撑。面临着未必能成功的巨大压力，很多人中途退出。

资金缺乏的时候，自己掏腰包去维持。研究团队成员只能凭着只做研究、不求回报的精神支持下去。

胡开祥感慨说：“将近20年，我们处在埋头研究但又没有成果的焦虑状态，可能一辈子默默无闻地就过去了。这是科学研究一个很严酷的现实。”

2006年，语义搜索技术初步成果诞生。至今将近5年，已经完成各种测试，包括试运营和具体服务不同领域的产品的功能性开发。2008年后，这一技术得到了政府共120万元的扶持基金。虽然资助的名义为“数字出版平台”，但显然，这一技术可以应用的领域要宽广得多。

以电子阅读为例，传统的电子阅读只是变换了传播媒介，而基于语义搜索技术的图书则有以下特点：一是可以简约式地传播，也就是通过中心思想来阅读，使大家很容易就获得信息和精神。

二是延伸式的阅读，语义搜索技术可以把互联网上所有相关的论文、博客文章、媒体报道等整合在一起，这时候你读到的就不是一本书，而是一个百科全书式的知识的导航，你读的就是几千本书或几千篇文章的精华。

三是可以交互式地阅读。就是你可以随时和千万个作者沟通、学习。比如某个知识点你不懂，可以点这个知识点的视频，来看老师的相关讲解。

“这种方式是以前从未有过的，是一个未知的领域。图书未来可能就不再是一本图书，而是一个主题的超链接，这种形式出来之后，应该把它命名为什么，我也不清楚。”胡开祥说。

彻底变革

力推大众智能搜索引擎

在胡开祥的描绘里，语义智能搜索技术在这些领域的产业前景显得广阔无边。

胡开祥说，语义智能搜索技术现阶段的主要应用领域包括：传统书报刊的电子化阅读、搜索、主题导航；综合性知识门户的以知识为驱动的全方位构造；专题网站的内容数据库的生成和门户建设；网络和其它电子资源中的舆情、情报的获取；为其它搜索引擎提供语义搜索服务。

“这一技术可以应用到与互联网有关的所有行业。”胡开祥解释说，TAI语义智能搜索技术的应用有“精确分类”、“中心思想”、“主题提取”、“知识导航”等等，上述精确化的搜索，“把找资料的时间交给机器”，只是其应用中最基本的部分。

比如建立以主题导航和语义搜索为主要功能的全国期刊索引数据库。这一互联网期刊浏览与索引的服务工具，销售对象是全国的5万多家机构用户，售价为一年一万元。同方、龙源等互联网期刊公司已开发1万多家机构用户，理论上，这些机构都有购买语义搜索技术的可能性，即使只有10%的机构用户购买，营业额即可达5000万元。

又比如新闻出版技术服务费，即将纸质出版转化为应用语义搜索

延伸阅读

语义网：

勾勒你自己的网络

2001年5月，伯纳斯·李在《科学美国人》杂志上系统地论述了他对下一代万维网架构语义网的设想。他认为：“语义网并非一个完全不同的万维网，而是现在万维网的一个延伸，是将现行万维网上的信息加以明确的语义定义，更利于人机之间的合作。”

简单地说，语义网是一种能理解人类语言的智能网络，它不但能够理解人类的语言，而且还可以使人与电脑之间的交流变得像人与人之间交流一样轻松。它将使人类从搜索相关网页的繁重劳动中解放出来，把用户变成全能的上帝。语义网中的计算机能利用自己的智能软件，在万维网上的海量资源中找到你所需要的信息，从而将一个个现存的信息孤岛发展成一个巨大的数据库。

总之，语义网是一种更丰富多彩、更个性化的网络，是对万维网本质的变革。它可以帮助你滤掉你不喜欢的内容，使得网络更像是你自己的网络。

技术的数字出版，预计500亿元；其他专业行业的数据库产业，比如医药、农业、化工等专业数据库的建设，预计2000亿元。“这些专业领域的数据库产业收费模式非常清晰。”

胡开祥透露，2010年下半年，TAI语义智能搜索技术进入产业化前期的阶段，技术已经完全成熟，随时可以投入产业化运营。目前，他们主要为新闻出版业做内容处理，已经签约的公司有2家，还有6家在洽谈之中。

胡开祥对TAI语义智能搜索的前景并不盲目乐观。他说，目前最大的问题，是大部分人认为只用Google就够了。而且，Google要有250多万台服务器才能提供现有服务。“这一行要产业化，需要风险投资。”

胡开祥预计，3-5年后，用户对语义搜索就会有足够的市场需要，足以推动互联网的彻底变革。“那时，我们肯定要做大众化搜索引擎，这是毫无疑问的。”

统筹 陈 志

撰文 蒲荔子 肖雪龙 温友丽

《喜羊羊和灰太狼》已经成为广东文化产业的金字招牌。

创|意|观|察

广东创意路：不缺硬基础，惟少软实力

约翰·霍金斯在《创意经济》一书中指出，目前全世界创意产业每天的产值高达220亿美元，并以5%的速度递增。

其实，不用统计，人们早已知道创意产业的威风。现代财富的创造，就集中在一些最优秀的创意人才上，如比尔·盖茨，如陈天桥。当今世界，文化创意产业已经从一种理念转化成为巨大的经济价值，文化正在取代资本成为新一轮经济竞争的核心要素。

广东发展文化创意产业有着良好的基础，产业增加值连续7年居全国各省市之首等骄人成绩屡见报端。广东目前已经形成了涵盖国民经济大多数领域的文化创意产业发展体系，并发展出华强文化、奥飞动漫等一批领军企业。

《广东省建设文化强省规划纲要》明确提出远景目标：‘文化产业成为我省的重要支柱产业和战略性新兴产业，广东成为全国乃至全球具有较强竞争力的文化创意产业中心”。未来5年内，广东财政将投入250亿元，用于支持文化强省建设。

好的开头是成功的一半，但如果不继续前行，也永远只是一半而已。文化创意产业能让GDP变轻、变绿，而广东如何在创意之路上走得更稳、更火?

创意产业园乱象已现

创意产业园发展颇受质疑，不少网友认为是光有园区，没有创意。粗略统计，广州正在上马的文化创意产业园已超过30个。而在上海，创意产业区的数量早在两年前就突破了百家。创意产业园变身商品房、写字楼，泛滥的背后，乱象已现。

在广州，创意产业园只是些房地产项目，为小公司提供工业厂房或仓库改建的廉价办公场所而已。很多是创意产品的展示厅和传统制造业的延伸，真正意义上的文化创意园并不多。

——忍者天下

发展之忧

文化加工忽视品牌积累

在文化创意产业发展之路上，广东创造了诸多堪称第一的数字：

在国家新闻出版总署发布的《2009年新闻出版产业分析报告》中，广东新闻出版产业在总体经济规模综合评价等8项指标名列全国

第五届文博会上,深圳华强文化科技集团的主题公园出口南非。

第一。

广东是全国起步最早、实力最雄厚的影视动漫生产基地之一。据不完全统计，目前全省有动漫企业950家，占全国20%；拥有自主知识产权游戏的收入占全国一半，产值约为115亿元。

从近几年的消费趋势来看，广东社会文化娱乐用品和文化服务消费的增长远远高于国民生产总值的年均增长率，已成为经济发展的强劲推动力。

“起步早，量大”，这是专家学者对广东文化创意产业的一致判断。但仔细分析、与世界创意产业发达的国家比较，便会发现这风光背后的尴尬。

2001年，据英国文化媒体体育部《创意产业专题报告》，其创意产业产值约为1125亿英镑，已超过制造业对GDP的贡献。相比之下，广东文化创意产业的主要产值贡献依然来自制造业，创意、研发等高附加值的原创内容少。而且，产业链难以延伸至国际市场。

“喜羊羊”的原创者之一黄伟明表示，早期接受国外玩具加工制作的广东人，制作经验丰富、专业技术过硬，却忽视了原创品牌的价值积累。

上海交通大学教授单世联表示，广东文化产业规模总量很大，有形的文化产品发展非常迅速，但是加工制造是文化产业中处于下游低端的位置，只有努力向上游的研发、创意环节靠拢，才能培养品牌的核心竞争力。

这些现象表明，广东文化创意产业具备的更多的是物质上的“硬基础”，而在制度、人才、观念、规划等关涉核心创造力和推动力的“软实力”上，还需要继续发力。

人才之患

广东为何只输出不回流？

"听慕容雪村说要离开广州，心中一阵悲凉。这么好的作家，广州为什么留不住他？"一位广州文化人在微博上感叹。

这样的感叹，在任剑涛离开中山大学去人民大学、单世联离开广东省社科院去上海交大、王璜生离开广东美术馆去中央美院时，人们都曾听到过。虽然人才流动早已是社会常态，人才已不是地域附属，但人们还是有理由感叹：为什么广东总是"只输出、不回流"。

翻阅中国所有城市的文化创意产业规划，都会提到人才问题。单世联说："文化创意产业对人才要求比其他行业更高，广东也有人才，但跟江苏、浙江、上海相比，还有待提升。"

在他看来，广东"大师"多，但真正骨子里"冒傻气"的人却不多。他说："优秀的创意才是文化的核心竞争力，文化精品的诞生需要一些认死理的人，即使没有大气磅礴的宣传，也没有身份名利的奖励，他们却能抛开一切物质性、功利性的因素，单纯地在那里从容、温吞地做文化。"

单世联说，文化创意产品不能永远重复地无限制地生产，要让文化创意产业自由发展，留住文化人才。

北京大学文化产业研究院副院长陈少峰说："广东最让我不能理

动漫产业链中，广东的优势主要在生产制造等下游。

网友数星星

文化创意产业园的发展、运营模式有着致命的缺陷：

第一，这些园区，在孕育之时，就被注入了可怕的激素——政绩。

第二，我觉得，文化创意产业应该属于泛商业地产范畴。其发展、运营模式，应适当参照商业地产那一套。比如选址，应符合某一地区的控制性详细规划；定位，应符合市场供需情况，亦可适度超前；规划布局，应进行提前招商或定向研究；后期运营，必须投入专业团队。中国没几个城市做得到。

——杀手阿狼

现在园区发展的味道有些变了，违背了初衷。一些以创意产业命名的房地产项目比比皆是。担心啊!创意产业园千万不要成为商用地产的异化。

——阿拉上海

解的就是，只要在中央电视台播出的作品就给奖励，这是没意义的。”

陈少峰认为，“文化产业的兴衰高度依赖于个人创意”，政府应该把1/3的资金投在人才上，成立人才引进专项资金，不要把钱全部都投在产品、企业上面。要扶持优秀，越优秀扶持越多，文化产业不是雪中送炭，而应是锦上添花。

定位之惑

金钱崇拜难产高质产品

在广东发展文化创意产业过程中，各界经常出现的一个观点是：向北京、上海学习。

按照中国人民大学教授金元浦的观点，我国的文化创意产业是分三大阶梯发展的。东部地区的城市，第一梯队是北京、上海等城市，它们的任务是代表中国国际化的都市参与国际竞争，承担中国文化走出去的任务。第二阶梯以中部城市为主，包括西安、成都和重庆，它们需要寻找本地的特点来发展文化创意产业。第三阶梯是西部城市，它们的文化创意产业发展属于跨越式发展，它们有丰富的旅游资源、山川美景、少数民族风情和历史文化遗迹，可以以旅游为先导来发展文化创意产业。

相比之下，广东更多地介于第一和第二梯队之间。那么广东发展文化创意产业的定位是什么？单世联认为，首先必须明确的是，“偷懒也不妨碍赚钱”的想法下的文化加工，积累的仅是没有品质的经验，金钱崇拜是无法生产出高质量的文化产品的。发展文化创意产业，赚钱不是唯一目的，而是通过现代产业方式，使文化的主导地位更加突出。

在具体产业方向上，广东省社科联主任田丰认为，广东重点应发展以互联网技术、数字技术为依托、以数字内容为主的行业，如动漫网游，软件开发，新闻出版、广播电视行业和高新科技结合紧密的数字电视、电子阅读，以及3D电影等。在这些领域，广东拥有先发优势。

单世联则表示，广东不一定要走大而全的方向，而是要依据自己的特色和优势，发展小而特、精而优的创意产业，“我觉得最主要的就是传媒、互联网、还有印刷”。

创意产业园建设在珠三角各城市蜂拥而上。

"设计之都"创意产业园是深圳第一个以工业设计为主导的园区。

布局之疑

密集园区能否成孵化器?

2010年7月，珠影文化创意产业园、羊城创意产业园等9大项目正式列入《广东省建设文化强省规划纲要（2011-2020年）》。太古仓、广州T.I.T创意园、珠江啤酒集团投建的华南区最大啤酒文化创意艺术区等一大批文化创意园也赶在亚运前亮相。加上广为人知的海珠创意产业园、1850创意产业园、922宏信创意园、芳村文化创意产业园等，粗略算下来，广州正在上马的文化创意产业园已超过30个。

截至目前，深圳已建成的文化创意产业园区有45个、在建的有8个。东莞松山湖、中山、江门、佛山等地级城市的文化创意产业园建设也是蜂拥而上。

《广东省建设文化强省规划纲要（2011-2020年）》将这一大批文化创意园统筹到一起，试图建成"珠江两岸文化创意产业圈"，计划以珠江两岸创意产业圈为龙头，形成合理布局；同时，依托珠三角高校集聚的优势，发展以动漫网游、软件等高新科技知识密集型为内容的文化创意产业群；并支持广州建设为"创意之城"，深圳则定位发展"设计之都"。

密集的产业园区能否成为广东文化创意产业的助推器和孵化机?

陈少峰对规划提出质疑。他认为，文化产业的核心是知识产权等无形资产，"搞这么多的创意园，到哪找文化企业来支撑?资源如何能有效配置?一旦创意园内部不能搭建完整的产业链，不能提升文化

数字说话

◎8000亿

到2020年，广东省文化及相关产业增加值超过8000亿元，占全省生产总值比重达到8%。

◎1564：1

2010年广东财政预算总支出1564亿元，而文化产业扶持资金1亿元，人均仅1元左右。

◎2亿

从2009年起连续三年，省财政每年拿出2亿元设立广东省文化产业发展专项资金。

◎23%

目前全省有动漫企业950家，占全国20%；拥有自主知识产权游戏的收入占全国一半，产值约为115亿元，占全国23%。

企业产值，就很容易沦为商家吃政府补贴，吃政策的圈地项目。”

单世联说得更加直接：“文化创意产业，远不是仅靠政府先验性地下令建设几个创意园区就能够发展起来的。除了外在的硬件设施，更重要的是产业是否真正和文化结合，形态上的创意产业园与实际的创意产业是否形神合一。”

观点圆桌

警惕房地产商打文化牌圈钱

陈少峰（北京大学文化产业研究院副院长）：

文化创意产业发展，政府的资源投向哪里了？哪一部分钱用来培育人才？有没有把钱拿来扶持优秀的企业和项目？

比如现在主题公园太多，占地太大，效益太少，产值不高，实际收入和土地使用效率不能成正比。有些房地产开发商打着文化产业的名义开发，最后赚了钱，都是地产商拿走了，文化产业没搞起来，资源都给弄走了。

花建（上海市社科院研究员）：

文化创意产业不是孤立的行业，而是与金融、保险、时尚、工商、国际贸易等高端资源融合，与信息、节能、新材料等高科技创新结合的产业。

在这方面，中国与国外的差距决不是米老鼠、唐老鸭与孙悟空、喜羊羊的差距。迪斯尼已形成世界性的产业链，其产品市场多元化与世界产权交易市场结合，而中国的文化产业则是相对孤立的板块，还停留在重大项目的改造上。

单世联（上海交通大学教授）：

广东在动漫、游戏、影视等领域，真正的产业链完整做不到，也没有必要。产业链应该要能让文化创意各个领域自然而然地联结起来，不用刻意地去构建，也不需要在同一地构建，只需要掌握核心创意，就可以带动全国资源。

柯锡奎（省社科院文化产业研究中心副主任）：

现在文化创意产业到银行贷款很难。比如，拍100集电视剧，时间那么长，风险那么大，银行怎么敢贷款？所以需要政府出政策，鼓励银行给予贷款。

统筹　陈　志
撰文　蒲荔子　肖雪龙
摄影　苏仕日　鲁　力
何　俊　卢慧明

创|意|突|围

文化创意越界整合　吹氧助燃各行升级

一场新媒体展示会引来众多普通市民参观，以往应用于专业领域的新技术越来越多地走进百姓日常生活。

椅子、烘干机、咖啡吧……这些看起来平淡无奇的东西加上奇思妙想的创意，便成为更贴近生活的实用设计：健康办公椅可以保证无论采用哪种坐姿都能保持舒适，小巧好用的内衣烘干机可以迅速去除霉菌，似一个盒子的可移动咖啡吧具备简单咖啡厅的必备功能。

12月9日，第五届广东工业设计活动周拉开帷幕，其中，以“面向现代产业的设计”为主题的“省长杯”工业设计大赛格外引人关注。据统计，在8个月的时间里，大赛共征集包括港澳地区在内的3720个参赛项目，其中进入深化设计的参赛作品，产业化对接率达到40.5%；经过总评获奖的60个作品产业化对接率达到50%。

有人感慨，文化创意产业为制造业注入了新的活力，实现了传统产业的价值创新。但文化创意产业能做的，远不止于此。它几乎能为

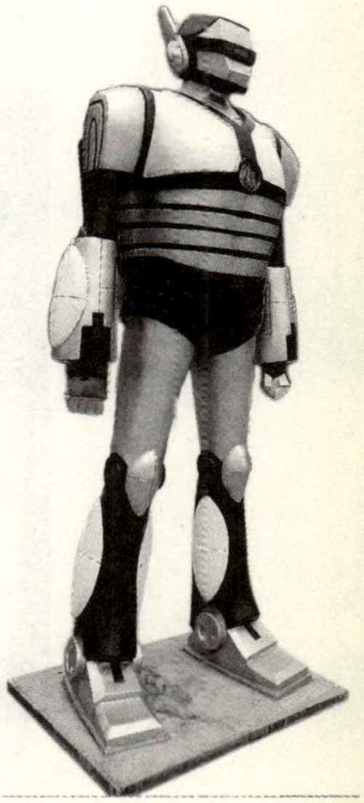

每个行业领域吹氧助燃，文化科技、文化旅游、文化农业等都成为时下最具附加值的产业。

已经起跑的广东文化创意产业迎来新一轮机遇和挑战。

抢滩·新机遇

数字时代影响文化产业

“你几乎能用手机做任何事情。”20年前，如果听到这条智能手机的广告语，相信大部分人会嗤之以鼻；20年后，无论是要阅读大英博物馆收藏的16世纪绝版书，还是欣赏贝多芬的十大交响曲，都可以通过手机实现。

数字时代的来临深刻地改变着人们的生活，同时也在影响着文化产业的走向。2009年或许可以看做一个分水岭，截至去年12月，全球移动通信领域的数据流量已超过话音流量，这意味着打电话已不再是手机的主要功能，取而代之的是彩铃、音乐、网页浏览、游戏等和文化产业相关的业务。

北京大学文化产业研究院副院长陈少峰认为，这个角色上的调转，传递出未来数字文化产业的一个基本趋势：信息技术与文化产业的结合。“通信企业以后就将成为传媒公司了，它不是靠语音话音来作为主要收入，它是作为传媒品牌，作为一个传播者而存在。”

在陈少峰看来，广东发展新媒体终端有得天独厚的优势：广东的网站数量是全国第一，手机拥有量、上网人数也是全国第一，因而当手机和互联网

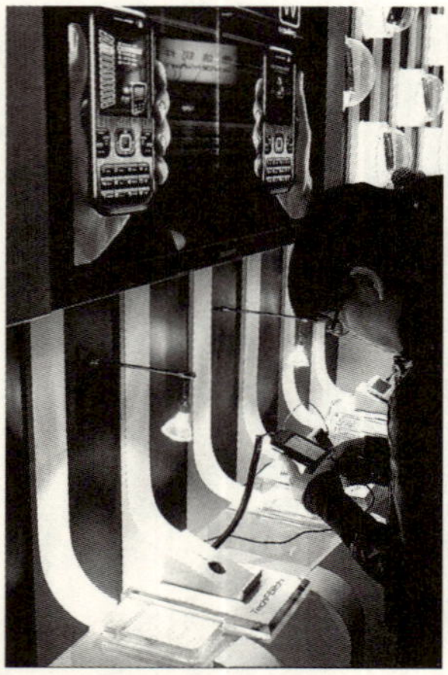
手机行业飞速发展,造就了工业设计的升级。

一款足球造型的车载冰箱创意十足。

iphone上市开启智能手机新时代。

对接，市场空间不可估量，因此更应该将发展像手机多媒体这样融合了语音、文字、图像、视频等功能的新型媒体终端看作未来文化产业的一个重要方向。

新媒体终端的不断升级换代让人们看到了渠道为王的潜力，相对应的内容产业却处于弱势地位。但在广东省新闻出版局数字出版处处长苏毅看来，内容产业在新的信息处理技术的支撑下，也可以继续为王，成为拉动文化产业发展的一架马车，“以数字出版来说，出版社和技术研发中间存在脱节，所以在数字出版领域内老是找不到以内容为王的盈利模式，关键是技术不对。”汕头大学研发的语义搜索技术在一定程度上缓解了这种窘境。苏毅认为，一旦这种技术得到产业化应用，将改变数字出版渠道为王、内容价值无法突出体现的格局。

转型 · 新升级

高端设计变制造为“智造”

“苹果市值已经超过了微软，是不是苹果的技术含量比微软高？不是，其实是苹果在文化上占了上风。”在2010年举行的第四届中国CEO高峰论坛上，重庆力帆控股有限公司董事长尹明善提出制造业转变经济发展方式要从“卖产品”到“卖文化”。

文化看不见摸不着怎么卖？广东省社科联主席田丰认为，最重要的是强调设计。经典的设计作品即使经过时间的打磨，依然受人欢迎，如1980年日本设计大师喜多俊之花了3年多时间设计完成的一款红色靠椅，投产后风靡市场30年，至今还有销售。“广东是制造大省，工业设计大有前景。我们说经济要转型，就是要在设计上下功夫，通过创意把设计搞上去，提升产品内涵。”田丰说。

在刚刚开幕的广东工业设计活动周上，一款特殊的健康椅引起许多人的注意。无论是哪种坐姿，健康椅都能让人保持最舒适的感受。据设计者介绍，这款椅子无论是在椅面和椅背倾斜的角度、椅面不同部分的受力程度、椅背的支撑点方面都经过了严格的计算和实验。

微小的调整，就能成就价值的提升，成为从制造向“智造”转型的动力。2009年，全国规模最大的工业设计产业基地——广东工业设计城在顺德启动建设，短短一年就引进国内外各类工业设计企业50多家、设计师500余人，成为在全国颇有影响力的工业设计主题产业园区。佛山青鸟工业设计有限公司市场总监宋灏对这一年来工业设计城发生的变化深有感触。统计显示，一年来入园企业研发设计产品1000多件，其中有200多件已申请专利，撬动制造业工业产值100多亿元。

“一定要往高端的设计走”，对于广东创意设计未来的发展，陈少峰表示，目前广东不缺设计，缺的是高端设计，“中低端设计比较多，但是在有品牌、有高附加值、有大师方面相对较弱。”他举例说，北京鸟巢的设计具有很高的审美价值，同时也有商业开发的价值，但广东鲜有响当当的设计。他建议，广东未来的设计可以从两个方向来发展，一是向苹果公司学习，改进商业模式，不是以制造为主，而是以设计为主，想办法通过广东生产出中国的第一批高端设计产品；另一个方向是拉动制造业，就是用文化产业的内容和知识产权，加上设计，来带动制造业的飞跃。

突围·新思路

嫁接尖端科技开拓“蓝海”

比尔·盖茨说过：“创意具有裂变效应，一盎司创意能够带来无以数计的商业利益、商业奇迹。”创意无形但异常活跃，这就注定了与其他产业不同，文化创意产业具有强融合性特征。它既可以通过应用技术的嫁接在最尖端的科技领域一展身手，也可以深深融入传统产业，实现传统产业的价值创新，而且还可以衍生出新产业，开拓一片新“蓝海”。

中国人民大学人文北京研究中心执行主任金元浦认为，创意产业的根本观念是通过越界促成不同行业、不同领域的重组与合作，寻找提升和融合制造业的新的增长点。

如何更好地发挥文化创意对于其他行业吹氧助燃的作用？金元浦认为，首要的一点在于鼓励各行各业都来关注创意产业的发展，不要把创意产业仅仅看成是文化领域的事情。在创意经济的新阶段，由于创意产业已经超越传统意义上文化产业的单一产业层面，因此各国政府在实际操作中，也跳出了初期主要依靠文化部门促进创意产业发展的局限，由具有综合协调职能的部门负责创意经济的推进。

在中国，对于一个新兴的文化创意企业来说，最常打交道的除了银行，就是文化部门，但在英国、德国等创意经济较发达的地区，一种“术业有专攻”的管理理念在逐步推广。政府无需直接与企业打交道，可以从繁杂琐事中抽出身来制定法规、宏观政策、计划与目标，协会、大学、研究机构等民间组织则会充当两者之间的桥梁。在英国，甚至有各种形式的中介机构，政府向它们购买服务，这些中介组织帮助和指导创意企业，将它们的创意产品推向市场。

目前，广东以文化带动其他产业发展早已步入实践阶段，如深圳的锦绣中华、民俗村等打的都是传统文化牌，梅州“雁南飞”茶田旅游风景区则将农业、旅游与客家茶文化挂上钩。未来，这种融合和带动还将产生不可估量的价值。

高端访谈

北京大学文化产业研究院副院长陈少峰：广东新媒体要瞄准国际市场

南方日报：广东的文化创意产业，哪些具有战略性新兴意义？

陈少峰：新媒体、内容产业、设计等这些在中国引领潮流的新兴产业在广东应该表现得更突出，因为广东的制造业比重很大，制造业就是很典型的传统产业。凡是在全国具有战略性地位的新兴产业，对广东来讲，可能就更突出了。

南方日报：内容产业现在很强调动漫、网游的发展。

陈少峰：但动漫现在做不出好的产品。它是属于内容产业里比较低端的那种。内容产业低端的也有，比如你制造一个节目，没人去欣赏，没人埋单，是不是也很糟糕？它有知识产权，但没价值。要向美国学习，动画在美国就是非常具有知识产权又具有高附加值的产业。

南方日报：广东的新媒体基础很好，无论是网民还是手机用户数量都是全国最多的，对于广东发展新媒体，你有何建议？

网友数星星

我建议，走精品路线是一定的，有人会说那么大的一个省要走精品路线谈何容易。但我们都知道，每条江河都来自每一滴水的集聚，精品路线也应该由无数的精品累积而成。但精品不是意味着建高楼，拆旧楼。久远的东西才能传承其历史痕迹，才能更加体现城市的亮点，才能让人们看起来有立体感，不枯燥。

划分全省精品路线图，明确各市县精品理念，确定各个精品县市目标时间表。当然这不能凭空捏造，但借鉴是非常有必要的，应该组织各界专家团队，研究成功城市的成功要点。

有人提出，广东适合居住，我觉得这需要有足够的条件。从空气的质量上来讲，广州不容乐观；从水质上来讲，珠江沿岸也不见得有多好。但适当的、合理的经济结构调整，是能够把人们传说的“适合居住”实现的。一个负责任的城市一定不是把差的空气抛给下游地区的城市。所以，环境责任是建设文化经济强省的重中之重。

——腾讯网友“蚊子”

陈少峰：所谓新媒体就是指因特网和手机无线网，对于未来的发展，我觉得有两个方向，第一是要把新媒体作为未来文化产业发展的一个重要方向，在媒体平台和内容产业这方面都要结合发展；另一个方向就是走向国际，新媒体的服务对象应该是国际市场。要充分挖掘今后这种媒体在国内和国际竞争中的作用。

南方日报：广东的历史文化资源丰富，怎样将这些资源融入到产业中？

陈少峰：历史文化资源能不能转化到文化产业里面，不取决于文化资源有多少，取决于现在文化产业的发达程度。文化产业越发达，就越有办法把传统的一些元素转入进去，历史文化资源不能自动生成文化产业的资源。

南方日报：毗邻港澳的优势如何转化成文化创意产业发展的力量？

陈少峰：应该在广东搞一个中国文化出口基地，还有两岸四地的文化产业基地，我一直在推这个东西，但没人响应我。我觉得广东是中国经济的前沿，它有这个条件，它是中国文化走出去的一个桥头堡，它应该能带动我们的文化出口。另外，广东靠近香港、澳门，搞两岸四地的文化合作，应该能做起来，这就是扩展资源。

星火案例

深圳华强打造　全球最大巨幕

一部《阿凡达》使巨幕立体电影首次荣享一票难求的盛况，“IMAX”成了人们谈论的热点。“华强自主研发的数字化巨幕影院是目前全世界最大的，比IMAX公司的数字巨幕还要大一倍。”深圳华强文化科技集团总裁戎志刚介绍。

早在8年前，华强集团就开始跟踪、研究国外先进的巨幕立体电影的相关技术，并开始打造中国的巨幕立体电影。目前，具有国际一流水准的巨幕立体影院已在泰山方特欢乐世界落成，为观众送上视觉效果震撼的大型巨幕立体影片《生命之光》。凭着过硬的技术，华强集团慢慢地发展自己的文化产业链，发展成规模化的主题公园出口产业，走出中国创意产业的特色。

中国主题公园已经发展到了第四代，有明确的主题景区划分，还有鲜明的高科技项目。它由深厚的文化背景支撑，有人物故事的演绎，还可以进行互动交流。

这个方兴未艾的产业，超越了以往主题公园的优势，以高科技为游客带来全新的冒险、生理刺激，而不附带现实的危险性。“这种文化与科技结合的主题公园在当前的中国乃至世界来说，有很大的市场空间。”华强科技集团副总裁尚琳琳说。

统筹　陈　志
撰文　蒲荔子　肖雪龙
摄影　苏仕日　鲁　力
　　　何　俊　卢慧明

调研感言

有知识不等于有文化，有文化不等于有创意，有创意不等于能做好文化创意产业。

文化创意产业早已不只是文化产业领域的事，它在不知不觉中，决定了众多产业的未来；但广东的目光大多还只是聚焦于文化产业领域，管理和规划缺乏多部门的跨越与合作，更缺乏世界性的视野和布局。总是亦步亦趋地跟在别人后面，口号凶猛，只能喊者疲倦，听者无动于衷。

——蒲荔子

综述

南方日报

战略性新兴产业南方大调研·总结篇（上）

机与谋：中国的机会，广东的选择

广州亚残运会举行欢迎宴会

惠州：文化惠民提升百姓幸福感

南方日报

做促发展"领头羊" 当转方式"排头兵"

情牵亚洲盛会 意暖一枝一叶

集中展现我们社会的文明进步

发展速度不盲目攀比不层层加码

新与旧：要钻燧取火，更要推陈出新

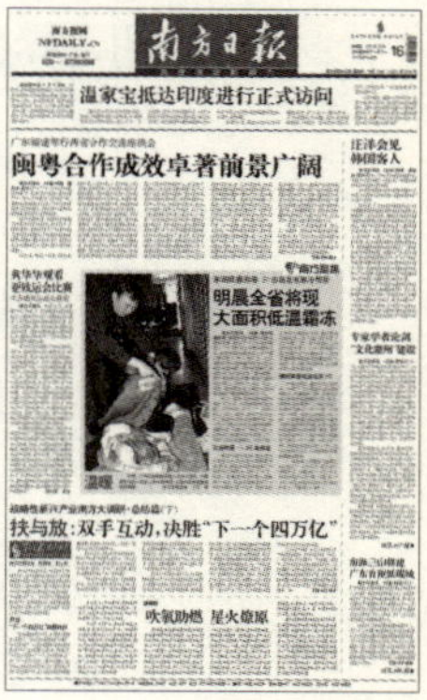
南方日报

温家宝抵达印度进行正式访问

闽粤合作成效卓著前景广阔

明晨全省将现大面积低温霜冻

扶与放：双手互动，决胜"下一个四万亿"

吹氧助燃 星火燎原

南方日报从2010年10月启动“星星之火可以燎原”战略性新兴产业南方大调研，并从11月3日开始，先后推出关于战略性新兴产业的24期深度调研报道。

如何正确认识和把握推动战略性新兴产业发展的意义和机会，还有许多值得深思的地方。

开篇语

思·谋

比亚迪电动车构筑绿色梦想、“最绿摩天大楼”珠江城大厦引发节能建筑新革命、“一群小孩”织出超材料“隐身衣”、云计算将成中国赶超世界良机……

南方日报从2010年10月启动“星星之火可以燎原”战略性新兴产业南方大调研，并从11月3日开始，先后推出关于战略性新兴产业的24期深度调研报道。

大调研的成果向读者揭开了战略性新兴产业发展那波澜壮阔图景的一角，让我们看到了这“星星之火”在中国、在广东的燎原之势，看到了全球经济格局中广东从“追赶发展”到“弯道超车”的跨越机遇。

如何正确认识和把握推动战略性新兴产业发展的意义和机会，还有许多值得深思的地方。

机|与|谋

中国的机会，广东的选择

国际金融危机倒逼和低碳发展潮勃兴加速了全球技术变革，新一轮产业转型正在波澜壮阔地铺开，与此前全球三次产业革命擦肩而过的中国，这次机遇再也不容错失。

布局战略性新兴产业，是中国的机会，也是广东的选择。2010年10月，国务院正式下发《关于加快培育和发展战略性新兴产业的决定》，明确现阶段将重点培育和发展节能环保、新一代信息技术、生物、高端装备制造、新能源、新材料、新能源汽车等七大产业。广东此前已先行一步，明确2010年以新能源汽车、高端新型电子信息和半导体照明（LED）产业三大产业为突破口。最近又确定，省财政“十二五”期间将每年新增安排20亿元、五年共投入100亿元，支持高端新型电子信息、LED产业、新能源汽车、太阳能光伏、核电装备、风电、生物制药、新材料、节能环保、航空航天、海洋等11个战略性新兴产业。11月30日，首批5.8亿元专项资金竞争性分配评审工作进入公开答辩环节。

大幕已经拉开，广东选择了怎样一个机会？又该如何谋篇布局，借星星之火，成燎原之势，实现弯道超车，抢占新兴产业制高点？

“战略性”之机

广东未来靠什么继续领先？

机会像小偷，来的时候你不知道，走了你才知道损失惨重。

近200年间，世界发生了三次重大产业革命，每一次都是一个由技术革新催生新兴产业、带动经济社会发展方式全面变革的过程。17世纪，英国靠蒸汽机带动新产业，缔造了数百年辉煌。19世纪，以电力的广泛应用为代表的第二次工业革命，让美国逐步取代了英国的霸主地位。而20世纪40年代第三次产业信息革命爆发以来，日本用数十年左右时间，走完了欧美老牌资本主义国家上百年的发展历程。

历史经验表明，谁能把握科技革命所催生的新产业崛起先机，谁就能在竞争中领先一步。

“历史上中国科技经济曾经在世界上遥遥领先，四大发明就是中国人的杰作。为什么到了现代突然大大落后了？”广东省发改委产业经济研究所所长韦东庆认为，“西方的历次工业革命，从蒸汽机到电力机车到上世纪的信息技术，中国都没有跟上。在这新一轮的产业变革中，中国不应该再错失这个机会。”

对中国，这一次机缘难得。种种迹象显示，历经改革开放30多年发展，我国开始进入科技创新活动的活跃期，在有些领域已经到了由技术模仿、跟踪转向主要依靠自主创新求发展，进而向产业发展制高点进军的阶段，某些领域已经达到国际先进水平，到了产业化突破的“临界点”。

对广东也一样。2010年初，陈清泰、吴敬琏等一批重量级专家应广东省委、省政府之邀深入珠三角调研后就敏锐地建言，广东当前正处于发展转型的“临界点”，除了原有加工制造业向产业链高端提升外，在电子信息、电动汽车、平板显示和半导体照明等领域产生新兴产业集群的希望很大。

广东省社会科学院产业经济研究所邓江年博士分析，改革开放以来广东已经形成了较为完整的产业体系，在较短的时间内走过了西方国家产业发展历程的早、中期阶段。目前，广东已经进入了工业化中后期，国际金融危机又创造了与全球经济同步的跨越式机遇。

抢抓战略性新兴产业的未来发展机遇，是广东未来能否继续走在前列的关键性抉择。机不可失，时不我待!广东省委、省政府审时度势，全面启动战略性新兴产业的规划编制，圈定了近期重点突破的领域，并出台含金量极高的扶持政策。

“新兴”之惑

只靠市场能换来技术吗？

但是有一种担忧，始终贯穿在我们的调研过程中：那就是如果在这轮战略性新兴产业的浪潮中，广东无法掌握核心技术，将再次处于产业链低端，成为新兴产业的国际“代工厂”。

且看：作为“扛起建筑节能大旗的建筑”，珠江城令世界瞩目，但整个建筑中使用的节能材料和产品中进口却占了绝大多数；在新材料领域，广州改性塑料产业规模全国最大，但除少量合成树脂外，原材料大量依靠进口或者来自外省市；在节能环保产业，广东城市垃圾的中转、压榨、脱水、分离过程中使用的机器，都不是自己的；而高端电子信息业，广东是全国消费电子产品的制作基地，但一直以来“缺芯少屏”的问题严重制约产业链的发展……

过去30多年，中国用“市场换技术”，大量引进外资和技术，国家实力迅速增强，一跃成为世界第二大经济体，但在积累了丰厚的物质财富的同时，也付出了能源资源被快速消耗的巨大代价。而且，这种粗放式发展模式所带来的惯性，让“中国制造”长期在低技术含量和低利润的产业链低端徘徊。

事实上，中国经济发展受原创性技术太少的掣肘已经愈发明显。以无线通讯为例，中国在2G、3G的产业化应用上，已经向发达国家交了上百亿元甚至上千亿元的“学费”。一个LED大型企业如果没有外延和芯片制造技术，一年要向美国、日本等国家支付两三亿元的购买费，成本比自己生产高出30%至40%。

对此，陈清泰一针见血地指出，产业升级的本质意义是在产业链上的升级，无论是新兴产业还是产品的升级换代，都应该走出低端制造环节。对于新兴产业来说，关键是发展模式升级，主要依靠自主技术来源和本国资本提高对产业链上下游的掌控能力。

如何避免再次滑入“低端制造”的怪圈，是中国、更是广东发展战略性新兴产业无法绕过的重要课题。

种种迹象显示，历经改革开放30多年发展，我国开始进入科技创新活动的活跃期，在有些领域已经到了由技术模仿、跟踪转向主要依靠自主创新求发展，进而向产业发展制高点进军的阶段，某些领域已经达到国际先进水平，到了产业化突破的“临界点”。

产业升级的本质意义是在产业链上的升级，无论是新兴产业还是产品的升级换代，都应该走出低端制造环节。对于新兴产业来说，关键是发展模式升级，主要依靠自主技术来源和本国资本提高对产业链上下游的掌控能力。

“产业化”之辩

怎样的生态才能孕育产业发展的温床?

对于战略性新兴产业，除了谋求技术制高点外，产业化是成败的关键。

2010年11月在深圳召开的高交会上，一家物联网企业向人们展示着未来生活的美好图景：一台电脑，可以轻松控制家里的冰箱、洗衣机包括微波炉的所有电器。然而，拥有这一先进技术的企业面临的最大尴尬，却是寻求不到一个将技术推向市场的商业模式。

云计算、物联网、新能源……如何将这些“看上去很美”的技术尽快实现商业化，形成利润和持续创新的能力，是横在战略性新兴产业企业面前的又一座屏障。

一个典型的例子就是电动汽车。无论头上有多少光环，新能源汽车“其实就是一辆车”，无论多热心环保的人，面对价格高昂的新能源汽车都会掂量荷包，更没人愿意去买一辆“能量耗尽后却难以找到充电站”的电动车。

以什么方式和路径发展战略性新兴产业？战略性新兴产业能否成为下一轮广东经济新的增长极？敢为人先的广东人正在摸索方向。

以广东重点突破的半导体照明（LED）产业为例，比产值规模占全国半壁江山更令人欣喜的是，广东省LED照明产业在部分技术领域实现了与世界同步，同时广东引入了全新的产业发展战略，全新的产业发展机制和支撑体系。一是标准先行，率先发布并实施国内首个LED路灯标准。二是官、产、学、研紧密结合，政府财政支持带动企业投入数十亿元研发资金，取得一批具有自主知识产权的核心技术成果。三是金融创新，引入合同能源管理，设立绿色产业投资基金，助推LED产业突破资金瓶颈，保障了生产、消费和金融三方利益的最大化和风险的最小化。由此，广东LED产业正在步入加速发展的爆发期。

战略性新兴产业的实质是新兴技术，这取决于技术创新，战略性新兴产业又是资金密集型高风险产业，仅有技术是不够的，需要技术创新、金融创新、商业模式创新等合力驱动。只有集聚各方资源，创造良好的“软环境”，形成从源头创新到市场化应用的“创新链”，才能建造一个利于战略性新兴产业发展的“生态系统”，从而孕育出真正引领新时代技术革命风暴的奇葩。

撰文 陈韩晖 吴 哲

新|与|旧

要钻燧取火，更要推陈出新

“星星之火，可以燎原。”70年前毛泽东用这八个字预言了中国革命从胜利走向胜利。今天，我们再次把这八个字用在战略性新兴产业上，仍然感受到其中勃发的力量。比亚迪、珠江城、新岸线、光启……这些名字，或已叱咤世界，或已崭露头角，或者还只是如野火星星点点。这些企业，或者脱胎于传统产业，或者如天外来客，却都是广东在新能源汽车、节能环保、高端电子信息、新材料等战略性新兴产业领域的“星星之火”。

星星之火是如何点燃，又如何才能越烧越旺，形成燎原之势呢?

旧曾经是新，而新也会变成旧。新与旧是一个相对的概念，新兴产业与传统产业亦非鸿沟之隔。借传统产业的技术和产业基础及其市场空间，有如钻燧取火；而通过锻造新商业模式，培育复合型新人才，推出有利于创新的新政策，定可星火燎原，照亮广东新兴产业的天空。

旧曾经是新，而新也会变成旧。新与旧是一个相对的概念，新兴产业与传统产业亦非鸿沟之隔。借传统产业的技术和产业基础及其市场空间，有如钻燧取火；而通过锻造新商业模式，培育复合型新人才，推出有利于创新的新政策，定可星火燎原，照亮广东新兴产业的天空。

以旧促新

战略性新兴产业或通过传统产业之间的融合而产生，或以改造传统产业为市场空间，或以替代旧产业作为驱动力

战略性新兴产业的星星之火是如何被催燃的?答曰：“以旧促新”是主渠道。

广东以旧促新的路径大体可分为三种类型：

第一类是依托我省传统的优势产业，抓住这些行业的最新技术革

命带来的机遇，迅速抢占新的技术高地，通过推动行业融合来培育战略性新兴产业。高端新型电子信息、LED产业、新能源汽车的培育与兴起，走的就是这种路径。

广东是全国第一电子信息产业大省，电子信息制造在全球也有举足轻重的地位。但由于行业的核心知识产权以及行业技术标准基本上掌握在欧美日等发达国家手中，在原有的行业体系里头，广东乃至中国只能当别人的工厂。但以云计算及物联网为代表的新一代信息技术的大量涌现，给广东在电子信息产业上与发达国家同台竞技提供了千载难逢的机会。2010年7月，投资50亿元的中关村(汕尾)科技园项目正式落户汕尾，以我国自主研发的云计算操作系统——“盘古云”为核心支撑，汕尾将建成世界第二大的“云计算”产业群。在信息产业新一轮的全球角琢中，广东开始有了自己的话语权。

在电子信息产业捕捉到了飘在产业变革天空上的那片“云”的同时，我省也依托全国最大的照明光源生产基地和最大的汽车生产基地之一的产业优势，紧紧把握人类第三次照明革命、把握汽车业与新能源产业融合的机遇，点燃了在LED和新能源汽车行业弯道超车的星星之火：广东昭信光电自主研发出LED外延生产设备MOCVD，打破了两大外资龙头企业对这一技术领域的垄断；比亚迪掌握了“独门”的铁电池技术，领先国际水平至少5年。

以旧促新的第二种类型是通过改造传统产业为战略性新兴产业提供巨大的市场空间，节能环保业是这方面的典型例子。珠江城大厦之所以能打造成全球“最绿摩天大楼”，一方面与业主前卫的低碳环保意识相关，另一方面也得益于广东乃至中国这块巨大的节能环保市场蛋糕。据国家有关部门测算，目前我国具备节能潜力6亿吨标煤，而以每吨标煤2000元至3000元算，节能产业空间达到1.2万亿至1.8万亿元。如此诱人的市场，引无数节能环保技术高手和产业巨头竞折腰，中国特别是广东节能环保业的大火被迅速点燃催旺也就在情理之中了。

以旧促新的第三种类型是旧的产业日益走向下坡路后，给新兴产业留下巨大的可替代的空间和发展的驱动力，以核电、风电、太阳能等为代表的新能源产业在广东的崛起就是典型的例子。广东是传统能源资源小省，却是能源消费大省，100%的煤和80%的油品要从省外或国外输入。

能源供需之间的巨大缺口促使广东较早布局新能源产业，目前全省已建成核电装机容量占全国的50%，风电的开发利用也走在了全国前列。

在传统产业所提供的强大的产业基础和庞大的市场空间的孕育下，战略性新兴产业的星星之火逐渐在旧的产业生态里点燃、蹿升。

通过以旧促新及其他路径催燃新兴产业之后，如何让这星星之火迅速成为燎原之势呢？

答案是推陈出新。特别是要重视探索新的商业模式，培养复合型的新人才，推出有利于创新的新政策。

推陈出新

必须重视探索新的商业模式，培养复合型新人才，推出支撑创新生态的新政策

通过以旧促新及其他路径催燃新兴产业之后，如何让这星星之火迅速成为燎原之势呢？

答案是推陈出新。特别是要重视探索新的商业模式，培养复合型的新人才，推出有利于创新的新政策。

能否构建一个被市场广为接受的新商业模式，是决定战略性新兴产业成败的关键。在广东正在大力发展的诸多战略性新兴产业里头，节能环保产业是较早初见成效的产业之一，其中很重要的原因得益于商业模式的创新：合同能源管理(一种以减少的能源费用来支付节能项目全部成本的节能业务方式)的成功推行，使广东LED照明产业的市场需求瓶颈被成功打破，呈现爆发式增长之势；而2010年10月上旬，深圳排放权交易所正式揭牌，更将有助于破解节能减排的制度性难题，助推深圳乃至广东在节能环保产业上争先抢位。

战略性新兴产业一般都是通过打破传统的产业边界而诞生，天生需要复合型的新人才作为支撑。而在培养和吸引复合型人才方面，广东着力甚多，早在去年就启动了全球“融智”机制，斥资数亿元引进了一批在全国乃至全球拥有拔尖实力的创新科研团队。其中最引人瞩目的团队之一就是从事超材料技术研究的“深圳光启高等理工研究院”团队。

“深圳光启”特色鲜明，它不仅是一个按照美国顶尖科研机构的决策制度、成果输出、基金运作及发展模式来运行的“民办官助”的科研机构，更是一个兼具人才培养、科技成果转化功能的大型平台。最令人期待的是，光启研究院充分融合材料科学、电子信息、生物光子、数理统计等多学科的先进技术于一身，拥有一个复合型的人才团

队。专家认为：这样一种组织架构和人才结构，使“深圳光启”最有潜质成为新材料产业的“孵化器”。

“深圳光启”的目标是未来5年创造5000个核心知识产权和专有技术，实现对新兴技术在关键点上的覆盖。这样雄心勃勃的计划乍一看让人难以置信，但“深圳光启”起步的头一个月就拿到了30多个知识产权，让人不得不对它的未来乃至广东新材料产业的美好未来满怀憧憬。

战略性新兴产业发展成效的大小，最后还取决于政府如何通过创新性政策来进行支持与引导。在这方面，广东在发展新能源汽车方面的作为颇值得称道。为激发消费者对新能源汽车的热情，珠三角各大城市出台了领先全国的补贴政策，制订了庞大的充电设施建设计划。在深圳，买纯电动汽车最高补贴可达12万元，2012年将建成2万个充电桩，充电设施的密度有望达到加油站密度的50%。省里还把珠海、佛山、惠州、东莞、中山、汕头、韶关、湛江、潮州、茂名等市纳入新能源汽车示范推广城市范围。在一系列政策的刺激下，广东新能源汽车发展势头强劲，估计到2015年新能源汽车的产能将达到60万辆，可满足中国大陆新能源汽车需求的3/5、全球的1/10。

在21世纪初期掀起的这一轮战略性新兴产业发展热潮，对本世纪上半叶全球产业竞争格局的形成将具有决定性的影响。在全新的战略机遇面前，既要善于利用原有的产业基础，钻燧取火，以旧引新、化旧为新，更要勇于培育新业态、探索新商业模式、培育新人才、构建新的政策体系，推陈出新，除旧布新，唯有如此，方能走出有广东特色的战略性新兴产业的发展新路。

撰文　邓红辉　谢思佳

扶|与|放

双手互动，决胜“下一个四万亿”

新兴产业的成长，犹如孩子蹒跚学步，走不动的时候扶不扶？摔倒的时候拉不拉？该扶的时候如何扶到位？该放的时候又如何放得开？扶与放的边界何在？这些困惑，对被称为“下一个四万亿”的战略性新兴产业规划来说，说到底就是政府的“有形之手”与市场的“无形之手”如何配合的问题。

声音

“下一个四万亿”尚需扶持

后金融危机时代，世界各国都在寻找下一轮经济增长的“引擎”。在此背景下，中国培育和发展战略性新兴产业的重大政策，被称作“四万亿后的下一个经济刺激点”和“下一个四万亿”，事关调整产业结构、加快经济发展方式转变的大局。不过新兴产业从诞生就伴随着羸弱和不成熟，如何扶上马送一程成为业界讨论的焦点。

在自由主义经济学者的眼里，新兴产业和其他所有产业一样，必须在市场的海洋里进行充分的自由竞争，驱逐“劣币”，使优胜者成为名副其实的产业“领军者”。

“新兴产业最终成长为战略性产业，这完全是市场竞争之果，而非政府规划之功。”欧洲老牌私募股权投资基金安佰深集团大中华区总裁张曦轲认为，虽然时下战略性新兴产业大热，但一个新兴产业要真正成长为战略性产业，充当经济支柱，这的确是个艰难过程，但一定要坚持市场化方向。

而持不同观点者认为，发展战略性新兴产业时机稍纵即逝、政府必须强力扶持。他们认为新兴产业获得市场认可的进程缓慢，需要政府力推一把，甚至通过政府采购强势助推，以获得持续稳定的启动市场，由此迈上快速发展道路。而由于我国此前独特的发展路径，政府对产业政策影响甚大。这一观点也被许多政府机构接受。他们认为新兴产业要经历创意、设计、制造到产业化四个阶段，前期投入大且回报周期长，因此借助政府“有形之手”，新兴产业可以大大降低风险并获得非常规发展速度。

20世纪中期日本大力扶持汽车产业的经验进一步佐证了这一观点。二战之后，日本国内一片废墟，1952年，日本颁布旨在促进战后汽车工业发展的“合理化促进法”，规定汽车等产业要建成国家支柱产业，并通过税收优惠、低息信贷和鼓励创新等组合拳，日本汽车终于在汽车强国中占据重要一席。政府扶持新兴产业并大获成功并非孤证，韩国汽车产业也有相似发展路径，而美国也正是利用政府采购形式扶持硅谷，使之成为“世界高新技术产业的摇篮”。

业内学者认为，其实在制订发展战略性新兴产业的决定之时，国务院即用“培育”一词来表达政府对新兴产业要“有所作为”之意。发展新兴产业具有很大的风险性，单由市场无形之手引导，产业进程缓慢，无法契合中国经济必须在短期内快速转型升级的迫切现实，因此在产业发展初期，政府扶持必不可少，但最终要市场唱主角，政府也不能越俎代庖。

警惕

帮扶过度使“蓝海”变“红”

就在人们为新兴产业发展叫好的同时，部分地区出现了“帮扶过度”导致一拥而上的现象。诚然，新兴产业的确需要“培育”，但“过犹不及”。行政之手与市场之手边界何在?

自去年国务院召开战略性新兴产业发展座谈会以来，截至目前，全国大部分省市已基本完成相关的调研和规划。各地的投资冲动也远远超过了人们的想象，部分地区“培育”新兴产业甚至演变为投资的“饕餮盛宴”重复建设、缺乏规划、产能过剩苗头甚至已在一些新兴产业领域显现，原本的“蓝海”已经亮起“红灯”。

风电行业即是投资一拥而上的典型之一。据了解，目前，我国风电机组整机制造企业已经超过80家，还有许多后来者跃跃欲试，试图进入。有关部门表示，若不及时“转向”，供过于求现象将难以避免。

光伏产业也显现过度投资的后果。前几年一度红红火火的光伏企业目前有3/4已经“歇菜”。全国工商联新能源商会副秘书长史利民表示，除了民营投资外，多晶硅领域大都是大型国企在投资，产能过剩、盲目上马现象将让这些企业受到很大损失。

目前广东正在大力推进的三大战略性新兴产业，在部分行业部分地区也存在“帮扶过度”和资源过度重复投资等现象。广东商学院流通经济研究所所长王先庆提醒，在发展战略性新兴产业时，应该思考，打造新兴产业一定要对其优势弱势进行权衡。

有专家认为，技术加速更新已使新兴产业的更新换代以几何级发展，政府可以鼓励在国内市场甚至国际市场有竞争力的关键性新兴产业，但与此同时，也要让市场充分竞争，培养自由竞争的土壤，即便在同一地区，政府可以介入并扶持某类产业，但是不要过早介入个体企业，应该让经过市场考验的健康种子在政府营造的良性土壤中茁壮成长，而非近亲繁殖出一批经受不起市场考验的低能儿。地方政府更不能僭越区域范围，出台不公平的地方保护政策，腐蚀市场公平化原则。

发展新兴产业具有很大的风险性，单由市场无形之手引导，产业进程缓慢，无法契合中国经济必须在短期内快速转型升级的迫切现实，因此在产业发展初期，政府扶持必不可少，但最终要市场唱主角，政府也不能越俎代庖。

建议

鼓励金融平台孵化新兴产业

既然要出手把新兴产业扶持上马，政府是否应该直接动用经济杠杆保护新兴产业？反对者认为，政府不能贸然给予新兴产业财政补贴和税收扶持，这样会对其他相关替代产业带来壁垒，延缓技术升级和进一步的产业化进程。

支持者则认为，发展风电和太阳能发电，政府必须给予发电者入网补贴，才能实现与火电同样的利润。以此类推，新兴产业必须得到政府的财政补贴和经济支持。

有专家提醒头脑发热的个别地方政府，发展新兴产业离不开政府的“帮扶”，但要真正成长为战略性新兴产业，后期要坚持市场主导的方向。在“婴儿”从蹒跚学步到健步如飞的过程中，财税的杠杆作用固然重要，但市场风险也不容小觑。

近期，一则媒体的公开报道引起人们的关注：中国首款新能源汽车一年零销售被迫停产。中国第四大汽车集团长安汽车经过六年斥巨资研发打造的杰勋HEV，由于销售量奇低，从2009年底开始已被迫全面停产，2010年销量跌至零。

业内专家表示，发展战略性新兴产业要以“市场需求”为导向，而并非一味地盯着财政补贴，同时相关企业要进一步完善创业及投资风险机制。政府更重要的是公平市场的缔造者，为新兴产业创造适合的土壤，其主要角色是通过鼓励投融资平台建设，尤其是支持建立中小企业风险投资平台，“孵化”新兴产业，而不是由政府担任裁判，来决定扶持谁或者抛弃谁，这样会带来权力寻租并造成更大的资源浪费。

风险投资是新兴产业企业初创时期发展的“钱袋子”。1946年世界上第一家风投公司“美国研究与发展公司”成立，1957年公司对数据设备方面的投资大获成功，从最初投入7万美元增长到3.55亿美元，平均年增长速度高达84%。

然而，目前我国风投业存在“重短轻长”的投资行为、引导功能有待强化以及融资模式较为单一等“短板”。广东省社会科学院产业经济研究所邓江年博士认为，广东要以项目为依托，创新“孵化器”运营模式，发挥政府采购鼓励创新的功能，建立广东省战略性新兴产业风险投资基金，鼓励战略性新兴产业相关企业上市融资。

该出手时就出手，该收手时就收手。收放有度的政府行为将营造良好的市场环境，并最终让市场的无形之手来决定谁才是新兴产业真正的支柱，从而实现在世界产业布局中的决胜战略!

撰文　彭国华　景小华

后　记

星星之火，可以燎原。战略性新兴产业南方大调研到今天本书出版就告一段落了，这是南方日报为新兴产业“吹氧助燃”的第一个重大行动。

2010年8月28日，中共中央政治局委员、广东省委书记汪洋作出重要批示：“产业转型的星星之火，眼见是可以成燎原之势的。因为产业进步的规律是不可抗拒的。”他“希望各媒体深入基层、深入实际，为转型升级兴风造势、‘吹氧助燃’，在推动广东的经济社会发展中建功立业。”广东省委常委、宣传部长林雄就此作出了具体部署。

南方报业传媒集团党委深刻领会广东省委领导的指示精神，决定从10月份开始，在南方日报编辑部开展为期三个月的《星星之火　可以燎原——展望广东战略性新兴产业未来》主题学习调研活动。南方日报编辑部各个采编部门迅速行动，选派了几十名骨干记者，对“十二五”期间我国将重点培育和发展的节能环保、新一代信息技术、生物、高端装备制造、新能源、新材料、新能源汽车等七大产业和文化创意产业展开深入调研。记者们深入一线，边学习边调研，广泛采访了企业家、科技人员和产业专家，从解剖一批星火企业入手，对八大战略性新兴产业进行了全景式的扫描和分析。从11月3日开始，南方日报推出了8大专题24个整版的系列报道，并发表了一组系列评论和一组总结式报道，在政、商、学界和网络上引发了热烈的讨论。

我们在调研报道的过程中发现，在国家和省的战略决策和扶持政策引领下，战略性新兴产业正在南粤大地蓬勃兴起、势头喜人。记者发现了星火，宣传了典型，揭示了问题，提出了对策，对战略性新兴产业的发展起到了“吹氧助燃”的作用。感谢中共广东省委常委、宣传部长林雄为本书作序，我们将继续投以热切的目光和持续的关注，与所有关心国家未来和广东转型升级的读者一道，为战略性新兴产业早日燎原贡献力量。

编　者

2010年12月